A Filosofia Política Hoje

Christian Delacampagne

A Filosofia Política Hoje

Idéias, debates, questões

Tradução:
LUCY MAGALHÃES

Revisão técnica:
DANILO MARCONDES
Professor titular do Depº de Filosofia, PUC-Rio

Jorge Zahar Editor
Rio de Janeiro

Para Ariane e Manuel

Título original:
La philosophie politique aujourd'hui:
idées, débats, enjeux

Tradução autorizada da primeira edição francesa
publicada em 2000 por Éditions du Seuil,
de Paris, França

rua México 31 sobreloja
20031-144 Rio de Janeiro, RJ
tel.: (21) 240-0226 / fax: (21) 262-5123
e-mail: jze@zahar.com.br
site: www.zahar.com.br

Capa: Carol Sá e Sérgio Campante

CIP-Brasil. Catalogação-na-fonte
Sindicato Nacional dos Editores de Livros, RJ.

Delacampagne, Christian, 1948-
D376f A filosofia política hoje: idéias, debates, questões/Christian Delacampagne; tradução, Lucy Magalhães; revisão técnica, Danilo Marcondes. — Rio de Janeiro: Jorge Zahar Ed., 2001

Tradução de: La philosophie politique aujord'hui: idées, débats, enjeux

Inclui bibliografia

ISBN 85-7110-587-1

1. Ciência política — Filosofia. I. Título.

CDD 320.01
00-1754 CDU 32.000.141

Sumário

Agradecimentos 7

Prefácio 9

1. A PAISAGEM DEPOIS DA BATALHA 13

O Fim da História 13
O Que Quer Dizer "Liberdade"? 18
Em Que Consiste a Justiça? 21
Uma Nova Ordem Internacional: para Quê? 25

2. A TOLERÂNCIA E SEUS LIMITES 29

Liberdade e Liberdades 29
Política e Religião 31
Ódio ao Outro e Censura 41

3. A SEPARAÇÃO DOS PODERES 49

Física e Política 50
Executivo *Versus* Legislativo 56
Executivo *Versus* Judiciário 61

4. A LIBERDADE EM QUESTÃO 66

A Liberdade é um Bem? 66
Uma Liberdade Formal ainda é uma Liberdade? 73
A Guerra é Inevitável? 79

5. A HIPÓTESE DO CONTRATO 86

A Cidade: Realidade Natural ou Artefato? 88
Do Estado de Natureza ao Estado de Sociedade 92
O Contrato Social: Fato ou Ficção? 101

6. IGUALDADE OU EQÜIDADE? 104
A Justiça como Igualdade 106
A Justiça como Eqüidade 112

7. OS DIREITOS, O BEM, O JUSTO 119
A Justiça Segundo os Libertaristas... 120
... e Segundo os Comunitaristas 123
Igualdade: Simples ou Complexa? 127

8. A INVENÇÃO DO NACIONALISMO 136
Nascimento da Soberania Nacional 136
Estado, Nação: Retorno a um Passado Comum 140
Nação, Nacional, Nacionalismo 143

9. MAIS ALÉM DO ESTADO-NAÇÃO 152
O Que Mudou na Nossa História Recente 152
Um Pacto Social em Escala Planetária 155
Rumo a um Direito Cosmopolítico 159

10. A SOCIEDADE CONTRA O ESTADO 166
Selvagens sem Deus nem Senhor 168
Chefes bem Diferentes 172
Função da Guerra Primitiva 174
Uma outra Infância: a África 177

11. QUEM TEM RAZÃO? 181
As Preocupações da Filosofia 181
As Pretensões da Economia 185
As Vicissitudes da Política 187

Epílogo 191
Notas 193
Bibliografia 203
Índice dos principais conceitos 207
Índice onomástico 209

Agradecimentos

Este trabalho nasceu de conversas com alguns amigos, iniciadas há mais de trinta anos.

Durante todos esses anos, as discussões continuaram, embora — como é de se esperar — tenham mudado, ao longo do tempo, o seu objeto, o seu lugar e, evidentemente, os interlocutores.

Na impossibilidade de nomear a todos, desejo ao menos evocar, entre os que desapareceram, a memória de Louis Althusser, Cornelius Castoriadis, Pierre Clastres, Michel Foucault, François Furet, Bernard Lelong e Léon Poliakov.

Cada um deles me revelou, à sua maneira, o poder da inteligência, quando animada pela força de dizer "não".

Quanto aos vivos, contento-me, por discrição, em expressar o meu reconhecimento a três pessoas.

Primeiramente, a Thierry Marchaisse, por ter sido quem mais me ajudou a dar a este estranho "filho" uma figura apresentável.

Depois a Ariane e a Manuel. A Ariane porque, sem a paz que o nosso amor me trouxe, eu nunca teria tido a paciência de acabar este trabalho. A Manuel porque, depois do seu nascimento, não posso deixar de pensar nele como meu leitor ideal.

E finalmente, a Ariane e a Manuel juntos, porque me permitiram, com um sorriso indulgente, que eu lhes roubasse as muitas horas que este livro exigiu.

Cambridge (Massachusetts), agosto de 1995
Nova York (Nova York), 28 de maio de 1999

PREFÁCIO

"Se dependesse de mim, meu caro, as coisas não seriam assim!"

Quantas vezes, num café ou em outro lugar, escutamos essa bravata! Tudo vai mal e bastaria fazer isso ou aquilo para que tudo melhorasse: ninguém duvida. Quem não tem uma opinião a dar? Quem não se ofereceria para resolver a situação? É só pagar para ver...

Declarações como essas fazem sorrir — principalmente os supostos especialistas. Quero dizer que o sorriso é permitido, mas os especialistas se enganam. Na verdade, se o mundo não vai bem, é muito razoável querer mudá-lo.

Ora, o mundo deixa a desejar.

De que fala a mídia? Da infelicidade que persegue os kosovares, os curdos, os cachemires e os chechenos. Do genocídio que ocorreu diante dos nossos olhos, em 1994, em Ruanda. Da guerra civil, que dura há um quarto de século no Afeganistão. Do terror que mata — terror de Estado ou terror terrorista — com a mesma cegueira, de Argel a Kinshasa, de Rangoon a Bagdá.

E não é só isso. Por trás dessas violências espetaculares, escondem-se outras, de que se fala menos, mas que também matam: a escravidão, a exploração sexual de menores, a organização mundial do mercado das drogas, o reino universal das gangues e das máfias. Sem falar da ameaça de apocalipse que brandirão, amanhã, aqueles que conseguirem apoderar-se de armas nucleares.

Enfim, mesmo em nossas existências de ocidentais superprotegidos, os problemas não faltam. Recessão econômica, progressão do desemprego, espectro da pobreza, é claro. Mas também colonização da vida cotidiana por administrações cada vez mais detalhistas, por polícias cada vez mais arrogantes. Sem contar os impostos que aumentam, os problemas de trânsito, o mau humor do chefe. E o tempo que passa, inexoravelmente — deixando apenas a amarga lembrança das oportunidades perdidas.

Todos têm bons motivos para desejar que, finalmente, as coisas melhorem.

Mas as coisas *podem* melhorar? Essa é outra questão.

Para as mulheres e os homens da minha geração (os que tinham vinte anos na primavera de 1968), a resposta era evidente. Era positiva.

Não só o mundo podia, mas ia mudar. Faríamos o que fosse preciso para isso. Não pediram a nossa opinião? Pouco importa! Estávamos prontos para dá-la e até para a impor. Estávamos convencidos de que nossa missão era fazer a felicidade dos homens, mesmo contra a sua vontade.

Depois, veio a hora da desilusão. Logo tivemos que esquecer a possibilidade histórica de uma "revolução", como se dizia. Ninguém, principalmente a esquerda, queria isso. E o capitalismo se comportava como o doente que enterra os que pensam tratar dele. A essa primeira frustração, imediatamente acrescentou-se uma segunda: entre as preocupações com a carreira, a atração do dinheiro e o encanto da vida familiar, a maioria dos meus amigos não tardou a ficar perdida para a "causa". Decididamente, era um mundo que acabava. Outro estava nascendo, no qual seria mais difícil viver. De qualquer forma, viver uma vida "filosófica", isto é, política.

Quanto a mim, nunca consegui imaginar uma filosofia que não fosse ligada à política por uma dupla relação: sem as condições criadas pela emergência da democracia, não há filosofia possível; sem a prática filosófica do espírito crítico, não há democracia duradoura. Em resumo, sempre pensei, com ou sem razão, que filosofia e democracia só podiam avançar juntas. E que "fazer filosofia" ou "fazer política" (fazer política no campo da democracia, cuja vitória, apesar do que alguns afirmam, não está absolutamente garantida) constituem, no fundo, dois nomes diferentes para uma só e mesma coisa.

Com razão? Sem razão? Para mim, a causa está entendida. Mas, em contrapartida, está longe de ser entendida para todo o mundo à minha volta, seja na Europa, seja na América. Foi por isso que escrevi este livro.

Inicialmente, com um projeto simples: mostrar como os debates políticos de hoje se enraízam em uma longa história filosófica, que por sua vez contribui para esclarecê-los. Projeto que, à medida que se realizava, me conduzia à seguinte conclusão: se a minha geração é aquela que viu desabar o mito da "revolução" social (ou do fim do capitalismo, ou da sociedade "sem classes"), nem por isso deveria considerar-se "fracassada". Porque hoje, é a ela que se oferece uma ocasião histórica: a ocasião de combater seriamente os malefícios do nacionalismo, de contribuir para a "superação" do Estado-nação, e de reformular em termos modernos a exigência kantiana de um direito "cosmopolítico".

Tríplice ocasião que, se soubermos aproveitá-la, equivalerá a uma "revolução" maior ainda do que aquela com que sonhava a minha juventude. Pois é verdade que o mundo *pode* mudar — mesmo que as mudanças mais importantes raramente ocorram no momento em que são esperadas.

1. A Paisagem depois da Batalha

O que é a filosofia política?

Ao invés de começar com uma definição geral que, neste momento, só poderia ser formal, partirei de um inventário, empírico mas concreto, dos principais debates que constituem o campo daquilo que se chama, hoje, de "filosofia política". Esses debates, desde o fim da guerra fria, giram essencialmente em torno de três problemas: o antigo conceito de "liberdade"; a noção também muito antiga e sempre controvertida de "justiça"; e enfim a idéia, mais recente porém ainda vaga, de "nova ordem internacional".

Por que esses três problemas? Por que esses e não outros?

Para responder, devemos voltar, mesmo resumidamente, ao contexto histórico que permitiu a sua emergência.

O Fim da História

Vítima, durante quarenta anos, de uma verdadeira "era glacial", a história do mundo recomeçou no dia 9 de novembro de 1989.

Naquele dia, a queda do Muro de Berlim foi um acontecimento duplamente importante.

Por um lado, pôs fim à guerra fria, à divisão da Europa (e do resto do planeta) em dois blocos opostos ameaçando-se mutuamente com a arma nuclear para saciar sua sede de dominação universal.

Por outro lado, destruiu um grande sonho histórico: o sonho comunista, nascido do desejo (que às vezes se diz louco) de reconstruir um mundo no qual a exploração do homem pelo homem desaparecesse para todo o sempre.

Mas devemos ser precisos: o sistema que caiu naquele dia não era exatamente o sistema comunista. E também não é exato dizer que ele caiu por toda a parte.

O sistema que caiu, na URSS e no Leste europeu, encarnava uma fase de transição que os próprios teóricos marxistas consideravam como uma etapa prévia à instauração do comunismo: a fase dita "socialista" (caracterizada, no plano econômico, pela estatização dos meios de produção, e, no plano político, pela ditadura do proletariado — ou do partido que supostamente o representava).

Esse sistema também não ruiu no mesmo grau em todos os continentes. Sobreviveu sob formas diversificadas na China, no Vietnã, em Cuba, enquanto partidos que se afirmavam comunistas conseguiram, ao longo dos anos seguintes, participar do exercício do poder em outros países do mundo — ou mesmo retomar temporariamente o controle em certos Estados oriundos do desmantelamento do império soviético.

Mas pouco importa. Se o sistema "socialista" não cumpriu suas promessas, ao passo que se apresentava como a única via concebível para o advento de um "comunismo" final, foi porque o próprio projeto do comunismo era um projeto ilusório. Ou então porque ele deveria, para realizar-se, ter tomado um caminho completamente diferente. Um caminho que, até hoje, ninguém soube imaginar.

E se alguns partidos no poder continuam a reivindicar, como na China, uma ideologia comunista, colorida de marxismo, esse discurso oficial serve apenas para mascarar (por quanto tempo ainda?) um fato global e bem conhecido: o fato de que esses mesmos partidos só visam desenvolver, em seus países, um "livre mercado" (*free market*) de tipo capitalista.

A data de 9 de novembro de 1989 é realmente uma data-chave. Ela marca o início de uma época nova. Uma época caracterizada pela "globalização" de um sistema econômico: o *capitalismo*.

E pela promoção, nos discursos se não nos fatos, de um "regime" político — a *democracia* — na qualidade de "melhor regime possível".

A questão do "melhor regime" é a mais antiga de toda a filosofia política.

Ela já constitui para o "fundador" dessa filosofia, Platão, o motivo principal das reflexões desenvolvidas em sua obra magna, *A República*. Ela reaparece, de modo mais ou menos explícito, em todos os seus sucessores — que lhe dão respostas contraditórias. Teria ela encontrado, ao fim de vinte e cinco séculos, uma solução definitiva?

É o que apregoa, alto e bom som, o cientista político americano Francis Fukuyama. Em *O fim da história e o último homem*, livro publicado em 1992, apenas três anos depois da queda do Muro, Fukuyama afirma que esse acontecimento não apenas assinala o fim da guerra fria, mas também a vitória definitiva do modelo "democrático" sobre o modelo "totalitário".

Além disso, baseando-se na interpretação de Alexandre Kojève,[1] em seu seminário parisiense dos anos 30 sobre a *Fenomenologia do espírito* de Hegel (1807), declara ver, nessa vitória, a "prova" do fato de que a humanidade estaria entrando na derradeira etapa da sua evolução. A partir do momento em que a superioridade da democracia estaria em vias de ser reconhecida por todos os povos da Terra, poder-se-ia, efetivamente, considerar a história do homem como próxima do seu "objetivo" principal. Ou seja, como virtualmente consumada.

Essas teses foram imediatamente contestadas, tanto por especialistas em ciência política, como Jean-Marie Guéhenno (*La fin de la démocratie*, 1996), Benjamin Barber (*Djihad versus McWorld*, 1995[2]), Samuel Huntington (*Le choc des civilisations*, 1996), como por um filósofo como Jacques Derrida (*Spectres de Marx*, 1993). Para Guéhenno, o laço participativo que, na democracia "clássica", ligava o cidadão à sua comunidade está em vias de desaparecimento: as verdadeiras decisões serão, cada vez mais, tomadas por *lobbies* agindo na sombra. Para Huntington, Barber e outros analistas como Zbigniew Brzezinski, Stanley Hoffmann ou Daniel P. Moynihan,[3] é a proliferação das zonas de instabilidade, no mundo "multipolar" resultante da guerra fria, que será amanhã o principal perigo para a democracia. Fundadas em uma observação atenta da atualidade, essas diversas teorias contribuíram para evidenciar a parcela de arbítrio, ou mesmo de ingenuidade, sobre a qual repousavam as teses de Fukuyama — que provavelmente teria dificuldade para responder, hoje, às três objeções que se seguem:

Primeiro, nada prova que o triunfo, em escala mundial, do "melhor regime" possível, supondo-se que um tal triunfo realmente ocorra, constituiria o "último" acontecimento importante para a humanidade — um acontecimento tal que não poderia ser seguido por nenhum "progresso" mais importante em alguma outra área (no campo médico, por exemplo, ou no campo agroalimentar). Em suma, nada prova que ele assinalaria o "fim da história".

Depois, a evolução da situação internacional de dez anos para cá não confirma, de modo algum, as predições de Fukuyama. No momento em que escrevo estas linhas, a forma "democracia" é abertamente rejeitada na maioria dos países existentes (inclusive na maioria daqueles que se libertaram do jugo soviético). Ela só é celebrada, "da boca para fora", em muitos outros que, na prática, estão longe de respeitá-la. E, mesmo nos poucos Estados em que ela se encontra efetivamente realizada, tem que ser defendida, a cada dia, contra as forças hostis que querem destruí-la — ou contra a inércia, que não é menos mortal. Em resumo, se falar do seu "fim" talvez seja prematuro, falar de seu "triunfo" seria ao menos indecente.

Enfim, pode-se duvidar da idéia segundo a qual existiria, no absoluto, um regime "melhor" que todos os outros, um regime "ideal" que seria, como que por acaso, a "nossa" democracia. Parece-me mais razoável dizer que a democracia, no sentido de Fukuyama, isto é, a democracia "representativa" tal como a conhecemos na Europa ocidental, no Japão e nos Estados Unidos (por oposição à democracia "direta" das antigas "cidades" gregas), é apenas o menos ruim dos sistemas atualmente realizáveis (nem que fosse somente por preservar os direitos do espírito humano para inventar, nos séculos futuros, um outro sistema melhor).[4]

Mas ainda seria preciso entender — aí é que está o problema — o significado desta última tese.

O que é uma democracia "representativa"?[5]

Em princípio, é uma democracia "parlamentarista", sendo os "parlamentos", como o "senado" romano do qual derivam, assembléias de homens escolhidos por sua "sabedoria", e cujas deliberações devem supostamente resultar na melhor decisão possível para a comunidade em geral.

Entretanto, muitos regimes políticos dotados de um parlamento não são democracias, no sentido estrito. Sempre houve uma espécie de parlamento em Moscou, durante o século XX; mas, seja sob Nicolau II, Stalin ou Yeltsin, a Rússia nunca foi democrática.

A fim de conferir a este conceito uma significação precisa, proponho definir uma comunidade política dada como *democrática* se, e somente *se*, essa comunidade respeita, na prática, três princípios fundamentais. Três princípios que, na prática, só me parecem estar plenamente garantidos em um regime "representativo". E que, além do mais, não devem sua formulação original aos gregos, mas a filósofos que pertencem à era do "individualismo liberal" — isto é, a John Locke (quanto ao primeiro princípio), a Locke e Montesquieu (quanto ao segundo), e a Jean-Jacques Rousseau (quanto ao terceiro).

O primeiro desses princípios é o *princípio de tolerância*. Ele obriga o Estado a garantir, no seu território, a livre expressão das crenças políticas, filosóficas ou religiosas, desde que estas não ofendam a ordem pública. Também pode tomar a forma (mais restritiva, na medida em que afeta apenas as opiniões religiosas) de um *princípio de laicidade*: longe de identificar o seu destino com o desta ou daquela Igreja, o Estado deve tratar todas as religiões (e também o ateísmo) em pé de igualdade — abstendo-se de favorecer alguma delas e de permitir às crenças religiosas que perturbem o funcionamento da comunidade.

O segundo princípio é o *princípio de separação dos poderes*. Ele estipula que o poder de fazer as leis (poder legislativo), o de aplicá-las (poder executivo) e o de punir as infrações cometidas contra essas leis (poder judiciário) não podem ser exercidos pelos mesmos membros (ou pelos mesmos órgãos) da comunidade. Menos claro do que aparenta ser, e quase nunca aplicado ao pé da letra, esse princípio tem como objetivo instaurar o "Estado de direito" ("*the rule of law*", segundo a terminologia anglo-saxônica), isto é, proteger o cidadão contra todo abuso. E, especialmente, contra o uso arbitrário que os detentores da autoridade pública poderiam fazer dessa autoridade.

O terceiro princípio, que se chama às vezes de *princípio de justiça*, é ainda menos evidente que os dois anteriores. Ele equivale a afirmar que uma democracia digna desse nome não deve se limitar a ser uma democracia "formal", cega para as desigualdades "materiais" que separam uns dos outros os cidadãos que a compõem, mas deve também visar um objetivo concreto: a "justiça social". Sob que condições poderemos dizer que reina a "justiça social"? Não é fácil responder. Em contrapartida, o que parece certo é que a sua realização supõe, no mínimo, a instauração de mecanismos capazes de impedir o desenvolvimento, no seio de uma comunidade dada, de desigualdades excessivamente acentuadas.

Na hora em que a democracia emerge, nos discursos se não nos fatos, como o modelo do "bom" governo, para o qual todo Estado deveria tender, não temos pois uma tarefa mais urgente do que aprofundar, "a partir de dentro", a significação dos três princípios sobre os quais a democracia repousa. Esse será o objeto deste livro.

No primeiro capítulo, farei um rápido inventário dos principais debates que, a partir do fim da guerra fria, esses três princípios ocasionaram — antes de retomar a análise dos debates em questão, um a um, nos capítulos seguintes.

O QUE QUER DIZER "LIBERDADE"?

Primeiro debate (capítulo 2): o princípio de tolerância deve se aplicar aos inimigos da tolerância? Uma comunidade "bem ordenada" pode tolerar que se expressem livremente, em praça pública, os adversários da democracia — à frente dos quais figuram, hoje, os adeptos do *nacionalismo étnico* e do *fundamentalismo religioso*, duas formas de fanatismo, cujo denominador comum é a incitação ao ódio ao outro?

Estudaremos separadamente os dois casos.

Entre o poder político, por um lado, e as instituições religiosas, por outro lado, as relações sempre foram de conflito. A situação ideal é a não-ingerência mútua: tolerância por parte do Estado, respeito da laicidade por parte das Igrejas. Infelizmente, existe no interior de quase todas as religiões uma tendência a recusar a laicidade — tendência que, atualmente, experimenta uma renovação sob a forma do "fundamentalismo". Contra essa tendência, os Estados democráticos se vêem obrigados a lutar para defender a própria existência. Alguns estão mal preparados para isso. Nos Estados Unidos, a preocupação de proteger a liberdade de expressão leva às vezes a permitir que se ensine nas escolas as tolices "criacionistas". Outros, ao contrário, demonstram uma inábil brutalidade. É assim que os partidários da laicidade "à francesa" perseguem o uso do "lenço" islâmico com mais vigor que o da cruz católica, e recusam-se a considerar a festa do Ramadã como tão importante quanto as férias de Natal.

Quanto à exacerbação dos nacionalismos que o mundo atravessa desde o fim da guerra fria, esta provém da idéia contestável segundo a qual cada "etnia" (se é verdade que existem "etnias") deveria ser uma "nação" — isto é, possuir o seu "Estado" próprio. Ela é acompanhada, inevitavelmente, de uma escalada da xenofobia, do racismo e do anti-semitismo — em suma, de ameaças e injúrias de todo tipo. Agora mesmo, nada menos de quatrocentos sites difundem, na Internet, uma propaganda de inspiração neonazista. O que fazer diante dessa "literatura" que — como vimos em 1999, na matança da escola de Littleton (Colorado) — pode a qualquer momento precipitar espíritos frágeis na loucura?

Sempre em nome do respeito devido à liberdade de expressão, a maioria dos intelectuais americanos, "liberais" como Ronald Dworkin ou "libertários" como Noam Chomsky, tenta distinguir entre "incitação ao crime" (punível, mas raramente encontrada sob uma forma explícita) e "incitação ao ódio" (mais banal e não punível em si).

Vozes discordantes, principalmente na Europa, sublinham, ao contrário, que a incitação ao ódio já é, em si mesma, uma forma de incitação ao crime, e que a injúria religiosa ou racial deveria ser punida exatamente como qualquer delito de "difamação". Alguns acrescentam que a posição "negacionista" (que nega a realidade do extermínio dos judeus durante a II Guerra Mundial) também deveria ser sancionada pela lei, pois afinal ela é apenas mais uma variante (a mais recente, porém não a menos perigosa) da injúria religiosa ou racial.

Segundo debate (capítulo 3): se o princípio de separação dos poderes define claramente os papéis respectivos do executivo, do legislativo e do judiciário, bastaria ele para administrar os conflitos que podem surgir entre esses diferentes poderes?

A resposta é negativa. Dois tipos de conflitos, em especial, perturbam de modo recorrente a vida das democracias contemporâneas.

Primeiro, conflito entre o executivo e o legislativo. O equilíbrio ideal que deveria se instaurar entre essas duas "potências" é freqüentemente ameaçado, seja quando a constituição dá mais importância a uma do que a outra, seja quando os agentes do executivo usam de todos os "subterfúgios" possíveis para se furtarem ao controle dos representantes do povo. Sejam eles de fato ou de direito, esses desequilíbrios não provam, entretanto, que a democracia "representativa" seja "má", nem mesmo que seja "inferior" à democracia "direta" (como defendeu durante muito tempo, na Europa, a esquerda "revolucionária", anarquista ou marxista) — mas simplesmente que o seu funcionamento, delicado por natureza, deve ser objeto de uma atenção constante por parte dos cidadãos.

Depois, conflito entre o executivo e o judiciário. Muitas vezes nomeados pelo primeiro, os agentes do segundo, ou seja, os magistrados, sempre têm muita dificuldade em fazer com que os responsáveis pelo executivo compreendam que, em uma democracia bem ordenada, ninguém está "acima da lei" — em resumo, que a responsabilidade política não dispensa necessariamente a responsabilidade penal. Diversos casos nos lembram como a aplicação desse princípio pode provocar controvérsias — quer se trate do processo, em 1997-98, contra um ex-alto funcionário do regime de Vichy, Maurice Papon, por cumplicidade em crimes contra a humanidade, quer se trate do processo de *impeachment*, em 1998-99, contra o presidente Clinton, por "obstruir a justiça", ou do processo, em 1999, contra um ex-primeiro-ministro e dois ex-ministros franceses, implicados no drama do "sangue contaminado". Sem dúvida, esses três processos são muito diferentes. Mas têm um ponto em comum: em todos eles, o aparelho judiciário, que apenas fazia o seu trabalho (fazer respeitar o Estado de direito), foi erroneamente acusado de rigor excessivo ou inoportuno.

A questão da submissão às leis remete, por sua vez, a um problema mais geral, que forma o cerne de um *terceiro debate* (capítulo 4): a democracia reside inteiramente no respeito à lei, entendido como "garantia" da liberdade? É suficiente que nossas "liberdades" sejam juridicamente "garantidas" para que a democracia reine? A "maioria", pelo simples fato de que é "maioria", goza da liberdade de impor, em qualquer circunstância, o seu ponto de vista à "minoria"? E a democracia não corre o risco de transformar-se, com o tempo, em "tirania"?

Essa interrogação não é nova. Alexis de Tocqueville já se preocupava, em *Sobre a democracia na América* (1835-40), com a defesa da liberdade, "ameaçada" pelos progressos da igualdade acarretados pelos da democracia. Também existem, na história da filosofia política, correntes "críticas", que questionam simultaneamente a liberdade e a democracia. Duas delas, em particular, "despertaram" recentemente.

Segundo a primeira dessas correntes, derivada de Sócrates, Platão e Aristóteles, e ilustrada hoje pelos discípulos mais conservadores de Leo Strauss (Allan Bloom, Harvey Mansfield, Stanley Rosen), a liberdade, sendo menos importante do que a "virtude", não constitui um fim em si. Daí resulta que a democracia "de massa", tal como a conhecemos no Ocidente, não é necessariamente o "melhor" regime.

Para os adeptos da segunda tendência, deliberadamente "revolucionária", ilustrada, entre outros, por Michel Foucault, a democracia "burguesa", jurídica e formal, é apenas uma paródia de democracia. Ela quer somente nos fazer esquecer a realidade da "guerra" social, essa guerra da qual a política seria a continuação por outros meios — como tinham perfeitamente visto, no seu tempo, Maquiavel, Montesquieu e Marx (sem falar de Tucídides).

Se não é impossível responder a essas críticas (ou seja, defender ao mesmo tempo o valor da liberdade e as conquistas da democracia), parece muito difícil negar que a "guerra" esteja no coração da política.

Daí se segue que, se a liberdade é indiscutivelmente um "valor" (valor "recente", cujo surgimento, no limiar do Renascimento, está ligado ao do individualismo moderno), ela não é por isso, no regime democrático, *o* único valor concebível, aquele ao qual se deveriam sacrificar todos os outros — mas *um* valor em concorrência com outros, igualmente legítimos. Entre estes, em lugar importante, está a *justiça*.

Noção central para o pensamento grego, que a entendia em sentido diferente da sua significação atual, a "justiça" não é uma noção morta. Ela continua, dia após dia, a inspirar as reivindicações — compreensíveis — daqueles para quem, enquanto houver "exploradores" e "explorados", "opressores" e "oprimidos", a "guerra" não acabará.

EM QUE CONSISTE A JUSTIÇA?

Assim como a questão do "melhor" regime é a mais antiga questão da filosofia política, o conceito de justiça é, provavelmente, o seu conceito mais antigo. Aliás, este está ligado àquela. Para Platão, por exemplo, o "melhor" regime não é outro senão o mais capaz de fazer reinar a justiça *na cidade* — assim como o alvo da busca da sabedoria individual é fazer reinar a justiça *na alma*.

O conceito de justiça, além disso, não é nem nunca foi um conceito exclusivamente político, e ainda menos jurídico. Ele pode ser tomado em diversos sentidos: sentido moral ou ético (a justiça nos comportamentos privados), metafísico-histórico (a justiça "imanente"), religioso (a justiça "transcendente") e mesmo estético (a justiça se confundindo então, às vezes, com a "justeza" de um tom, de uma palavra ou de um gesto).

Entre essas múltiplas acepções, que não são separadas por nenhuma fronteira bem definida, todo tipo de laços, mais ou menos subterrâneos, se ataram ao longo dos séculos. É por isso que a dimensão política e a dimensão ética se encontram estreitamente misturadas em *Teoria da justiça*, a obra maior de John Rawls (1971), a quem devemos, há quase trinta anos, uma nova atualidade para o tema em questão. Tema um tanto abandonado (salvo pela corrente socialista) pelos filósofos posteriores a Rousseau e a Kant.

A partir da publicação desse livro, que abriu caminho para uma abundante literatura, e graças a ele, a justiça apareceu de novo no centro de vários debates importantes.

Quarto debate (capítulo 5): o debate relativo à noção de "contrato social".

À exceção dos sofistas e de alguns outros "marginais", partidários da idéia segundo a qual a cidade seria uma obra da arte humana e não da "natureza", a maioria dos pensadores gregos, tendo à frente Platão e Aristóteles, considerou a comunidade política como uma comunidade "natural" — resultante do agrupamento, sob um mesmo governo, de várias outras formas de comunidade "natural" tais como, por exemplo, a aldeia ou a família.

Foi só a partir do século XVII que retornou, na obra de juristas (Grotius, Pufendorf) e de filósofos racionalistas (Hobbes, Locke), a tese "artificialista", que fazia da cidade o produto de um ato humano, deliberado e antinatural: o ato batizado de "contrato social".

Posteriormente, a noção de "contrato social" foi freqüentemente reutilizada, inclusive durante as Revoluções americana e francesa, para servir de fundamento à reivindicação de "justiça", no contexto de sociedades que se tornaram, com o tempo, resolutamente individualistas.

Assim, não é surpreendente que Rawls tenha novamente escolhido essa noção de "contrato social" para apoiar a sua "teoria da justiça" — teoria fundada sobre a idéia segundo a qual as democracias modernas não deveriam apenas se preocupar em proteger as "liberdades", mas também em reduzir as "desigualdades" sociais mais evidentes.

Resta uma questão: a noção de "contrato social" (conceito híbrido ou "ficção teórica", designando uma hipótese metodológica e não um acontecimento histórico) seria suficientemente "útil", como acredita Rawls, para que a vantagem que se obtém recorrendo a ela supere os inconvenientes ligados às suas origens metafísicas? Tentarei mostrar que é possível responder afirmativamente a essa interrogação — desde que se tome o cuidado de utilizar a noção de "contrato" em um sentido "pragmático", mais do que em um sentido "transcendental".

Quinto debate: o sucesso da teoria de Rawls se deve ao fato de que ela responde à necessidade de promover certas formas de "justiça" social, cada vez mais necessárias, no momento da "globalização" capitalista, na medida em que desigualdades cada vez mais profundas dilaceram em todos os sentidos o tecido das sociedades existentes, inclusive o das sociedades democráticas.

Essa preocupação é perfeitamente legítima. Uma comunidade que não se propusesse a reduzir essas desigualdades não seria verdadeiramente democrática. Mas de que se fala, exatamente, quando se fala de "justiça"? Em outros termos, qual é o objetivo visado?

Examinarei sucessivamente as respostas "revolucionária" e "reformista".

A primeira pode dizer-se filiada a uma linhagem de pensadores que vai de Thomas More a Pierre-Joseph Proudhon e Karl Marx. Ela acaba por assimilar a "justiça" à "igualdade" pura e simples, isto é, a pregar a abolição, parcial ou total, da propriedade privada: slogan que, depois de ter iluminado os belos dias do comunismo, não conta mais com muitos defensores, a não ser nos círculos de extrema esquerda.

A resposta "reformista" proposta pelo próprio Rawls é fundada sobre uma definição, mais moderada, da "justiça como eqüidade" (*justice as fairness*). Mas se essa definição é filosoficamente sofisticada, é politicamente pouco original, na medida em que apenas cauciona, em suas grandes linhas, o programa histórico da social-democracia européia (capítulo 6).

Mesmo marcada por uma incontestável — ou até excessiva — "prudência", a resposta de Rawls não deixou de suscitar, no seio do universo anglo-saxão, controvérsias apaixonadas.

Nosso *sexto debate* será pois inteiramente dedicado às discussões provocadas pela doutrina de Rawls (capítulo 7).

Muitos filósofos vivos, de Richard Rorty a Jürgen Habermas, participaram delas. Vou deter-me particularmente nas críticas dos adversários "libertaristas" de Rawls, preocupados, como Robert Nozick, em reduzir ao mínimo a intervenção do Estado na vida pública, assim como nas críticas dos seus adversários "comunitaristas", desejosos, como Alasdair MacIntyre, Charles Taylor ou Michael Sandel, de ver a política exercer-se na realização de um "bem" público mais vasto do que a simples defesa dos direitos do indivíduo ou da justiça distributiva. Tudo isso sem esquecer as contribuições de participantes mais difíceis de classificar, mas que se inscrevem na vertente aberta por Rawls, tais como Ronald Dworkin e Michael Walzer.

Esses diversos pensadores renovaram profundamente, de vinte anos para cá, a nossa compreensão do que é (ou deveria ser) a democracia.

Mas todos eles se baseiam em dois postulados que não estão a salvo de toda crítica.

Fundado sobre a observação das democracias existentes, quando não sobre a análise do sistema americano apenas, seu conceito de "democracia" parece supor, como condição necessária, o conceito de "capitalismo" — enquanto a ligação entre essas duas "estruturas", econômica e política, é somente uma ligação empírica, perfeitamente contingente.

Por outro lado, seu conceito de "democracia" considera apenas, como único cenário concebível para a realização desta, o cenário arbitrário do "Estado-nação" — cenário insatisfatório de um ponto de vista conceitual, e que, na prática, sofre a cada dia os ataques repetidos da "globalização".

A "desconstrução" do primeiro desses postulados nos levaria muito longe, fora do campo da filosofia política propriamente dita; não a faremos aqui.

A do segundo, em contrapartida, pertence de pleno direito ao campo em questão. E, além disso, encontra-se há uma década no centro da atualidade.

No centro, de qualquer forma, de todos os empreendimentos que se propõem como objetivo a instauração — sempre mal aceita por uma parte da opinião pública — de uma "nova ordem internacional".

UMA NOVA ORDEM INTERNACIONAL: PARA QUÊ?

A idéia de uma "nova ordem internacional" tem sua origem no desejo, formulado há longo tempo por muitos políticos, intelectuais e escritores, de substituir o tratamento "militar" dos conflitos por um tratamento pacífico, de estilo "jurídico". Em outras palavras, o desejo de "moralizar" as relações internacionais.

Esse desejo, mesmo plenamente assumido, só pode conduzir, mais cedo ou mais tarde, a relativizar a tese (clássica desde o século XVI) segundo a qual não existiria sobre a Terra "soberania" mais alta do que a do Estado-nação.

É nesse ponto que se abre o nosso *sétimo debate* (capítulo 8).

Efetivamente, o Estado-nação tem os seus defensores. Seu reinado incontestável, durante os quatro últimos séculos da nossa história não correspondeu, para a humanidade ocidental, a um período de formidável aceleração do "progresso" — pelo menos nas áreas, estreitamente ligadas, da ciência, da tecnologia e da produção econômica?

Ele também tem os seus detratores.

E estes não têm nenhuma dificuldade para desmascarar a natureza romântica (mais afetiva do que racional) do conceito de "nação", para apontar a ambivalência constitutiva do princípio conhecido sob o nome de "direito dos povos a disporem de si mesmos", ou para denunciar, entre as conseqüências funestas do "nacionalismo" em geral, os seus subprodutos — ao mesmo tempo temíveis e inevitáveis — que são a xenofobia, o racismo e o anti-semitismo.

Se quisermos seriamente nos livrar deles, podemos evitar a crítica radical de qualquer nacionalismo?

Ou seja, podemos evitar a tentação de ir "além do Estado-nação"?

Vamos supor que (como me proponho a fazer) nossa resposta seja negativa para essas duas perguntas.

Um *oitavo debate*, nesse caso, se apresenta (capítulo 9). Ir além do Estado-nação, tudo bem. Mas como?

É aqui, precisamente, que aparecem a utilidade estratégica e o caráter revolucionário de uma "nova ordem internacional", simultaneamente política e jurídica — idéia esboçada, pela primeira vez, nas páginas em que Kant, no fim da vida, tenta explorar o campo do direito "cosmopolítico". Páginas desconhecidas, mas decisivas, às quais, não por acaso, Jacques Derrida e Jürgen Habermas dedicaram recentemente textos importantes.

Nem por isso a "nova ordem internacional" é aceita por unanimidade.

Alguns duvidam da sua eficácia. Outros a contestam em seu próprio princípio. Todos observam que o "direito de ingerência" não tem fundamento preciso, que o mundo não se divide em "bons" e "maus", e que é uma curiosa maneira de proceder, quando se pertence ao lado dos "bons", bombardear os "maus", a pretexto de "civilizá-los".

Esses argumentos têm seu peso.

De fato, é fácil constatar que a intervenção militar da OTAN contra a Sérvia (primavera de 1999), por mais justificável que tenha sido, não bastou, por si só, para resolver a complexa equação balcânica, e que a Guerra do Golfo (1991), se permitiu restabelecer a independência do Kuwait, não resolveu nada quanto à raiz do problema (nem para a comunidade internacional, que ainda não se livrou de Saddam Hussein, nem para o povo iraquiano, vítima, a partir daí, de um insuportável embargo).

É igualmente legítimo duvidar da real vontade das Nações Unidas de instituir um tribunal penal internacional, ou mesmo de querer seriamente perseguir os autores de recentes crimes contra a humanidade na Sérvia, em Ruanda ou em outros lugares.

Até se pode perguntar se o juiz espanhol Baltasar Garzon teve mesmo razão ao lançar, em 1998, um pedido de extradição contra o ex-ditador Augusto Pinochet. Qualquer que seja a gravidade ou o horror dos crimes cometidos, um criminoso, mesmo um criminoso de Estado, pode ser julgado fora do seu próprio país? Além disso, deveria sê-lo, se quisermos desestimular futuros ditadores para sempre?

Enfim, quem não sabe que os apelos, de inspiração kantiana, para que se pratique a mais ampla "hospitalidade" possível para quem solicita asilo, e até para que se facilite a emigração dos países do "Sul" para os países do "Norte", se chocam não só com reticências de natureza psicológica, mas também com verdadeiros problemas de ordem econômica, social ou cultural?

Entretanto, para cada uma dessas objeções existem respostas, que tentarei lembrar.

Acrescento uma última observação.

O questionamento da "soberania" absoluta do Estado-nação, caso consiga realizar-se, é também capaz de trazer novamente à ordem do dia um *último debate*, um tanto esquecido desde o fracasso das revoltas européia e americana dos anos 1968-69: o debate sobre a "falência" do Estado (capítulo 10).

Não se trata apenas de um debate contemporâneo.

A abolição do Estado (isto é, de um poder ao mesmo tempo centralizado e coercitivo), ou pelo menos a sua substituição por estruturas de enquadramento mais flexíveis e mais leves, está no programa de muitas utopias, há séculos. "Libertárias" ou "anarquistas", as diferentes correntes antiautoritárias têm uma longa história, que remonta aos cínicos gregos. E quem não conhece, no plano teórico, vários tempos fortes, como por exemplo a crítica da "servidão voluntária", proposta por Étienne de La Boétie em 1550, e depois redescoberta, por volta de 1968, pelo antropólogo Pierre Clastres?

O antiautoritarismo continuou sendo, entretanto, uma postura retórica, mais literária do que realista, durante o tempo em que os Estados-nações pareciam ser invulneráveis.

A partir do momento em que, vítimas de decisões tomadas por cima de suas cabeças por entidades supranacionais, tanto no nível regional (União Européia) quanto no nível planetário (Nações Unidas), e também vítimas da "globalização" dos processos econômicos, dos "mercados financeiros" e dos fluxos de informações, doravante veiculados pelas "autoestradas" eletrônicas (sem falar das máfias da droga, do tráfico de armas e do terrorismo internacional, que também ignoram as fronteiras), os Estados-nações se vêem despojados, cada dia mais, dessa "soberania" que outrora constituía a sua força — a partir desse momento tudo muda, ou pode mudar.

Assim como os valores financeiros e como a informação na era da Internet, a autoridade se descentraliza, se dispersa, circula sempre mais depressa, está por toda a parte e em lugar nenhum. Em resumo, perde — ao tornar-se "virtual" — uma parte da sua "realidade" ameaçadora. Sem dúvida, não estamos entrando em um mundo de onde a autoridade teria desaparecido. Mas, talvez, em um mundo onde se multiplicarão os meios inéditos de contê-la e opor-se a ela. Um mundo desprovido de centro. Um mundo em forma de circuito, ou de "rede" — uma rede entre cujas malhas será possível, mais facilmente do que antes, "deslizar".

E isso não é tudo. Esse mundo, em cujo interior cada poder será imediatamente contestado por um contra-poder, para o maior bem das liberdades individuais, também disporá, graças às novas tecnologias de comunicação, de meios de diálogo que lhe permitirão evitar a dispersão ou o caos.

Resta inventar novas formas de discussão, que restituirão a cada cidadão a possibilidade concreta de viver sua cidadania. Em todo caso, vivê-la de modo mais complexo e mais rico do que aquele que apenas o gesto "eleitoral" permite, atualmente.

Por mais necessário que seja esse gesto, ele só poderia assumir o seu verdadeiro sentido sob a condição de inscrever-se no âmbito de uma "conversação" permanente de todos com todos, conversação na qual reside, penso eu, o verdadeiro sentido da palavra "democracia".

Será que isso é um sonho?

Talvez.

Mas a história não mostra que os sonhos de uma geração se tornam, às vezes, o cotidiano da geração seguinte?

2. A Tolerância e seus Limites

Dissemos que uma comunidade política é democrática se, e somente se, ela respeita, na prática, três princípios fundamentais.

Examinarei neste capítulo o primeiro deles, que chamei de *princípio de tolerância* (ou de *laicidade*).

O que está em jogo é a liberdade de expressão. Ou seja, a liberdade, para todo cidadão, de expressar "publicamente" opiniões de ordem "privada" — inclusive opiniões políticas, filosóficas ou religiosas, suscetíveis de provocar debates apaixonados.

Liberdade e Liberdades

Ao contrário do que se poderia acreditar, o "problema" da liberdade de expressão não constitui um simples caso particular do "problema" da liberdade "em geral".

Na verdade, pode ser que exista um problema *metafísico*, ou mesmo um problema *moral*, da liberdade. Mas não existe problema *político* da liberdade.

Por quê? Porque, a partir do momento em que nos situamos em uma perspectiva democrática, a partir do momento em que afirmamos que a autonomia (individual ou coletiva) deve ser preferida, em todas as circunstâncias, ao seu contrário — a liberdade deixa de ser um mito ou um mistério. Ela se torna, simplesmente, uma maneira de ser. Um estilo. O tecido da existência.

Na democracia, cada um, sendo, *por definição*, livre, tem o direito de fazer, dizer e pensar o que quiser, com a única condição de não infringir as leis. Outorgado a todos os cidadãos, esse direito se divide em uma multiplicidade de "liberdades" (liberdade de reunião, de associação, de circulação, de comércio etc.), que devem ser regulamentadas, como são todos os direitos — e podem sê-lo, em geral, sem maiores conflitos ou contestações.

Em contrapartida, existe um problema específico ligado à regulamentação de um direito particular: o direito à liberdade de expressão, pois esta não é uma liberdade como as outras.

É a liberdade das liberdades. A que não tem nem regulamento, nem exceção. Um "valor" carregado de conotações afetivas. Uma das únicas, talvez, pelas quais um homem se disponha a morrer.

Entretanto... O direito à liberdade de expressão, sendo destinado a inscrever-se, também ele, em um sistema de direito positivo (cada Estado tem o seu), não pode sê-lo sem estar, de um modo ou de outro, definido, circunscrito, limitado.

Como fazer, por exemplo, para que essa possibilidade seja igualmente dada a todos os cidadãos? Para evitar que alguns se expressem mais freqüentemente (ou mais ruidosamente) do que outros? Como fazer, enfim, para que a livre expressão de opiniões resolutamente hostis à democracia não acabe prejudicando a própria democracia?

Dessas três questões, a terceira nunca deixou de levantar os debates mais vivos, desde que se fala de liberdade individual no Ocidente, ou seja, desde o Renascimento.

Partirei, portanto, da maneira pela qual ela se apresenta hoje.

Atualmente, ela se apresenta de maneira ainda mais dramática, pois o fim da guerra fria, provocando a "globalização" do sistema capitalista, forçou brutalmente a inclinar-se, diante da esmagadora dominação do "modelo" ocidental (isto é, americano), todos aqueles que, até então, acreditavam poder escapar-lhe.

Diante de um tal "imperialismo", formas de "resistência" novas apareceram por toda a parte, tanto nos países emergentes quanto no interior do Ocidente. Impotentes para combater diretamente a nova ordem econômica e política, elas se encarnaram, no essencial, em discursos "de substituição", de dominante étnica ("nacionalismo") ou religiosa ("fundamentalismo").

Mesmo que, no caso, sejam apenas *ersatz*, nacionalismo e fundamentalismo não são menos perigosos. Primeiro, porque se propõem como objetivo nada menos do que o aniquilamento da própria democracia. Depois, porque gozam de um apoio popular crescente — revelado, por exemplo, pela virulência do movimento islamista nos países árabe-muçulmanos, assim como, no Ocidente, pelo brutal ressurgimento, há duas décadas, dos partidos de extrema direita.

Daí a pergunta: em relação a esses dois discursos, o que deve fazer a democracia? Deixá-los expressar-se, sem reagir? Ou então tratar de defender-se?

Como o problema se apresenta de modo diferente no caso do nacionalismo e no caso do fundamentalismo, examinarei um após o outro. E já que o conflito entre o político e o religioso é, evidentemente, o mais antigo dos dois, começarei por ele.

POLÍTICA E RELIGIÃO

Fundado na suposição de forças invisíveis que escapam à razão, o fenômeno religioso é um conjunto de crenças e de comportamentos coletivos que têm por fim "manipular" simbolicamente essas forças para obter certos efeitos. Nesse aspecto, ele constitui uma dimensão universal da existência humana: o "religioso" e o "social" são, até certo ponto, coextensivos. Certamente, não esqueço que formas de religiosidade mais subjetivas, indo do simples "ato de fé" até o misticismo puro, são suscetíveis de existir à margem dos processos coletivos. Mas, na reflexão que se segue, considerarei apenas a modalidade do religioso pela qual este se encarna em instituições.

Essa modalidade apresenta, efetivamente, apenas por sua existência, uma dificuldade maior: como o religioso, na sua ambição de constituir o "laço" social por excelência (esse é o sentido do latim *religio*), pode coexistir com o político, cuja ambição é análoga?

Consideremos as três formas principais que tomaram, ao longo da história, as suas relações.

Existem, primeiramente, sociedades nas quais o político é totalmente absorvido pelo religioso, o poder "temporal" pelo "espiritual". Essas sociedades, das quais a religião é o cimento exclusivo, são "teocracias". A monarquia lamaísta, no tempo em que o Tibet era independente da China e o Dalai-Lama reinava em lhassa, representava o exemplo clássico — um dos últimos conhecidos, ao lado do Estado do Vaticano.

Em todas as outras sociedades, o poder político, na medida em que se distingue do poder religioso, deve, para salvaguardar sua autonomia, "negociar" com o religioso, conseguir dele concessões e lutar para preservá-las. O que é universal, o que deve ser considerado como primeiro na ordem das razões, não é pois a coexistência pacífica do político e do religioso, mas, pelo contrário, uma relação de concorrência entre um e outro. Como se o político só pudesse conquistar a sua autonomia contra o religioso. E como se o religioso, a menos que fosse contido pela relação de forças, só pudesse procurar retomar o terreno ocupado pelo político. Em suma, como se o religioso não falasse de outra coisa a não ser de política — mesmo se falasse em uma linguagem que, à primeira vista, não fosse a do político.

Enfim, um caso teórico poderia se apresentar: o caso, simétrico à "teocracia", de uma sociedade na qual o religioso, totalmente absorvido pelo político, acabaria sendo suprimido. Com efeito, pelo menos um regime, o regime soviético, até que tentou erradicar a religião e propagar o ateísmo. Organizou-se mesmo um museu, muito instrutivo, com essa finalidade em uma igreja de Leningrado. Mas deve-se reconhecer que, nesse ponto e em outros, os esforços dos comunistas russos fracassaram. Por um lado, a religião, longe de desaparecer na URSS, tornou-se, desde o fim dos anos 30, uma força de resistência ao comunismo. Por outro lado, certas formas de exercício do poder tomaram, no mesmo momento, um aspecto abertamente religioso — o "culto da personalidade" do chefe funcionando como religião cívica, como "droga" de substituição para o povo privado de "ópio".

Dessa última observação, não tirarei a conclusão segundo a qual, como queria Robespierre, uma "sociedade de ateus" seria impossível. Muito debatida na época de John Locke até o fim da Revolução Francesa, essa questão está, agora, um tanto superada. Aliás, é claro que a resposta de Robespierre, motivada por considerações táticas ou por um rousseauísmo sincero, não se baseava em nenhuma "prova" conclusiva. Não importa que sejamos forçados a constatar, sem poder explicar, que todas as sociedades conhecidas têm, ou tiveram, uma religião.

Deixando de lado esse vasto e inútil debate, direi que nosso problema é simplesmente saber até que ponto o poder político *deve* — e *pode* — separar-se do religioso.

Ou seja, tirar deste último a vontade — e, principalmente, os meios — de ocupar o terreno político.

O político *deve* separar-se do religioso?

Para retomar o sentido dessa interrogação, reexaminarei a tese segundo a qual o religioso não falaria de outra coisa a não ser de política.

Parece-me que duas séries de observações contribuem para defendê-la:

1. Por um lado, toda religião instituída supõe a existência de um "clero", isto é, de um corpo de "servidores do culto" cuja responsabilidade é garantir a perenidade dos dogmas e dos rituais próprios a cada religião. Se esse corpo é reduzido nas sociedades primitivas a uma única pessoa, o "xamã" ou o "feiticeiro", isso não modifica em nada a situação. O corpo em questão é investido de um saber e, correlativamente, de um poder.

Ora, esse poder é, por natureza, expansionista. Mesmo que se diga antes de tudo "espiritual", simbólico, limitado à interpretação do dogma, ele tende, na prática, a sair desse papel tantas vezes quanto possível. Por toda a parte em que não encontra resistência, o clero procura impor sua influência. Tendência mantida pelo fato de que toda religião aspira a ditar normas capazes de reger a nossa vida cotidiana — quer se trate da alimentação, da roupa, do trabalho, das relações sexuais ou das trocas em geral.

2. Por outro lado, todo clero pode intervir de modo indireto na vida coletiva, utilizando, para isso, um partido político cuja estratégia ele inspire. Partidos desse gênero existiram, sob diversas formas, em todas as épocas. Vamos citar, a título de exemplo, os partidos católico e protestante na França, no século XVI, a "democracia cristã" na Itália do pós-guerra ou, mais recentemente, os partidos "fundamentalistas" de inspiração cristã, judaica, islâmica ou hindu.

O problema é que, a partir do momento em que numa sociedade qualquer os partidos religiosos assumem importância excessiva, o jogo político fica prejudicado. De fato, uma sociedade não é (apesar do que possa dizer o discurso religioso, justamente) uma pirâmide hierarquizada de acordo com uma ordem "natural", mas, antes, um sistema de forças divergentes, perseguindo, cada uma, o seu interesse próprio.

No exercício "normal" desse jogo, as forças em presença, sabendo que expressam os interesses contraditórios de grupos heterogêneos, também sabem que devem negociar entre si, estabelecer concessões e defender sua aplicação. Ninguém, em tal contexto, pode ter totalmente razão ou não ter absolutamente nenhuma.

Em contrapartida, quando figura, entre as forças em presença, um partido religioso, a negociação não demora a cair em um impasse — pois o partido religioso não pretende representar os interesses de um grupo dado, mas deter "a" verdade absoluta. Os partidos religiosos são, como parceiros sociais, jogadores que não respeitam as regras. Sua ambição não é a partilha do poder, mas seu confisco.

Na medida em que considera o pluralismo desejável, como deve fazer se quiser ser democrático, o poder político deve opor-se à simples idéia de "partido religioso", isto é — pois todas as religiões tendem a formar partidos desse gênero —, opor-se à religião em geral.

Em resumo, o político, se quiser sobreviver, *deve* livrar-se da tutela do religioso.

Resta saber até que ponto ele *pode* fazê-lo. Ou seja, que estratégia deve usar para preservar sua autonomia.

No mundo ocidental, há alguns séculos, a estratégia do poder político consistiu, por um lado, em subtrair-se à influência de uma Igreja particular, concedendo o mesmo status a todas elas. E, por outro lado, em negar, de maneira idêntica, a todas as Igrejas, o direito de ingerir-se nos assuntos "civis", "públicos" ou "políticos".

Nessa dupla estratégia, a primeira vertente tem o nome clássico de *tolerância*; a segunda tomou, mais recentemente, o de *laicidade* (nos países francófonos) ou de *secularização* (nos países anglófonos).

Tolerância e laicidade não são noções estranhas uma à outra. A segunda requer a primeira como uma de suas condições de possibilidade. É porque diz às diversas Igrejas: "prosperem em paz, não me ocupo de vocês", que o Estado pode dizer-lhes: "deixem-me viver, não se ocupem do que é assunto meu". Em suma, não foi por acaso que os conceitos designados por esses termos emergiram juntos, como as duas faces da mesma moeda, durante um processo que começou no fim da Idade Média. E cuja questão principal continua sendo a delimitação de uma esfera "privada" ("consciência" individual) separada da esfera "pública" ("sociedade civil" ou Estado).

Nesse percurso difícil, o sinal de partida foi dado pelos "intelectuais" que, na querela medieval do papa contra o imperador, tomaram o partido do último: Dante (*De monarchia*, 1311) em primeiro lugar, e Marsílio de Pádua (*Defensor pacis*, 1324).

Mas os obstáculos posteriores só puderam ser superados graças ao concurso de grupos ideológicos os mais diversos: pioneiros da Reforma protestante (Lutero, Calvino), eruditos e humanistas do Renascimento (de Maquiavel a Galileu, passando por Erasmo, More, Montaigne), "puritanos" britânicos e "pais fundadores" da nação americana, racionalistas "engajados" como Locke (anglicano), Bayle (calvinista) ou Spinoza ("marrano"), pensadores "libertinos" do século XVII, filósofos materialistas do Século das Luzes, revolucionários de 1789.

Cada um a seu modo, os membros desses grupos procuraram instaurar a autonomia da esfera "privada" (conseqüentemente das crenças religiosas, ou das crenças relativas à religião, incluindo o agnosticismo e o ateísmo entre estas últimas) e, simultaneamente, dar a extensão mais vasta possível à esfera "pública" (incluindo progressivamente nela a maioria das atividades sociais, de maneira a subtraí-las à influência da religião).

Para chegar a isso, muitos arriscaram a vida, todos sacrificaram sua tranqüilidade. Uma mesma convicção os motivava: contribuir para os progressos — indissociáveis — da razão e da liberdade.

Um desses pioneiros merece uma atenção especial, em razão do impacto considerável que sua obra teve: quero citar o nome de John Locke.

Testemunha da Revolução Inglesa e de lutas intermináveis entre católicos e protestantes (que o obrigaram a passar vários anos no exílio), Locke interrogou-se permanentemente sobre as relações do poder "temporal" com o poder "espiritual".

Seus primeiros escritos conhecidos, datando de cerca de 1660, já tratam dos direitos do magistrado civil de intervir nas questões espirituais dos seus administrados. Seu texto mais decisivo, nesse aspecto, é a sua primeira *Carta sobre a tolerância*, redigida em 1685, mas publicada apenas em 1689 na Holanda, sem nome de autor.

Contemporânea dos escritos de Pierre Bayle sobre o mesmo tema,[1] a *Carta* adota uma estratégia diferente e, em certo sentido, mais radical. Ao invés de procurar, como Bayle, justificar o direito à "liberdade de consciência", Locke parte de uma análise concreta da autoridade política. Mostra que esta, por definição, é material e psicologicamente incapaz de obrigar os cidadãos a adotarem esta ou aquela crença religiosa — pois uma crença só tem valor se é livremente aceita. Em seguida, Locke tira dessa constatação a conseqüência que se impõe: é importante distinguir tão claramente quanto possível os papéis respectivos da Igreja e do Estado.

"O Estado", escreve ele, "é uma sociedade de homens instituída com o único fim do estabelecimento, da conservação e do progresso de seus interesses civis." Sua autoridade não se estende pois, de modo algum, "até a salvação das almas". Ela deve limitar-se "ao cuidado com as coisas deste mundo", e não "intrometer-se naquilo que se refere ao século vindouro" — em outras palavras, ao além.

Inversamente, a Igreja é "uma sociedade de homens que se reúnem voluntariamente para servir a Deus em público, e prestar-lhe o culto que julgam ser-lhe agradável e próprio a fazer-lhes conquistar a salvação".[2]

Daí se segue que o "poder eclesiástico" deve ser "encerrado nos limites da Igreja", e que lhe é proibido "estender-se até os assuntos civis". Em suma, a Igreja deve ser "inteiramente separada e distinta do Estado", essa separação gerando, de ambos os lados, deveres recíprocos: dever de tolerância por parte do Estado, obrigação de reserva por parte da Igreja.

E Locke sublinha que "os limites são fixos e imutáveis de ambas as partes"- pois seria "confundir o céu com a terra querer unir essas duas sociedades, que são absolutamente distintas e inteiramente diferentes uma da outra, seja em relação às suas origens, seja em relação aos seus objetivos ou aos seus interesses".[3]

Locke se mostra assim como um vigoroso defensor da tolerância. Mas é precisamente essa posição que vai conduzi-lo, na seqüência do texto, a introduzir certas restrições. Especialmente, a recusar a tolerância aos "inimigos" da tolerância, que são, segundo ele, os católicos e os ateus.

Certamente, a *Carta* reconhece que nenhum cidadão poderia ser perseguido apenas pelo fato de aderir aos dogmas especulativos da religião católica ("se um católico romano acredita que aquilo que um outro chama de pão é o verdadeiro corpo de Jesus Cristo, ele não prejudica em nada o seu próximo").[4] Mas a *Carta* não deixa de estipular que, em um Estado não-católico, as manifestações públicas e institucionais do catolicismo deveriam ser proibidas.

Efetivamente, a religião católica é socialmente perigosa — e isso por três razões. Primeiro, porque ela dispensa os seus adeptos da obrigação de respeitar as promessas feitas a heréticos (*fides haereticis non est servanda*). Depois, porque professa que os príncipes excomungados, não tendo mais direito à obediência de seus súditos, podem ser impunemente depostos ou mortos. Enfim, porque os católicos, tendo jurado obediência ao papa, que consideram como o vigário de Deus sobre a Terra, não poderiam ser considerados como cidadãos "seguros" em um Estado que não tivesse abraçado oficialmente a causa católica.

Do mesmo modo, ao admitir que um ateu, também ele, não deve ser perseguido pelo Estado em razão apenas de suas opiniões, Locke considera que o ateísmo, como doutrina instituída, é tão perigoso, socialmente falando, quanto o catolicismo, e também não se deve permitir sua expressão pública.

Segundo Locke, o ateísmo militante é incompatível com o respeito às virtudes, e logo com o respeito à ordem pública. Deve-se reconhecer que, sobre esse ponto, Bayle (que não crê que a idéia de Deus seja necessária para a compreensão dos princípios morais, e que aceita, por conseguinte, a hipótese de uma "sociedade de ateus") e mais tarde Shaftesbury se mostrarão menos vítimas dos preconceitos do seu tempo.[5]

Dito isso, quaisquer que sejam as dificuldades (ou os limites) da concepção lockiana da tolerância, esta tem o mérito de caminhar ao lado de uma teoria da laicidade: a obra de Locke é sem dúvida a primeira a pôr tão claramente em evidência a ligação lógica entre esses dois conceitos.

Um século depois, a importância dessa ligação estava novamente presente no espírito dos "pais fundadores" da nação americana.

Todavia, estes não eram apenas discípulos de Locke. Também eram herdeiros de uma "seita" protestante, a dos puritanos, que foi durante muito tempo perseguida na Grã-Bretanha, precisamente porque tomava partido em temas políticos. Assim, tinham tendência em insistir na necessidade da tolerância, mais do que na da laicidade —

como mostra a 1ª emenda (1791) à Constituição americana, pela qual é negado ao Congresso o direito de favorecer ou proibir uma religião, qualquer que seja.

Uma fórmula muito citada de Thomas Jefferson (principal autor da Declaração de Independência e terceiro presidente dos Estados Unidos) resume bem o estado de espírito: "Se meu vizinho me disser que há vinte deuses ou que não há nenhum, ele não me prejudica em nada; não rouba o meu dinheiro nem quebra a minha perna."[6]

Com essa frase, Jefferson quer afirmar duas coisas. Por um lado, na linhagem de Locke, que a política pode ser totalmente dissociada das crenças religiosas compartilhadas, a título individual, pelos cidadãos de um Estado democrático.

E, por outro, na linhagem de Bayle, que a virtude cívica (necessária ao bom funcionamento desse Estado) tem a sua condição suficiente em uma faculdade moral, de ordem puramente racional, possuída tanto pelo ateu quanto pelo homem religioso.

A segunda dessas teses não é mais contestada.

Em contrapartida, a primeira continua no centro de um interminável debate: um Estado leigo deve tolerar a expressão pública — e publicamente agressiva — de doutrinas hostis à própria idéia de laicidade?

Nesse aspecto, haveria muito a dizer sobre a "defasagem" que subsiste entre a laicidade "apregoada" pelas democracias contemporâneas e as práticas reais a que elas se dedicam. É assim que, na França, o Estado continua a subvencionar as escolas confessionais, enquanto nos Estados Unidos a cédula verde e o governo inteiro, com o presidente à frente, professam: "*In God we trust*".

O recente ressurgimento dos fundamentalismos constitui, entretanto, um fenômeno muito mais grave. Qualquer que seja sua origem, estes perseguem estratégias convergentes. Seu objetivo comum é a restauração, sobre as ruínas das idéias de tolerância e de laicidade, de uma ordem teocrática. Em outras palavras, de um sistema no qual o político e o social, esvaziados de seu conteúdo próprio, seriam assumidos e dominados pelo religioso.

Vale a pena notar que a sociologia das religiões e a ciência política continuam encerradas em um duplo impasse teórico em relação a esse problema.

Por um lado, a concepção estreitamente "positivista"que elas têm da objetividade as impede de reconhecer, por trás da variedade dos fundamentalismos, a semelhança das estratégias que os inspiram. Em outros termos, a ascensão de um verdadeiro "fanatismo" em escala universal.

Por outro lado, a incapacidade que têm essas "ciências" para se dotarem de uma análise aprofundada do conceito de religião as impede de compreender que o fundamentalismo não é, em relação à religião "comum", nem um desvio inesperado nem uma excrescência monstruosa. Ou, mais exatamente, que ele só constitui uma "perversão" na medida em que é, simplesmente, apenas uma "regressão" — apenas um retorno em direção a formas mais arcaicas do religioso, supostamente as suas formas "puras", "originais" e não "poluídas" (pelas Luzes).

Doutrina que ordena voltar aos "fundamentos" mesmos da fé, que aspira a restaurar esses fundamentos em sua "integridade" primitiva, o fundamentalismo não é portanto "exterior" à religião. Ele apenas traduz a tendência de toda religião a se reapropriar, a intervalos regulares, de sua própria "essência" (ou a idéia que ela tem disso).

Isso significa que a voga atual do fundamentalismo não constitui um fenômeno inédito. "Modas" desse tipo reaparecem ciclicamente em todas as sociedades e épocas.

Mas, se essas "modas" podem ser explicadas de um ponto de vista sociológico, "explicar" não quer dizer "justificar". E se o fundamentalismo é inaceitável, pois transgride as regras do jogo democrático, as democracias *devem* combatê-lo.

Ora, quanto a este último ponto de vista, resta muito a fazer. O Estado leigo contemporâneo — sempre imperfeitamente leigo, a despeito de suas declarações — está mal preparado para lutar contra as forças político-religiosas que questionam o próprio princípio sobre o qual ele se funda: o de uma verdadeira separação entre político e religioso.

Como se viu na França, no outono de 1989, quando estourou o caso do "lenço" islâmico (do "lenço" e não do "véu", pois se trata, segundo os termos do uso islâmico, de um *hidjeb* e não de um *tchador*). Diante dos muçulmanos, que fizeram desse lenço o emblema de sua rejeição à laicidade, os poderes públicos, divididos quanto à escolha da resposta a adotar, deram o triste exemplo da incoerência.

O presidente da República (lembrando-se de que fora eleito pelo sufrágio universal, logo por uma maioria de cristãos) primeiro preconizou a repressão — seguido por seu ministro da Educação que, em 1994, inabilmente incitou os estabelecimentos secundários a incluírem em seu regimento interno um dispositivo proibindo o uso de "sinais ostentatórios", e autorizando o uso de "sinais discretos" de filiação religiosa. Como se o uso de uma cruz fosse *ipso facto* "discreto", o de um lenço *ipso facto* "ostentatório": dois pesos, duas medidas.

O Conselho de Estado mostrou maior imparcialidade, recomendando ao mesmo tempo firmeza e moderação. Adaptando ao fato islamista uma jurisprudência que datava da época dos grandes confrontos entre a República e a Igreja católica, lembrou que a liberdade de expressão religiosa só podia ser limitada por razões de ordem pública. O lenço, declarou em 1996, "não poderia ser considerado um sinal [...] cujo uso constituiria, em todos os casos, um ato de pressão ou de proselitismo". Não-repreensível em si mesmo, o uso do lenço pode, entretanto, vir a sê-lo, se for acompanhado da recusa de assistir a certas aulas (de educação física, por exemplo), ou de atividades de propaganda religiosa de natureza a perturbar a vida escolar. O aluno perturbador deve ser então punido.

Na prática, os diretores dos estabelecimentos fizeram o que quiseram ou o que puderam — tolerando aqui, excluindo ali, reintegrando um dia e recusando a reintegração outro dia. Sem falar da situação inédita criada, em dezembro de 1996, por um grupo de professores "extremistas", que se recusaram a dar aula a uma aluna que usava o famoso lenço (embora, ao que parece, o comportamento desta não tenha causado nenhum problema de ordem pública).

Entretanto, seria errado acusar apenas a classe política ou o mundo docente de incoerência. Os filósofos também não conseguiram propor análises capazes de acalmar as paixões que cercaram, desde o início, o caso do lenço. Paixões nas quais não é fácil distinguir o que é uma legítima indignação leiga daquilo que é ódio religioso — ou até xenofobia.

Também não seria correto acreditar que se trata de um epifenômeno próprio a uma sociedade francesa refém de suas forças de extrema direita. O Québec também teve o seu "caso do lenço". Quanto à sociedade americana, esta também está dividida em relação a problemas comparáveis. Por exemplo, o da liberdade de abortar, a respeito do qual a "tirania da opinião pública", denunciada por Tocqueville há cerca de dois séculos, leva às vezes o partido democrata a alinhar-se com o partido republicano e este a adequar suas posições àquelas dos movimentos religiosos ultraconservadores.

Ou ainda o problema dos conteúdos do ensino científico: terreno propício, como o do lenço, às derrapagens mais incoerentes, pois os fundamentalistas cristãos, desejando ver as tolices "criacionistas" (tiradas da Bíblia) ensinadas em pé de igualdade com a teoria da evolução, conseguiram, em certos Estados, a adesão dos defensores da liberdade de expressão à sua causa. Com isso, estes últimos, comprometidos com sua vontade de respeitar ao pé da letra a 1ª emenda, viram-se obrigados a aprovar a propaganda de movimentos de extrema direita, cuja ação, afinal, é infinitamente mais perigosa para o futuro da democracia do que seria a decisão de "censurar" (por assim dizer) o ensino da Bíblia nas aulas de ciências naturais.

O que pensar, enfim, da complacência do Estado de Israel, que, afirmando-se democrático e leigo, continua a respeitar, há meio século, o monopólio de fato exercido pelos rabinos sobre o registro civil (casamentos, nascimentos etc.)?

Para esses conflitos concretos, ligados a contextos culturais muito diversos, não se pode dar uma solução única. Seus motivos são todavia estranhamente vizinhos. É por isso que parece razoável concluir que, nos três casos, um único princípio "regulador" deveria inspirar a atitude dos poderes públicos.

Esse princípio é aquele que declara que a tolerância mais ampla possível seja dada a todas as confissões — desde que nenhuma delas seja autorizada a intrometer-se no funcionamento das atividades sociais.

Em resumo, desde que o Estado continue sendo a única instância capaz de determinar aquilo que, no interior do espaço público, é ou não legítimo.

Princípio que vale igualmente para os exageros dos movimentos "étnicos" e dos partidos "religiosos".

ÓDIO AO OUTRO E CENSURA

Os principais Estados modernos pensaram-se, a si mesmos, desde a Idade Média, como "Estados-nações".

Em outros termos, cada um desses Estados fez questão de definir-se como a expressão política de uma entidade pré-existente, batizada de "povo" ou "etnia" (a "singularidade" de cada "povo" sendo, no melhor dos casos, definida em termos de história ou de cultura, e, no pior, em termos biológicos ou "raciais").

Entre os efeitos secundários desse processo de autodefinição, figura, em primeiro lugar, a emergência de um "etnocentrismo" dificilmente evitável (qual o "povo" que não tem ingenuamente tendência a acreditar-se "superior" aos seus vizinhos?), que se arrisca a desembocar não apenas em um "patriotismo" mesquinho, mas também em formas caracterizadas de "ódio ao outro".

Como "sentimento", o ódio ao outro não é, em si, nada de novo. É provavelmente tão antigo quando a própria humanidade.

Mas a partir do momento em que a humanidade conseguiu pôr a seu serviço esse formidável meio de ação que é o Estado moderno, ela favoreceu o aparecimento de uma criminalidade coletiva particularmente temível.

No Ocidente medieval, as primeiras vítimas desse processo foram os judeus. Acusados de envenenar fontes ou de matar crianças católicas a fim de beber-lhes o sangue, os judeus se tornaram rapidamente os responsáveis "marcados" por tudo aquilo que ia mal em torno deles. Já no século XI, uma de suas comunidades, situada na Renânia, foi objeto de um *pogrom*. Sabemos como esse ódio anti-semita acabou por resultar, sob o III Reich, no mais vasto empreendimento de extermínio em massa jamais concebido e planejado pelo homem.

Durante esse tempo, os judeus não ficaram silenciosos. Ao longo de toda a época moderna, não deixaram de protestar contra a maneira injusta com que eram tratados, mesmo depois de sua "emancipação" cívica e política. Mas ninguém, ou quase ninguém, os escutou. E foi só por ocasião do caso Dreyfus que se viu, pela primeira vez, um grupo de intelectuais decidir-se a reagir contra a difusão pública de teses anti-semitas.

Outra comunidade que pagou alto preço pelo ódio ao outro foi a dos negros. Mais uma vez, as consciências foram lentas para evoluir. Mesmo no Século das Luzes, poucas foram as vozes que, no Ocidente, se elevaram contra a prática da escravatura.[7] Ainda menos numerosas foram as que denunciaram o racismo antinegro — o qual, deve-se esclarecer, sobreviveria à abolição da escravatura, e mesmo, nos Estados Unidos, ao movimento dos *civil rights*.

Nesse oceano de indiferença, uma única exceção deve ser assinalada, a dos *cagots* — significativa, certamente, mas tão marginal, tão negligenciada pela historiografia "oficial" que não diz mais nada a ninguém.

Mas penso que a exceção em questão é tão interessante que não posso deixar de consagrar-lhe algumas linhas.

A partir do século XI, assiste-se ao desenvolvimento progressivo, principalmente no sudoeste da França e também no norte da Espanha, de uma autêntica forma de racismo, dirigida contra uma comunidade muito específica, a dos *cagots* (em espanhol, *agotes*; em basco, *agotak*). Ninguém, nos dias de hoje, sabe com certeza por que razão esses pretensos *cagots* (que nunca reivindicaram nem ostentaram a menor "diferença" biológica ou cultural em relação às populações vizinhas) foram desprezados e perseguidos durante séculos. O que é certo é que, assimilados ora a descendentes de leprosos, ora a heréticos ou a judeus, submetidos a um verdadeiro *apartheid*, tratados como párias e, sobretudo, constantemente insultados, acabaram por se rebelar contra o seu destino no século XVII. Começaram então a recorrer aos tribunais, a cada vez que eram insultados — de modo que Luís XIV (por recomendação do intendente de Béarn, Du Bois Baillet, cansado de tantos protestos e tantos litígios) decidiu promulgar uma lei a seu favor.

Datada de 1683 (dois anos antes da revogação do Edito de Nantes!), ela condenava a uma multa de 500 libras (quantia importante, na época) toda pessoa que tratasse alguém de *cagot* com intenção publicamente injuriosa. Se essa lei não conseguiu acabar totalmente com o racismo "anticagots" (pois este continuou sendo registrado em certos vales dos Pireneus até meados do século XX), não deixou de contribuir para que diminuíssem, em algumas décadas, os problemas que estavam na origem da maioria dos processos. Mas é lamentável que ela não seja lembrada pela posteridade como a *primeira lei anti-racista promulgada no mundo*.[8]

À parte essa exceção pouco conhecida, só no início do século XX surgiu, na opinião pública, a idéia segundo a qual a injúria ou a difamação "racial" (seja o que for que se entenda por esse adjetivo) devia ser objeto de uma sanção judiciária. Em 1939, as disposições correspondentes foram integradas, na França, à lei de 1881 sobre a liberdade de imprensa. E foi só depois da revelação pública da Shoah*, em 1945, que o mundo tomou verdadeiramente consciência da necessidade de proibir a expressão de discursos que, como os discursos racistas ou anti-semitas, mostraram-se capazes de provocar atrocidades.

Hoje, portanto, muitas democracias ocidentais possuem um arsenal legislativo que lhes permite punir não apenas a injúria ou a difamação, porém, mais geralmente, a incitação ao ódio — ódio religioso ou "racial", pois na prática eles têm tendência a se confundirem, mesmo que, ao contrário do conceito de religião, o de "raça" não remeta, no caso da espécie humana, a nenhuma realidade objetiva.

Já era tempo. Por mais surpreendente que possa parecer, o ódio "racial" (ou religioso), por um momento reprimido sob o choque da descoberta da Shoah, não tardou a recomeçar em diversas partes do mundo a partir do início dos anos 70.

Iniciou-se então um duplo processo.

Por um lado, nos países em que a democracia ainda não está firmemente instalada, um nacionalismo "étnico" particularmente virulento, a pretexto de reivindicações políticas ou territoriais, dedicou-se a reanimar os velhos demônios racistas (e anti-semitas). Cego pelo seu desejo mórbido de "purificação", esse nacionalismo acabou precipitando, na ex-Iugoslávia, os sérvios, apoiados pela Igreja ortodoxa, contra os bósnios e depois contra os albaneses de Kosovo, e, em Ruanda, os Hutu contra os Tutsi (que nem constituem "etnias" diferentes propriamente ditas).[9] Ele também inspira a atitude agressiva dos russos contra os chechenos, a dos "talibãs" afegãos contra seus compatriotas de origem hazara, ou a dos regimes turco e iraquiano contra as suas "minorias" curdas.

Nas democracias ocidentais, por outro lado, grupos de extrema direita, apoiando-se freqüentemente no "fundamentalismo" cristão, reavivaram os mesmos velhos demônios, dirigindo, desta vez, o seu ódio contra comunidades "diferentes", vivendo no interior das mesmas fronteiras, quer se trate de comunidades judaicas ou muçulmanas, por

---

*Holocausto, em hebraico. (N.T.)

exemplo, quer se trate de diversos grupos de imigrantes provenientes de países do sul.

O efeito combinado desse duplo processo é claro: nunca o ódio "racial" ou religioso dispôs de tantos instrumentos (políticos e midiáticos) quanto no mundo contemporâneo.

Isso reforça a necessidade, e até a urgência, de lhe opor, em todos os lugares em que for possível, a resistência mais determinada.

Entretanto, as leis que punem a incitação ao ódio ao outro, como as que existem na França e em algumas democracias "avançadas", estão longe de funcionar tão simplesmente quanto poderiam (ou deveriam).

Duas coisas parecem limitar sua eficiência. A primeira é a lentidão da justiça — o que, muitas vezes, dissuade a vítima de denunciar seu agressor. A segunda é o fato de que ainda prevalece em muitos espíritos a idéia segundo a qual todo limite jurídico imposto à liberdade de expressão seria uma insuportável "censura".

Esse último problema foi, como sabemos, lembrado por Locke. Resolvido a reduzir ao silêncio os adversários mais perigosos da tolerância, Locke estimava que, se esta quisesse sobreviver, não deveria fazer com que qualquer um se aproveitasse de seus benefícios.

Hoje, em contrapartida, é a tese inversa que parece dominar.

Latente há pelo menos três séculos, o conflito acabou por explodir, na França, a propósito do direito à expressão das teses "negacionistas".

O que é o "negacionismo"?

Esse termo se impôs, no fim dos anos 70, para designar a ideologia que visa negar a realidade da Shoah — ou seja, do extermínio dos judeus durante a II Guerra Mundial. A ideologia em questão fora elaborada logo depois da guerra por um ex-deportado e ex-socialista, Paul Rassinier (*Passage de la ligne*, 1948; *Le mensonge d'Ulysse*, 1950), e por um adepto declarado do fascismo, Maurice Bardèche (*Nuremberg ou la terre promise*, 1948).

Naquele momento, nenhum dos dois encontrou grande repercussão. Três décadas depois, quando os mesmos delírios foram retomados por Robert Faurisson e difundidos pelo seu editor, o ex-trotskista Pierre Guillaume, tiveram um sucesso inesperado na opinião pública francesa primeiro, e depois, rapidamente, no resto do mundo, particularmente nos países árabe-muçulmanos. Faurisson até recebeu — em resposta aos ataques que queriam fazê-lo calar-se — o apoio de um intelectual judeu, conhecido por suas posições anarquistas, o filósofo Noam Chomsky: este aceitou, em 1980, prefaciar um mau livro de Faurisson, *Em defesa contra aqueles que me acusam de falsificar a história.*

Como as teses "negacionistas" não se baseiam em nenhum argumento sério, é impossível ver nelas outra coisa senão a forma mais recente tomada pelo velho anti-semitismo, seja de extrema direita ou de extrema esquerda. Sob uma máscara pseudo-histórica destinada a enganar o público (e o legislador), elas constituem apenas uma variedade nova de incitação ao ódio religioso e "racial". É por isso que uma democracia preocupada em conservar a sua boa saúde deve proibi-las. Todavia, os artigos do Código Penal que reprimem a injúria e a difamação não previram esse caso particular. Assim, foi preciso, para acabar com o problema, aprovar uma lei especial: na França, foi a lei Gayssot (1990).

Essa lei teve efeitos excelentes, pois fez desaparecerem os libelos "negacionistas", desacreditando seus autores e infligindo pesadas multas aos que os difundiam.

Mas foi vivamente contestada por muitos intelectuais, filiados aos horizontes mais diversos. Quais eram seus argumentos?

No essencial, reduziam-se aos três seguintes. Primeiro, toda lei que acaba, por pouco que seja, restabelecendo uma censura é tão odiosa quanto perigosa. Depois, é ridículo pedir aos juízes que decidam o que deve ser a verdade histórica. Enfim, condenar os negacionistas à clandestinidade é conceder-lhes inutilmente a aura de popularidade que se atribui, em geral, aos "mártires".

Os dois últimos argumentos não resistem à análise. Os juízes que condenam uma publicação negacionista não são historiadores improvisados; punem apenas um ato de difamação cometido contra uma comunidade religiosa, a comunidade judaica. Quanto aos culpados, privados de toda tribuna pública na mídia e nas instituições de ensino, não tardarão a ser esquecidos pela opinião pública, embora, provisoriamente, gozem da simpatia dos regimes islâmicos hostis a Israel.

Resta o primeiro argumento, que equivale a fazer do direito à livre expressão um dogma indiscutível ao qual nenhuma restrição poderia se aplicar. É com esse argumento, caro aos "liberais" clássicos e também aos anarquistas, que Noam Chomsky (que, ele próprio, não é negacionista) explica, hoje, o apoio de princípio que deu, outrora, a Faurisson.

É perfeitamente ridículo negar a realidade da Shoah, diz no essencial Chomsky; mas, se alguns querem fazê-lo, não se pode impedi-los sem cair no mesmo erro — a intolerância — de que se acusam os regimes "totalitários" (Hitler, Stalin), ou "fundamentalistas" (Khomeini). A lógica exige portanto que não se admita, na democracia, nenhuma forma de censura.[10]

A lógica, sem dúvida. Mas e a política?

Pois aí está todo o problema: o mundo no qual vivemos não é um universo de abstrações puras. É um mundo bem real, povoado de seres imperfeitos. Porque são imperfeitos, podem ser maus. E porque são capazes de fazer o mal, não se deve hesitar, ocasionalmente, em impedi-los de agir.

A posição de Chomsky tem um duplo mérito: o da elevação moral e o do rigor. Ela é coerente com o individualismo extremado que caracteriza o conjunto dos seus engajamentos. Mas — como outros "bons" sentimentos, dos quais o inferno está cheio — ela é politicamente insustentável.

Pois se é evidente que o combate pela liberdade de expressão perderia o sentido a partir do momento em que esta não se estendesse aos inimigos da liberdade (como queria Voltaire, em quem Chomsky se apóia), não seria menos perigoso incluir entre estes últimos os negacionistas.

As teses negacionistas não são teses entre outras, opiniões que se podem discutir, aprovar ou rejeitar. Elas constituem um verdadeiro "apelo ao crime". É a razão pela qual a prudência (uma prudência que, por sua vez, se apoiaria em Locke) recomenda que elas sejam reprimidas — antes que seja tarde demais.

Acrescentarei, pessoalmente, que medidas de repressão idênticas deveriam, pelas mesmas razões, aplicar-se aos discursos que negam a realidade de um dos dois outros genocídios que ocorreram no século XX: o dos armênios (1915) e o dos Tutsi de Ruanda (1994). A negação destes, efetivamente, não recai sob a lei Gayssot, pois esta se refere apenas à definição do "crime contra a humanidade" que figura nos estatutos do Tribunal Militar Internacional de Nuremberg (1945). Existe aí uma lacuna, que o legislador deveria pensar em reparar, visto que, tratando-se do genocídio dos armênios, a propaganda negacionista, sustentada pela Turquia, continua muito ativa pelo mundo, inclusive nos meios universitários.

Certamente, os santos e os poetas protestarão, de novo, contra esse "atentado" à liberdade.

Mas o interesse da verdade e o da justiça (uma justiça que devemos aos descendentes das vítimas tanto quanto a estas) não deveriam pesar mais, aqui, do que qualquer outra consideração?

3. A Separação dos Poderes

Assim sendo, a liberdade de expressão não poderia ser sem limites.

Nem por isso ela deixa de ser o primeiro pilar de toda democracia, e a mais importante das "liberdades políticas básicas" que se espera ver garantidas por um regime desse gênero.

É dela que decorrem todas as outras: onde a liberdade de expressão é reconhecida, as de reunião, de circulação, de associação não podem ser impedidas durante muito tempo.

O fato de que essas liberdades sejam mais ou menos respeitadas por um determinado Estado não basta, entretanto, para que este seja qualificado de "democrático". Uma situação de anarquia geral seria muito benéfica para as liberdades. Mas, com isso, essa situação não favoreceria o reinado de um "Estado de direito" (*the rule of law*).

É preciso pois que o funcionamento de um Estado democrático obedeça a um princípio específico, capaz de proteger o cidadão contra qualquer forma de arbitrariedade. Em outros termos, que o poder de fazer leis (*poder legislativo*), o poder de aplicá-las (*poder executivo*) e o poder de punir as infrações às leis (*poder judiciário*) sejam exercidos por pessoas ou instituições separadas — e, além disso, independentes umas das outras.

Intitulado, há dois séculos, princípio da "separação dos poderes", e habitualmente atribuído a Montesquieu, esse princípio não é tão "evidente" nem tão fácil de aplicar como em geral se acredita.

Basta lançar um olhar sobre o mundo para constatar que, nos países em desenvolvimento, as liberdades básicas são mais ou menos garantidas sem que, com isso, a "separação dos poderes" seja realmente levada a sério. Mais ainda, nos próprios países ocidentais, onde o princípio em questão é oficialmente reconhecido, ocorre freqüentemente que, na prática, ele seja transgredido.

É por isso que não seria inútil refletir sobre a exigência que ele enuncia.

Se não se mostrassem verdadeiramente preocupadas em respeitar essa exigência, como as democracias poderiam constituir a única muralha possível contra o "totalitarismo"?

O "totalitarismo" não começa precisamente quando os três "poderes" deixam de ser independentes uns dos outros?

FÍSICA E POLÍTICA

Vamos começar reparando uma dupla injustiça. Montesquieu não foi o primeiro a distinguir três grandes tipos de poder. Já se encontra essa distinção no Livro IV das *Políticas*[1] de Aristóteles (cap. 14, 1297b). Montesquieu também não foi o verdadeiro "inventor" desse sistema de *checks and balances*, que se chama "separação dos poderes", pois nesse campo ele teve um predecessor: o autor da *Carta sobre a tolerância*, John Locke.

No capítulo 12 do seu *Segundo tratado sobre o governo civil* (1690), destinado a refutar a teoria da monarquia absoluta, "de direito divino", defendida por Robert Filmer (*Patriarcha*, 1680), Locke distingue, afastando-se um pouco de Aristóteles, três espécies de poder: "legislativo", "executivo" e "federativo".

Por "poder federativo" ele entende a faculdade que um Estado tem de concluir, com outro Estado, "tratados" ou "alianças". Locke sugere que essa faculdade seja atribuída ao poder executivo, a fim de que "as forças do corpo político" não se encontrem "sob diferentes comandos".

Em contrapartida, observa que, "nos Estados bem organizados, em que o bem público é considerado como deve ser", poder legislativo e poder executivo "se encontram muitas vezes separados".

Esse texto de Locke tem um valor "fundador" tão importante, no plano simbólico, que merece ser citado na íntegra:

> O *poder legislativo* é aquele que tem o direito de *determinar como as forças de um Estado podem ser empregadas para a conservação da comunidade e dos seus membros*. Mas, em virtude de essas leis, que devem ser constantemente executadas, e cuja virtude deve sempre subsistir, poderem ser feitas em pouco tempo, não é necessário que o *poder legislativo* esteja sempre ativo, já que nem sempre ele tem questões que o ocupem. E como poderia ser uma grande tentação para a fragilidade humana, e para as pessoas que têm o poder de fazer leis, ter também em suas mãos o poder de executá-las, do qual elas poderiam servir-se para isentar-se a si mesmas da obe-

diência devida a essas leis que elas teriam feito, e serem levadas, seja ao fazê-las, seja ao executá-las, a visar apenas a sua própria vantagem, e a ter interesses distintos e separados dos interesses do resto da comunidade, e contrários ao fim da sociedade e do governo: é por essa razão que, nos Estados bem organizados, em que o bem público é considerado como deve ser, o *poder legislativo* é confiado às mãos de diversas pessoas que, devidamente reunidas, têm, sozinhas ou conjuntamente com outras, o poder de fazer leis, às quais, depois que elas as fizeram e depois que se separaram, elas próprias estão sujeitas; o que é um motivo novo e muito forte para encorajá-las a só fazerem leis para o *bem público.*

Mas, em razão de as leis, que são feitas de uma vez e em pouco tempo, terem uma virtude constante e duradoura, que obriga a observá-las e a submeter-se a elas continuamente, é necessário que haja sempre alguma potência ativa que faça executar essas leis e que conserve toda a sua força: e é assim que o *poder legislativo* e o *poder executivo* se encontram freqüentemente separados.[2]

De certa forma, tudo está dito nessas poucas linhas. Tudo, ou quase tudo. Pois, por um lado, Locke se limita a observar que, nos Estados "bem organizados", legislativo e executivo "se encontram freqüentemente separados", não chega a concluir que eles *devem* sempre ser separados. Caberia a Montesquieu tirar essa conclusão.

Por outro lado, Locke não menciona nem a existência de um poder "judiciário", nem a necessidade de considerar este último igualmente separado dos dois outros. Mais uma vez, caberia a Montesquieu, jurista de profissão, levar a análise a seu termo.

Montesquieu o faria sem nunca citar Locke. E por uma boa razão: teórico do "contrato social", adepto do "individualismo liberal", Locke foi, no seu tempo, o pensador da "burguesia triunfante" (como diria Marx) — enquanto Montesquieu, como veremos, jogava no campo oposto.

Mas o vocabulário da "separação dos poderes" impunha-se, por si mesmo, como um vocabulário comum aos dois pensadores — como *seu* vocabulário comum, seu verdadeiro ponto comum, pois ambos compartilhavam, afinal, um mesmo ódio: o ódio à monarquia absoluta. E o poder de reuni-los que esse ódio possuía era, de certo modo, mais forte do que tudo aquilo que pudesse dividi-los.

Quanto a esse vocabulário propriamente dito, ele não nasceu *ex nihilo* — nem a reflexão política "moderna", no seu conjunto. Ambos têm uma origem precisa.

Esse vocabulário é proveniente do humanismo da Reforma e do Renascimento. Sua elaboração está ligada à do racionalismo científico. E, particularmente, à da física galileana.

Ora, esta é, antes de tudo, uma "mecânica" — ou seja, uma ciência das "forças". Não é surpreendente, por conseguinte, que, a partir do século XVII, os filósofos concebessem cada vez mais o poder como uma "força" — e o campo social como um campo de "forças" que se opõem, de corpos "sólidos" que se entrechocam, de "fluidos" que tendem a ocupar todo o espaço disponível à sua volta. O *Leviatã* (1651) de Hobbes (que foi matemático e físico tanto quanto filósofo) é um bom exemplo dessa política "mecanicista".

E ele não estava sozinho. Esse modelo teórico, ou se quisermos, essa metáfora das "forças", duraria muito tempo. Podemos encontrá-lo em Montesquieu, em sua grande obra *Do espírito das leis* (1748).

Nela, o livre jogo das "forças particulares" dos homens explica a origem das guerras, civis ou estrangeiras (livro I, cap. 3). Às leis políticas é atribuída a função de "força repressora"(livro V, cap. 7). Montesquieu pinta, poeticamente, o quadro de vastos equilíbrios sociais, que parecem devidos ao simples jogo de trilhos e polias maravilhosamente "lubrificados": "Para formar um governo moderado, é preciso combinar as potências, regulá-las, temperá-las, fazê-las agir; dar, por assim dizer, lastro a uma para deixá-la em estado de resistir a uma outra; é uma obra-prima de legislação, que o acaso faz raramente, e que raramente se confia à prudência..." (livro V, cap.14). Interroga-se longamente sobre a "força defensiva" e a "força ofensiva" dos Estados, assim como sobre a relação que elas devem ter entre si (livro IX, caps. 6, 8, 9, e livro X, passim). Sem esquecer, evidentemente, a famosa definição de liberdade: "A liberdade consiste, principalmente, em não se poder ser forçado a fazer uma coisa que a lei não ordena..." (livro XXVI, cap. 20).

A idéia de uma "separação" — ou, para retomar o termo utilizado por Montesquieu, de uma "divisão" — dos poderes é, em suma, perfeitamente coerente com sua visão de conjunto do campo social, também derivada da "ciência nova", fundada 150 anos antes por Galileu. Em certo sentido, ela representa sua realização. Efetivamente, haveria melhor meio, para estar seguro de "formar um governo moderado", do que cuidar para que as "três espécies" de poder existentes em cada Estado "não estejam reunidas na mesma pessoa, ou no mesmo corpo"

— em resumo, cuidar para que esses poderes se distingam, se equilibrem e se controlem uns aos outros?

Entretanto, por mais decisiva que seja a fórmula que acabo de citar (e que continua sendo, há duzentos anos, a fórmula "mecânica" do "bom governo") ela não se encontra, tal qual, no próprio livro de Montesquieu, mas apenas no índice que o conclui.

Quanto à teoria que ela resume, procuraríamos em vão sua exposição sistemática em um capítulo dedicado, justamente, à "divisão" dos poderes. Não existe capítulo algum desse gênero. E, embora ela esteja no centro do pensamento de Montesquieu, a teoria em questão só é esboçada, em suas grandes linhas, no interior de um capítulo intitulado, estranhamente, "Da Constituição da Inglaterra" (livro XI, cap. 6).

Não há nada de fortuito nisso. A organização de um texto tão complexo não poderia ser efeito do acaso, mas fruto de uma estratégia deliberada. Estratégia que, por sua vez, se explica pelo contexto histórico no qual o autor escrevia.

Pois Montesquieu não tem nada de um pensador "objetivo" ou "desinteressado". Pelo contrário, é o que chamaríamos de "intelectual engajado". Engajado contra quê? Contra o "despotismo", é claro — isto é, contra a monarquia absoluta, "de direito divino", encarnada na França, desde o reino de Luís XIV, pela dinastia dos Bourbon. Mas seria um erro ver nele um "progressista", um adepto dos valores "liberais", "republicanos" e "democráticos" — ou, como se disse às vezes, um "precursor" da Revolução de 1789. Entre os adversários da monarquia absoluta, ele se situa exatamente do lado oposto: do lado dos adeptos da "reação nobiliária" — isto é, de um retorno à fase mais arcaica do feudalismo, na qual o poder do monarca era substancialmente limitado pelo dos "nobres", seus "vassalos".

Queiramos ou não, Charles-Louis de Secondat, barão de La Brède e gentil-homem gascão, era, politicamente, um homem do passado. Um nostálgico dos primórdios do Ancien Régime, no momento mesmo em que este estava a ponto de desaparecer. Ou, para sermos mais precisos, um nostálgico da primitiva "monarquia franca".

Vamos lembrar os fatos. O fim do reino de Luís XIV foi marcado, na França, por uma forma bastante singular de "luta de classes". Havia cerca de um século que o poder real tinha tendência a apoiar-se, para governar o país, na burguesia ascendente — burguesia "de toga" ou burguesia comercial. Com isso, a aristocracia (que, com o alto clero, tinha até então constituído o "primeiro círculo" em torno da coroa, a "guarda próxima" do rei) só podia sentir-se "passada para trás".

Preocupados com a idéia de perderem seus privilégios, os chefes feudais procuraram então uma "defesa" contra esse processo histórico, cujo caráter inevitável era pressentido pelos mais inteligentes deles, a começar por Montesquieu. Foi nesse momento que o conde de Boulainvilliers, apoderando-se de uma idéia que descobrira em Étienne Pasquier, ou em outras obras historiográficas do século XVI (idéia que derivava das mistificações habilmente orquestradas por Jean Lemaire de Belges nas suas *Ilustrações de Gália e singularidades de Tróia*, 1512), decidiu reviver uma teoria totalmente fantasista das origens da "nação" francesa.[3]

Nos termos dessa teoria, essa nação resultaria da mistura de duas "raças": uma "raça galo-romana" e uma "raça franca". Vinda da *Germania* descrita por Tácito, e logo de origem "alemã", a segunda teria se imposto à primeira graças à sua superioridade política e militar. O rei "franco" Clóvis teria assim criado a França no século V da nossa era. Todavia, segundo o sistema em vigor entre os francos, Clóvis não teria se comportado como monarca "absoluto". Determinado a não esquecer que inicialmente era apenas um senhor entre outros, e que só devia a sua vitória ao apoio dos seus "pares", ele teria continuado a governar em estreito acordo com estes (e abstendo-se de tocar em seus privilégios).

Seus sucessores teriam feito o mesmo com os herdeiros dos "pares" de Clóvis (ou seja, com os chefes feudais), pelo menos até meados do reino de Luís XIV, período que, por essa razão, Montesquieu considera o apogeu da história da França. Depois, Luís XIV, ao envelhecer, teria subvertido a ordem "natural" das coisas, tirando o poder da nobreza (descendente dos francos) para dá-lo à burguesia (descendente dos gauleses romanizados) — condenando a aristocracia à morte e, ao mesmo tempo, precipitando o país no caminho do "declínio".

Dessa leitura, no mínimo tendenciosa, da história da França, Boulainvilliers tirou uma conseqüência prática: comportando-se como monarca "absoluto", o rei de França infringira o direito consuetudinário. Perdera, portanto, sua "legitimidade". Tornara-se um simples "usurpador". Um "tirano", ao qual era preciso opor-se por todos os meios.

Essa também é a posição de Montesquieu. *Do espírito das leis* é um livro de combate — até diríamos um "panfleto", não fossem o tamanho e o peso da obra. Sua sexta e última parte, a mais importante, é inteiramente consagrada à "origem das leis civis entre os franceses" — ou seja, à "teoria das leis feudais entre os francos", consideradas em sua relação com "o estabelecimento da monarquia", e também com as "revoluções" posteriores desta última (até Hugo Capeto inclusive: era difícil ir mais longe sem enfrentar sérios aborrecimentos). Montesquieu retoma, aprimorando-os e completando-os, os argumentos de Boulainvilliers, a quem critica apenas por não ter defendido suficientemente sua tese. Quanto ao resto, não lhe poupa elogios: "direi apenas que ele tinha mais espírito do que luzes, mais luzes do que saber: mas esse saber não era desprezível, porque, da nossa história e das nossas leis, ele sabia muito bem as grandes coisas" (livro XXX, cap.10) — e não economiza as maldades contra o pobre abade Du Bos, que, em nome da defesa da "raça galo-romana" (e da burguesia), achou que devia contestar as opiniões de Boulainvilliers.

Esse debate, que apaixonou sua época, está hoje esquecido. E talvez injustamente, pois, por um lado, a teoria das duas "raças" e de sua "luta" incessante ao longo da história teve um belo futuro. Primeiro, ela desempenhou um papel determinante na formação das idéias de Tocqueville (que, tão jovem, só aderiu aos progressos da democracia, mãe da liberdade, desaprovando ao mesmo tempo os da igualdade, porque era filho de um aristocrata do Ancien Régime, adversário da monarquia absoluta e discípulo de Boulainvilliers através de Montesquieu). Depois, foi retomada (em certo sentido, desta vez definitivamente favorável à vitória dos "gauleses") pelos historiadores "burgueses" do século XIX (Augustin Thierry, François Guizot) — cujos escritos, por sua vez, ajudaram Marx a forjar o seu próprio conceito de "luta de classes", "centro" ou "núcleo" de tantos programas revolucionários futuros.

E foi no âmbito dessa teoria, por outro lado, que se desenvolveu o princípio — democrático por excelência — da "divisão" dos poderes.

Vê-se bem como esse princípio, se aplicado, poderia salvar a aristocracia francesa: caso o rei, detentor do poder executivo, aceitasse desfazer-se do legislativo, e confiar este último, totalmente ou em parte, à assembléia da nobreza, esta reencontraria suas prerrogativas de outrora. Tudo voltaria à ordem.

Também se vê por que Montesquieu não podia formular muito abertamente o princípio em questão: isso equivaleria a atrair para sua obra a ira da coroa. Não lhe restava pois outra solução senão gabar a única Constituição que, na Europa da época, adotava o princípio: a Constituição britânica.

A sombra do filósofo "burguês" por excelência — John Locke — paira sobre essa Constituição? Não seja por isso. Disposto a tudo para atingir seus objetivos, inclusive a negar os fatos, Montesquieu lhe atribui tranqüilamente uma suposta origem "feudal" — ou seja, "franca" ou "germana". "Se lermos a admirável obra de Tácito sobre os costumes dos germanos, veremos que foi deles que os ingleses tiraram a idéia do seu governo político. Esse belo sistema foi encontrado nos bosques..." (livro XI, cap. 6).

Esse é portanto o caminho pelo qual a exigência de uma "divisão"dos poderes acabou por adentrar a filosofia política "moderna".

Caminho tortuoso, deve-se admitir.

Mas essa exigência não é menos imperiosa. Talvez imperiosa demais para ser aceita sem reticências pelo conjunto dos atores do jogo político. E, particularmente, pelos representantes do poder executivo — que nunca estão dispostos a ceder a menor parcela de sua autoridade, nem ao poder legislativo, nem ao poder judiciário,

EXECUTIVO *VERSUS* LEGISLATIVO

Não vamos reler aqui a Constituição inglesa, nem apresentar sua interpretação por Montesquieu, que, aliás, admite que o funcionamento das instituições britânicas pode muito bem afastar-se do texto da Constituição: "Não me cabe examinar se os ingleses gozam atualmente dessa liberdade ou não. Basta dizer que ela está estabelecida por suas leis, e isso é suficiente" (livro XI, cap. 6).

É claro que, nesse caso como no caso da maior parte das democracias modernas, a "divisão" dos três poderes é um princípio "regulador", cujo alcance é limitado, na prática, por muitas exceções.

Entretanto, a respeito dos princípios apresentados por Montesquieu, desejo fazer algumas observações relativas às mais importantes dessas exceções — ou dessas "anomalias" que, se não tomássemos cuidado, logo esvaziariam de sentido o próprio conteúdo do conceito de "democracia".

As anomalias em questão podem afetar seja a independência do legislativo em relação ao executivo, seja a do judiciário em relação ao executivo.

Começarei pelo primeiro desses dois problemas.

A independência do legislativo pode ser reduzida de diferentes maneiras: seja diretamente, pela constituição, seja indiretamente, pelas "manobras" do executivo. Ilustrarei o primeiro caso pela comparação entre duas constituições que se supõem igualmente democráticas: a francesa e a americana.

Na Constituição francesa da V República (redigida "sob medida", em 1958, para o general de Gaulle), o presidente da República é eleito por sufrágio universal direto. Ele possui assim uma legitimidade popular, que lhe confere considerável autoridade. A República francesa é um regime "presidencial", isto é, uma espécie de monarquia (cujas origens remontam, aliás, menos à monarquia propriamente dita do que à prática bonapartista do "plebiscito").

Se o primeiro-ministro, chefe do governo e da maioria parlamentar, é do mesmo partido que o presidente, o executivo se torna todo-poderoso, o parlamento se vê reduzido ao papel de simples "câmara de registro" e a democracia corre o risco de transformar-se em "tirania" exercida pelo partido majoritário.

Se, ao contrário, o primeiro-ministro e a maioria parlamentar pertencem a um partido que não é o do presidente (hipótese conhecida pelo nome de "coabitação"), a ação do governo e o poder do parlamento se acham contidos, pela equipe presidencial, em limites que lhes é difícil transpor. E mais ainda porque, na tradição da V República, a condução da diplomacia da França, assim como a da sua política de defesa são "domínio reservado" — ou seja, pertencem às prerrogativas "reais" — do presidente.

A Constituição americana escapa a esses vários inconvenientes. O presidente, que é ao mesmo tempo o chefe do governo, é eleito ao fim de um processo complexo, muito diferente do sufrágio universal direto. De modo geral, e salvo exceção (devida às circunstâncias ou ao carisma de uma personalidade particular), ele não encarna verdadeiramente uma escolha "popular". Tem portanto menos tendência do que o seu colega francês a sentir-se investido de uma missão histórica.

Além disso, tem diante de si um Congresso que não tem o hábito de que lhe ditem suas decisões, nem o de deixar para o presidente os setores "estratégicos". Quer se trate de diplomacia e de defesa, quer se trate de economia, de educação e de justiça, as grandes orientações da política americana são realmente definidas pelo Congresso. E, quaisquer que sejam as tentações que possa ter de modificá-las, o presidente dos Estados Unidos não poderia, nesse caminho, ir muito longe: o Congresso logo o chamaria à ordem.

Assim, o equilíbrio dos poderes parece mais garantido pela Constituição americana do que pela Constituição francesa.

Mas as estruturas legais, por melhores que sejam, nem sempre bastam para proteger a democracia. É preciso, ainda, que os homens queiram jogar o jogo.

Ora, desse ponto de vista, nos Estados Unidos como na França e em outros lugares, muita coisa deixa a desejar.

Todos sabem, por exemplo, que nos Estados modernos, inclusive nos que se dizem democráticos, o executivo dispõe de muitos meios para "esconder" do legislativo parte de sua atividade real. Por exemplo, ele pode classificar certos assuntos sensíveis como "confidenciais", por razões de segurança (a famosa "razão de Estado"), ou de respeito à vida particular. Também pode, inversamente, "banalizar" certas decisões importantes que mereceriam ser publicamente debatidas, fazendo-as passar por atos administrativos de rotina. Enfim, pode dar (e nunca se priva disso), às perguntas dos membros do poder legislativo, respostas deliberadamente mentirosas, ou fornecer-lhes apenas uma pequena parcela das informações de que dispõe.

Os membros do legislativo têm pois todo interesse em exercer a maior vigilância no controle que devem efetuar dos atos do executivo. Entretanto, observa-se que as coisas não são assim. Por um lado, porque o executivo sabe fazer o necessário para moderar o zelo do legislativo, e, por outro, porque este nem sempre tem a competência requerida para evitar as armadilhas que lhe preparam.

Foi assim que, na França, a partir do início da V República, deputados e senadores pouco a pouco renunciaram, por si mesmos, a assumir o papel para o qual haviam sido eleitos. Pertencendo, cada vez mais, ao mesmo meio que os membros do executivo, saindo das mesmas universidades e mantendo com eles laços de cumplicidade que vão até a complacência, eles não se arriscam mais ao confronto. Isso ficou bastante evidente no momento daquilo que se chamava outrora de "debate" orçamentário — e que não é mais um debate. Incompletos e incompreensíveis, os documentos entregues aos parlamentares pelo ministro do Orçamento não lhes permitem fazer um julgamento objetivo sobre o orçamento do Estado, nem, conseqüentemente, orientar sua evolução. No fim, o ministério respeita ou não a vontade dos eleitos, honra ou não os seus próprios compromissos — em suma, faz o que quer, e nem esconde isso.

Nos Estados Unidos, as "comissões parlamentares" fazem um trabalho melhor. O legislativo cumpre melhor sua missão, que consiste, ao mesmo tempo, em determinar a política do país e zelar para que o executivo não pratique outra. Dito isso, os membros do legislativo, que não são mais perfeitos do que a média dos homens, às vezes têm tendência a atribuir uma importância maior aos interesses de seus próprios eleitores (e das diversas comunidades "étnicas", às quais estes pertencem) do que aos da nação inteira. Daí resultam algumas vezes incoerências singulares na diplomacia dos Estados Unidos — ou na maneira como esse país tenta lutar contra as suas próprias desigualdades sociais.

Voltando ao plano dos princípios, vemos que a democracia "parlamentar" (ou "representativa") está exposta a todo tipo de disfunção.

Algumas delas poderiam ser facilmente corrigidas. Mas outras nunca o serão, enquanto a natureza humana (seja o que for que se entenda por isso) for o que ela é.

Deve-se concluir, como os teóricos da Restauração monárquica (Edmund Burke, Joseph de Maistre, Louis de Bonald), ou como seu distante herdeiro Carl Schmitt,[4] que o parlamentarismo é intrinsecamente mau?

Certamente que não. Denunciar os "limites" desse sistema, ou as "insuficiências" dos parlamentares (incompetência, desonestidade etc.), serviu apenas, de dois séculos até agora, para preparar a cama do populismo de extrema direita — o jogo dos aprendizes de ditadores.

Deve-se, pelo menos, reconhecer a "inferioridade" da democracia "representativa" em relação à democracia "direta"?

Nada é mais duvidoso. Seria imprudente esquecer que a democracia "direta" só existiu em Estados do tamanho de grandes aldeias, e às custas de reduzir à escravidão uma parte importante da população. Quem desejaria reviver, hoje, semelhante contexto? Ninguém. Nem mesmo Rousseau, que no entanto é o defensor mais entusiásta (e mais copiado) da democracia "direta".

Vamos abrir o seu livro, chamado *Contrato social*, e cujo título exato é *Política do contrato social ou Princípios do direito político*. Impressa em Amsterdam em abril de 1762, proibida na França em maio seguinte, condenada pelo parlamento de Paris em 9 de junho, queimada no dia 11, queimada de novo no dia 19 em Genebra, essa pequena obra de má reputação contém a crítica mais impiedosa já dirigida (de um ponto de vista "de esquerda") ao regime "representativo". Ela se situa no capítulo 15 do livro III:

"O arrefecimento do amor à pátria", observa Rousseau, "a atividade do interesse privado, a imensidão dos Estados, as conquistas, o abuso do governo, fizeram imaginar a via dos deputados ou representantes do povo nas assembléias da nação". Ora, essa "via" é má, desde o início, pois se baseia em um absurdo filosófico-jurídico: o absurdo segundo o qual um indivíduo poderia "delegar", logo "alienar", sua liberdade — um povo, sua "soberania". "A soberania não pode ser representada pela mesma razão que não pode ser alienada; ela consiste essencialmente na vontade geral, e a vontade não se representa: ela é a mesma ou ela é outra; não há meio termo."

Conseqüência teórica: "Os deputados do povo não são portanto, nem podem ser, os seus representantes, sendo apenas seus comissários; não podem concluir nada definitivamente. Toda lei que o povo em pessoa não ratificou é nula; não é uma lei." (Note-se, de passagem, nesse texto, a origem da expressão "comissário do povo", que emergiria quando ocorreu na Rússia, em 1917, uma experiência breve e sem futuro de democracia "direta": os "sovietes", ou "conselhos", de operários e de soldados).

Aplicação histórica manifestamente destinada a fazer revirar-se no túmulo o corpo de Montesquieu (morto sete anos antes), por quem Rousseau, pelas razões que podemos imaginar, nutria viva animosidade: "O povo inglês pensa ser livre e se engana: só é durante a eleição dos membros do parlamento. Assim que eleitos, o povo é escravo, não é nada. Nos curtos momentos da sua liberdade, o uso que ele faz dela merece bem que a perca."

E como se o fato de pensar em Montesquieu lhe lembrasse também certa teoria defendida por este, Rousseau continua, sem transição: "A idéia dos representantes é moderna: ela nos vem do governo feudal, desse iníquo e absurdo governo no qual a espécie humana é degradada e no qual o nome de homem é uma desonra."

Decididamente, os francos têm as costas largas.

Chegamos enfim à parte mais estranha desse estranho capítulo: a conclusão. Rousseau não foge à dificuldade. Sabe muito bem que a democracia "direta" supõe, para existir, certas condições técnicas (entre outras, uma relativa exigüidade do território nacional, e também, entre os cidadãos, um vivo amor à "virtude", junto com muito tempo livre). E que essas condições, que não podem mais ser reunidas nos Estados modernos, existiram apenas uma vez na história: na época das "cidades" gregas — cujos cidadãos só gozavam da ociosidade requerida por suas ocupações políticas porque a vida da "cidade" inteira repousava no trabalho dos escravos.

"O quê! A liberdade só se mantém com o apoio da servidão? Talvez...", responde cinicamente Rousseau. "Os dois extremos se tocam", acrescenta, como se, pensando bem, a escravidão não fosse tão má assim.

Minuto de nostalgia fantasiosa. Hesitação geral.

Depois, Rousseau se dá conta de que foi longe demais. Recompõe-se. "Com tudo isso, não entendo que seja preciso ter escravos, nem que o direito de escravidão seja legítimo. [...] Digo apenas as razões por que os povos modernos que se acreditam livres têm representantes, e por que os povos antigos não tinham."

Ah, bom...

Executivo *versus* Judiciário

Ninguém contesta que um simples cidadão, ao transgredir uma lei do seu país, deva ser entregue nas mãos do poder "judiciário". Nem que este, para julgar serenamente, deva estar a salvo de qualquer pressão externa — tanto por parte do legislativo quanto do executivo.

Entretanto, quando o "simples" cidadão não é tão simples, quando é, por exemplo, um membro importante do executivo, duas situações podem se produzir — tão "perversas" uma quanto a outra.

Ou bem, como se viu em 1998 nos Estados Unidos, o poder judiciário, encarnado por um "procurador independente" não isento de paixões partidárias (o republicano Kenneth Starr), persegue por todos os meios um "acusado" (o presidente democrata Bill Clinton), visando principalmente destruir a sua carreira política — e o processo judiciário não tarda, então, a se atolar em uma lógica de "vendetta" (o que é mais lamentável ainda, pois na verdade o presidente Clinton devia ser punido, pois era realmente culpado de obstruir a justiça).

Ou então ocorre de o "acusado" procurar, abertamente, subtrair-se à justiça. Que o executivo, no seu conjunto, tente protegê-lo contra todos os ataques. Ou até mesmo tente fazer pressão sobre os juízes — o que não é muito difícil, porque, longe de serem eleitos ou sorteados, a maioria dos magistrados, na maior parte das democracias, continua a ser nomeada (e destituível) pelo poder executivo.

Mais ainda do que a precedente, esta última situação não deixa de ser chocante, tanto no plano jurídico quanto no plano moral — ambas estando, no caso, estreitamente ligadas.

Sem dúvida, os membros do executivo, funcionários ou ministros, fazem um trabalho difícil quando são responsáveis por seus atos ao mesmo tempo *politicamente* (diante do poder legislativo, que decide se esses atos correspondem às grandes orientações fixadas por ele) e *penalmente* (diante do poder judiciário, que julga sua conformidade às leis existentes).

Mas, afinal, essa dupla responsabilidade nada tem de excessivo. Ela é a conseqüência inevitável do fato de que um membro do executivo, mesmo que tenha apenas uma modesta parcela de poder, sempre tem mais do que um simples cidadão. E assim, deve estar sempre pronto, a qualquer momento, a justificar diante dos "simples cidadãos" o uso que faz desse poder (o aumento dos "deveres", no caso, nada mais sendo do que a contrapartida de um aumento dos "privilégios").

Muitas vezes, faz-se uma objeção a esse raciocínio. Diz-se que, se um funcionário infringe uma lei no exercício de suas funções, é, em geral, porque recebeu ordem de fazê-lo — ou porque não pode evitar fazê-lo, se quer aplicar as ordens que recebeu. Em suma, porque sua posição no seio da hierarquia faz com que ele não seja verdadeiramente livre para decidir.

Se essa objeção fosse fundada, resultaria, na prática, que nenhum funcionário jamais seria culpado de nada. Bastaria, para escapar à justiça (mas não à sua consciência) que ele se refugiasse por trás de ordens de cima. Até o ministro que, em última instância, tivesse dado a ordem criminosa, sempre poderia abrigar-se atrás do chefe do governo — e este, por trás da "razão de Estado", do "bem da pátria" ou do "interesse superior da nação".

Esse tipo de argumento possui uma relativa credibilidade do ponto de vista jurídico — pelo menos no caso de se fazer uma interpretação "positivista" ou mesmo "formalista" da lei e do direito em geral. Desse ponto de vista estreitamente limitado, mas que, no âmbito de seus limites, pode se compreender, admite-se que seja injusto punir um funcionário que fosse obrigado a infringir uma lei para não perder o seu cargo (enquanto não se puniria o funcionário de posição superior, cujas diretrizes teriam empurrado seu subordinado para o caminho da ilegalidade).

Onde está, então, a justiça? Parece-me que ela consiste, no caso, em punir os dois: o subordinado, porque agiu mal, quando tinha a possibilidade (e, moralmente, o dever) de desobedecer, e o chefe, porque incitou seu subordinado a agir mal.

Alguém diria que é cruel, ou fácil demais, condenar um funcionário por não desobedecer, quando se sabe que, na lógica impiedosa desses monstros frios que são os Estados modernos, certas formas de desobediência podem ser seguidas de pesadas represálias. Considerações desse tipo apresentam talvez um interesse psicológico: elas explicam por que certos funcionários "cedem". Mas elas não têm nenhum valor moral, pois é claro que, se o fato de ter desejado evitar um prejuízo material, não se abstendo de cometer um ato ilegal, pudesse ser considerado circunstância atenuante para esse ato — então, mais ninguém respeitaria as leis.

Essa controvérsia é bem ilustrada por um "caso" histórico ocorrido recentemente: o processo movido contra Maurice Papon, em 1997, por cumplicidade em crimes contra a humanidade. Os fatos em questão remontam à época da ocupação alemã, e o interessado, que era então secretário geral da administração da Gironde, declarou em sua defesa que fora apenas uma engrenagem na máquina da administração francesa, também ela reduzida, em conseqüência da derrota, a submeter-se às ordens das autoridades alemãs. Aliás, esse raciocínio pode ter sido considerado pelo júri, pois finalmente Papon foi condenado somente a uma pena estimada demasiado leve por uma parte da opinião pública.

Mas o ponto interessante é que Papon foi condenado. Ou seja, que sua argumentação foi, no fundo, rejeitada. E por uma boa razão: como outros fizeram, nas mesmas condições, Papon poderia perfeitamente ter pedido demissão em qualquer momento (e sem correr riscos graves) para não ter que obedecer a ordens simultaneamente ilegais e imorais.

Acrescento uma precisão: por ordem "ilegal" entendo uma ordem "intrinsecamente" ilegal, a de mandar prender judeus para transferi-los para um campo de internamento. Nem levo em conta, aqui, o fato de que as ordens dadas a Papon por seus superiores hierárquicos (franceses), ou, diretamente, pelas autoridades alemãs, eram de qualquer forma ilegais, pois os primeiros dependiam de um governo de fato, o do marechal Pétain, que não tinha nenhuma legitimidade,[5] e os alemães exerciam simplesmente o direito do mais forte. Mesmo que Papon tivesse recebido a ordem de mandar prender judeus de um superior hierárquico legalmente em função, e tudo isso no quadro (improvável) de um "Estado de direito", ele não teria sido menos culpado por obedecer.

Assim, não se poderia pretender que o debate suscitado pelo processo de Maurice Papon não tem solução. Esse debate *tem* uma solução, e isso por duas razões:

Primeiro, porque se trata simplesmente de um debate entre duas concepções do direito: uma concepção "formalista" (que considera decisivo o fato de que uma pessoa possa ser "forçada" por outra a fazer algo ilegal) e uma concepção menos estreita (ou mais apegada ao espírito do que à letra da lei), segundo a qual ninguém poderia se desculpar alegando ter sofrido "pressões" externas. Ora, essas duas concepções não são de igual valor. A primeira, como dissemos, abre as portas para todo tipo de abuso. Só a segunda garante o reinado do direito. É portanto do interesse do direito dar preferência à segunda.

Depois, porque, mesmo que se considere o debate em questão como um debate entre a lei e a moral, ele só pode terminar com a vitória da moral. Certamente, nem a política nem o direito são simples "apêndices" da moral. Mas esta não deixa de constituir a única fonte possível do direito — a fonte viva, na qual os juristas mergulham, como lembra Ronald Dworkin,[6] a cada vez que tratam de questões sobre o direito, procuram aperfeiçoá-lo ou completá-lo, ou devem arbitrar entre duas regras jurídicas aparentemente contraditórias.

Por essa dupla razão, a estrutura hierárquica, que é a de todo poder, não poderia ser invocada como argumento para permitir aos agentes do executivo escapar, em caso de falta, ao poder judiciário (como também as eternas "disfunções" ou os "prazos", por definição inerentes a toda prática administrativa, não constituem, para os responsáveis por um serviço público, um álibi capaz de permitir-lhes que escapem, qualquer que seja o contexto, à acusação de "negligência").

Nenhum representante do Estado está acima da lei.

Essa regra não é nova.

Porém é ainda mais necessário lembrá-la quando a "criminalidade de Estado" — a criminalidade concebida, organizada e realizada por um Estado ou seus agentes — assume, no século XX, proporções sem precedentes. Quando muitas vezes ela permanece impune. E quando, hoje ainda, ela recruta partidários, algumas vezes a contragosto, no campo daqueles que acham que "os juízes exageram".[7]

Se quisermos que essa criminalidade deixe de ficar impune e, melhor ainda, se quisermos que simplesmente cesse, um só caminho é possível: o "Estado de direito".

Ora, um "Estado de direito" não é outra coisa senão um Estado no qual cada cidadão sabe que sua liberdade é protegida pelas leis.

Em outras palavras, um Estado no qual o princípio de "separação dos poderes" é respeitado tão escrupulosamente quanto possível. Mesmo que os juízes tenham que "se intrometer", cotidianamente, naquilo que — segundo seus adversários — "não lhes diz respeito".

4. A Liberdade em Questão

Os dois capítulos precedentes definiram mais precisamente alguns traços importantes do conceito de "liberdade".

Por um lado, esperamos de um governo democrático que ele garanta, ao mesmo tempo que a liberdade de expressão (da qual decorrem as outras liberdades políticas básicas), o reinado da tolerância e da laicidade.

Por outro lado, esperamos que ele instaure um "Estado de direito", ele próprio respeitando, e fazendo respeitar, o princípio de "separação dos poderes" — única garantia que o cidadão tem de não ser oprimido pela autoridade pública.

Todos os partidários da democracia concordam em reconhecer que um regime digno desse nome deve responder a essa dupla expectativa.

Mas a democracia, tal como acabo de esboçar sua estrutura geral, não tem apenas partidários. Tem também adversários. Dois tipos de adversários, para ser exato. Todos eles, e cada um a seu modo, questionam o laço privilegiado que a democracia afirma ter com a liberdade.

Neste capítulo, proponho-me a examinar suas objeções.

A primeira equivale a negar que a liberdade seja, "no absoluto", o "valor" mais alto, e logo mais digno de ser protegido.

A segunda, a negar que a democracia seja o regime mais favorável ao florescimento desse valor.

A Liberdade É um Bem?

Vamos à *primeira* dessas objeções.

Primeiramente, observamos que ela se apresenta em contextos muito diferentes. Não me deterei aqui no modo pelo qual a apresentam os adeptos do "fascismo" ou os "fundamentalistas" de todas as religiões. Todos visam apenas, na verdade, instaurar uma ditadura (leiga ou teocrática). Ora, é muito difícil discutir com os partidários da ditadura, cujas convicções básicas são incompreensíveis para qualquer pessoa que deseje gozar, em sua vida cotidiana, de um mínimo de liberdade. Abordamos aqui um vasto problema, que foi bem formulado por Richard Rorty,[1] e que não é outro senão o problema dos limites do racionalismo: infelizmente, não existe argumento "transcendental" que permita estabelecer, de uma vez por todas, em quê a democracia é preferível a seu contrário. No Ocidente, nossas preferências são claras; mas nenhuma "dialética", por mais sutil que seja, nos permitirá impô-las àqueles — fascistas ou fundamentalistas — que não compartilham nossas convicções básicas.

Entretanto, a mesma objeção contra a liberdade pode receber uma formulação mais respeitável. Essa formulação, que se abre à discussão, é a que se encontra na filosofia grega sob duas versões distintas: uma versão radical, em Platão; e outra, mais moderada, em Aristóteles.

Pode parecer surpreendente que nem Platão nem Aristóteles, nem seu mestre comum, Sócrates — esses fundadores da tradição filosófica ocidental — tenham sido partidários da democracia. Porém mais surpreendente ainda é que todos os três tenham denunciado os perigos para a comunidade política que o excesso de liberdade, provocado pela democracia, poderia causar — ao passo que as democracias gregas (as únicas que eles podiam observar) estavam muito longe de ser fundadas sobre a liberdade e de fazer da liberdade o primeiro dos "valores".

Lembro que a palavra "democracia" aparece nos textos gregos do século V antes de nossa era para designar um tipo de governo "popular", que só se encontra realizado, então, em algumas "cidades". Cada cidade (*polis*) constitui um Estado independente, compreendendo apenas um número limitado de habitantes, agrupados em um território restrito.

Assim, a cidade grega pode permitir-se praticar uma forma de democracia "direta". Os "cidadãos", chamados a reunir-se freqüentemente em um mesmo local público (*agora*), discutem conjuntamente os assuntos de interesse geral e depois recorrem ao voto para promulgar as leis ou tomar as decisões que influenciarão o seu futuro comum. O princípio da votação é um princípio de igualdade aritmética: um cidadão = um voto. Efetivamente, se existe um "valor" fundamental para a cidade democrática, é a igualdade dos direitos políticos (*isonomia*) para os homens "livres". Quanto às leis e decisões, a tarefa de aplicá-las é confiada a funcionários responsáveis diante da assembléia dos cidadãos, e geralmente sorteados. Seu mandato é de curta duração: de alguns meses a um dia. Assim, o jogo das probabilidades faz com que todo cidadão tenha fortes chances de exercer uma função executiva ou judiciária pelo menos uma vez na vida.

Esse regime, que à primeira vista parece favorável à liberdade, não é "liberal". E isso por três razões.

Primeira razão: como nenhum outro povo da Antigüidade, os gregos não pensam em separar a política da religião. Toda cidade está sob a proteção de determinados deuses. E todo cidadão deve venerar os deuses de sua cidade. Um único exemplo bastará para lembrar o poder desse dogma: o caso de Sócrates. Em 399 antes de nossa era, Sócrates foi declarado culpado, e depois (por ter-se negado a propor ele próprio a pena que deveria sofrer) foi condenado à morte por razões indissoluvelmente políticas e religiosas. O tribunal popular encarregado de julgá-lo (em conseqüencia de queixas contra ele) acusou-o de "corromper a juventude" — isto é, de incitar os jovens a desviar-se dos deuses da cidade e das regras morais fixadas pela tradição.

Inutilmente Sócrates alegou uma piedade exemplar para defender-se; não conseguiu convencer os juízes. Incitando os jovens a pensar por si mesmos, em lugar de conformar-se docilmente às opiniões tradicionais, ele infringiu o dogma que estabelecia que não se devia questionar nem as tradições cívicas, nem os deuses que as garantiam. Criticando a democracia ateniense, ele criticou a religião sobre a qual ela se apoiava. Mesmo que a história da filosofia, a partir de Platão, tenha se habituado a dar razão a Sócrates, é forçoso reconhecer que este, nos termos das leis de Atenas, se tornou realmente culpado de uma transgressão grave.

Tudo isso significa que a margem deixada pelas democracias gregas para a liberdade de expressão é das mais reduzidas — pelo menos se comparada com nossas "normas" atuais.

Segunda razão: os critérios que definem o status de "cidadão" também são dos mais restritivos. Em Atenas, por exemplo, só um indivíduo do sexo masculino, nascido "livre" e de pai e mãe atenienses, pode tornar-se cidadão. Três categorias de seres humanos não chegam nunca à cidadania: as mulheres, os estrangeiros e os escravos.

A exclusão da *mulher* da cena pública não é um traço próprio da Grécia, nem mesmo das civilizações antigas. Ela está ligada a um preconceito que durará muito tempo, pois o direito de voto só será dado às mulheres, na maioria das democracias ocidentais, depois da II Guerra Mundial, e ainda está longe de ser admitido por toda a parte, fora do Ocidente.

A exclusão dos *estrangeiros* também está ligada a um preconceito muito difundido. Mas é preciso notar que os estrangeiros residentes em Atenas, não tendo nenhum status político ou cívico, gozam de um status social não desprezível, pois este lhes permite exercer sua profissão: o status de "meteco" — termo que não tem, então, nenhuma significação pejorativa.

Quanto à exclusão dos *escravos*, esta é a pior das três, pois, apesar da existência de procedimentos jurídicos de libertação, negam-se aos escravos qualquer direito e até a qualidade de ser humano. A sobrevivência da democracia depende deles. De fato, sem a presença dessa mão-de-obra que se pode explorar à vontade, como os homens "livres" teriam tempo de participar das assembléias públicas? E onde encontrariam os recursos financeiros necessários ao exercício de certas magistraturas? Nessas condições, não é de estranhar que Aristóteles estime indispensável consagrar à justificação da escravatura as primeiras páginas das suas *Políticas* (livro I, 1253b-1255b). Páginas destinadas, antes de tudo, a refutar a opinião (que se tornou corrente, ao que parece, no século IV antes de nossa era) segundo a qual a escravidão não seria tão "natural" (*physei*) quanto se acreditava até então.

A democracia "direta", tal como a praticam os gregos, só se torna possível pelo fato de os cidadãos serem pouco numerosos e se concentrarem em um território restrito. E também pelo fato, como observou Rousseau, de que os cidadãos estão totalmente dispensados da preocupação de ganhar a vida, sendo o trabalho em geral conotado pejorativamente e já que existe uma mão-de-obra "gratuita" que dele se encarrega. Além disso, nas cidades gregas, a mão-de-obra em questão é de origem estrangeira — o que só faz reforçar as razões para excluí-la de toda participação nos negócios públicos, e até mesmo do conceito de "humanidade".

Em suma, a democracia grega está longe de ser uma democracia "para todos". É, antes, uma "oligarquia", que só oferece a uma pequena elite o gozo da liberdade, porque se baseia sobre a opressão indefinida de um número muito maior de seres humanos.

Terceira razão: dotados, com poucas exceções, de muito pouco poder real, os agentes do executivo estão, nas cidades gregas, inteiramente nas mãos do legislativo. Essa ausência de verdadeira separação entre os dois poderes cria um risco permanente: o de ver o "partido" majoritário na assembléia do povo exercer uma espécie de "ditadura" sobre a cidade.

Com isso, a história da democracia grega poderia, sem muita dificuldade, reduzir-se à história de uma interminável luta de facções entre partido "aristocrático" e partido "popular", tendo por motivo o poder absoluto. Sem entrar nos detalhes dessa luta, vamos considerar um fato que implica conseqüências tanto para a história da filosofia quanto para a da democracia: o fato de que nem Sócrates, nem Platão, nem Aristóteles jogam no campo "popular".

Sem dúvida, o "partido" aristocrático não se propõe, em Atenas, derrubar a democracia. Esse gesto subversivo teria conseqüências graves — como prova a condenação de Sócrates, simplesmente suspeito de ter tido "pensamentos" desse tipo. O "partido" aristocrático é obrigado a aceitar a lei da cidade. Mas ele tem como objetivo evitar que a "democracia" degenere em "demagogia". Ou seja, impedir que o setor mais "pobre" ou o mais "popular" da assembléia dos cidadãos assuma, sobre esta, uma predominância decisiva.

O que está em jogo, aqui, é da ordem do "corte": um "corte" entre o que se chama o "povo", por um lado, e, por outro lado, o "baixo povo" (ou o "populacho"). O governo do povo pelo povo já é, para os aristocratas, difícil de admitir. O governo do povo pelo "baixo povo" seria francamente intolerável.

Em outros termos, uma fração da comunidade dos cidadãos atenienses quer manter afastada do governo a maioria dessa comunidade, julgada por ela socialmente inferior e intelectualmente incompetente. É a essa fração que pertence Platão. E é ao seu estado de espírito que se deve, no essencial, a condenação platônica da democracia — "a condenação mais severa" que jamais foi pronunciada contra esse tipo de regime, segundo Leo Strauss.[2]

O que diz Platão? Diz, como observou Sócrates, que o defeito primordial da democracia se deve ao fato de que as decisões são tomadas a partir de um critério formal (a maioria dos sufrágios) e não a partir da competência ou do saber. Daí resulta que as noções de "justo" e de "injusto", e as de "bem" e "mal" são esvaziadas de todo conteúdo. Diz que o comportamento dos cidadãos, não estando submetido a nenhuma regra, a "liberdade" de cada um degenera rapidamente em "licenciosidade". E que essa situação conduz diretamente ao risco de "anarquia", risco do qual a cidade só pode escapar refugiando-se na "tirania", isto é, na pior forma de governo concebível (*A República*, livro VIII, 555b-562a).

O remédio para esse desvio existe. Para Platão, ele está em uma escolha radicalmente oposta àquela sobre a qual se funda a democracia: a escolha de só confiar o poder àqueles que "sabem". Na base, a classe mais numerosa, a dos "trabalhadores" — excluídos de toda participação nos negócios públicos. Acima deles, a classe mais restrita dos "guerreiros", encarregados de defender a cidade. No cume, a classe ainda mais restrita dos "filósofos-reis".

Dizer que a competência deve ser o único critério da capacidade para governar significa, na verdade, que os filósofos serão os governantes, pois a filosofia é a forma mais elevada do conhecimento, a que envolve todas as outras. A aristocracia com que sonha Platão é, em resumo, uma aristocracia do saber, ou, como diríamos hoje, do *know-how*. Sem exagero, poderíamos considerá-la como a ancestral de todas as formas modernas de "tecnocracia".

Em Aristóteles (que, no entanto, não é aristocrata nem ateniense), a crítica da democracia se ordena em torno de uma idéia muito vizinha da de Sócrates e Platão. A democracia é perigosa porque permite à maioria do povo comandar; ora, a maioria do povo, sendo pouco educada, é naturalmente inclinada a seguir os seus instintos mais "baixos". Além dessa crítica, o estado lacunar, e por vezes ilegível do texto que conhecemos sob o título de *As políticas*, torna difícil uma interpretação correta do pensamento de Aristóteles.

Este distingue, aparentemente, três formas "retas" de governo ou de constituição (*politeia*): a realeza, a aristocracia e aquilo que ele chama, de novo, de *politeia*, termo que se traduz então como "república", ou como "governo constitucional" — assim como três formas "corrompidas", que são "desvios" das primeiras: a tirania, a oligarquia e a democracia (*As políticas*, livro III, 1279a).

Os comentadores ainda discutem se Aristóteles prefere a aristocracia ou o "governo constitucional". Mas essa é uma distinção menor, pois se a aristocracia é o "governo dos melhores" (ou seja, dos mais "virtuosos", ou, o que dá no mesmo, dos mais "sábios"), o governo constitucional não está longe disso, pois parece tratar-se de uma forma de governo mista, que combina certos traços da oligarquia (governo dos "ricos") com certos traços da democracia (governo dos "pobres"). Em resumo, um governo que "tempera" a oligarquia com a democracia — justamente para não cair nos defeitos de uma e outra.

Historicamente, portanto, a democracia grega está fundada sobre a *igualdade* (dos direitos dos homens "livres") mais do que sobre a idéia de *liberdade* (no absoluto). Mas, ao garantir a igualdade entre os cidadãos, ela permite o "reinado da maioria". Ora, Sócrates e Platão pensam que este leva diretamente à tirania de um indivíduo, enquanto Aristóteles o identifica com a tirania das "massas" — que, de seu ponto de vista, não é nada melhor.

A partir de então, um duplo preconceito habita a filosofia ocidental.

Por um lado, a democracia acarretaria inevitavelmente uma "orgia" de liberdade próxima da licenciosidade.

Por outro lado, essa "orgia" só poderia provocar, finalmente, a destruição da democracia — ou sua substituição por uma forma política ainda mais odiosa.

Não queremos chegar a tais extremidades? Nesse caso, não há outra solução senão renunciar à idéia segundo a qual a liberdade seria o "bem" mais precioso — e até mesmo à idéia segundo a qual ela seria um "bem" em si.

Sócrates, Platão e Aristóteles dão o exemplo. Um de seus discípulos mais fervorosos no século XX, Leo Strauss, não se recusa a acompanhá-los, pois mesmo que seja um liberal, no sentido clássico, e mesmo que, para escapar às perseguições nazistas, não tenha tido outra solução senão refugiar-se nos Estados Unidos, Strauss lança sobre a democracia "de massa" o olhar de um "conservador", para quem a liberdade é, afinal, menos importante do que a "virtude", o "conhecimento" ou a "excelência" em geral. Em outros termos, Strauss não é daqueles que consideram a filosofia política grega "ultrapassada" ou "refutada".[3]

Não poderíamos exigir de nossos contemporâneos que voltassem, sem mais, à concepção grega de "excelência".

Vamos admitir que a liberdade não seja, em todas as circunstâncias, o "bem" supremo, e que, em certos casos, outros "bens" possam ser preferíveis.

Nem por isso ela deixa de ser um "bem" — um "bem" ao qual não estamos dispostos a renunciar sem condições.

A crítica socrática da democracia não é pois infundada. Porque despreza a "competência", a regra da maioria está longe de ser ideal. Os exemplos de situações nas quais a maioria realmente se enganou — por não ter escutado "aqueles que sabiam" — são muitos na história. Além disso, o fato de que uma parte de uma comunidade possa, pelo simples fato de que dispõe da maioria, impor aos demais não só esta ou aquela decisão política contestável, mas também esta ou aquela concepção particular da moral, constitui, por si só, uma boa razão para temer o risco de "tirania da maioria", que toda democracia (direta ou não) traz em si — como pressentiram, ao longo da história, espíritos tão diversos como Platão, Kant e Tocqueville.[4]

De qualquer forma, em vinte e cinco séculos, ninguém encontrou, para que uma comunidade de indivíduos concordasse em uma decisão qualquer, uma regra mais simples, mais eficaz, mais confiável e mais geralmente aceita do que essa regra da maioria. Tampouco um regime melhor do que a democracia para proteger a liberdade — o "bem" mais desejável, mesmo que não seja o único bem desejável.

Daí se segue que a crítica socrática, reflexo de um tempo e de um estado de espírito superados, perdeu, pela força das circunstâncias, senão toda pertinência, pelo menos uma grande parte da sua atualidade.

UMA LIBERDADE FORMAL AINDA É UMA LIBERDADE?

Vamos à *segunda* objeção que os partidários da democracia devem enfrentar. Ela afirma que procede de uma constatação empírica: a constatação de que *nenhuma* democracia permite verdadeiramente o triunfo da liberdade.

Constatação que pode variar de uma forma "fraca" até uma forma "forte". Forma fraca: nenhuma democracia, infelizmente, é perfeita, mas todas poderiam ser melhoradas. Forma forte: toda democracia se baseia sobre uma mentira, e nenhuma pode ser melhorada.

A primeira forma da objeção enuncia uma banalidade que não se pode contestar, mas que não prova nada.

Porém a segunda é realmente preocupante.

É ela que se encontra, por exemplo, nos modernos adversários da democracia que são Martin Heidegger e Michel Foucault (dois filósofos que se opõem entre si menos do que se poderia pensar).

Não falarei aqui de Heidegger: seu engajamento a favor do nacional-socialismo basta para explicar que ele não tenha hesitado em assimilar, "de um ponto de vista metafísico" (ou seja, contra todo o bom senso), Estados Unidos e URSS, democracia e stalinismo.

Porém, mais intrigante é a simpatia de Foucault por certas subcorrentes do movimento anarquista que, no início dos anos 70, também não hesitavam em comparar a França com os piores regimes "totalitários" (nem em apoiar, ocasionalmente, posições "negacionistas").

Impossível não perceber, nos textos dessa época, o ódio que Foucault tem, então, pela democracia em geral. Seus argumentos? Resumem-se em algumas frases: a democracia é um sistema fundado no respeito ao direito, um sistema "jurídico", logo "formal". A pretexto de conceder direitos idênticos a todos os cidadãos, ela dissimula hipocritamente o fato de que estes estão longe, na realidade, de ser livres e iguais (e nunca o serão). Nas democracias como nos outros regimes, há ricos e pobres, poderosos e fracos, dominantes e dominados. A democracia "burguesa" é apenas um pouco mais detestável do que os outros regimes, na medida em que é o único que, em lugar de reconhecer essa situação, a nega ou afirma que ela não tem importância.

Daí a acusação que já se anuncia nas suas primeiras aulas no Collège de France, e que Foucault formula explicitamente, em 1978, em uma conferência feita em Tóquio: "Em muitos pontos, fascismo e stalinismo apenas prolongaram toda uma série de mecanismos que já existiam nos sistemas sociais e políticos do Ocidente."[5] Acusação retomada em 1982 (dois anos antes de sua morte): em um texto destinado a um volume coletivo publicado nos Estados Unidos, o filósofo repete que uma das razões pelas quais o fascismo e o stalinismo lhe interessam tanto, no plano teórico, é que "a despeito de sua singularidade histórica", essas formas de poder estão longe de ser "absolutamente originais", pois simplesmente "utilizaram e estenderam os mecanismos já presentes na maioria das outras sociedades". Em resumo, elas se limitaram, em grande parte, a reutilizar "as idéias e os procedimentos da nossa racionalidade política" — "nossa" remetendo, evidentemente, às "nossas" democracias.[6]

O filósofo Giorgio Agamben, no primeiro volume de um dos seus livros mais recentes, *Homo sacer* (1995), voltando a esse aspecto perturbador do pensamento de Foucault, empenha-se em justificá-lo de duas maneiras complementares: de um ponto de vista teórico e de um ponto de vista histórico.

Por um lado, desde Aristóteles, as diversas teorias ocidentais do poder político nunca teriam deixado de definir esse poder por sua relação privilegiada com a "vida nua", no sentido biológico do termo — seja como poder de "fazer viver", seja como poder de "fazer morrer" (ou ambos ao mesmo tempo). Assim sendo, toda política ocidental seria o que Foucault chama de "biopolítica". Mas se a "biopolítica" é uma dimensão comum às democracias e aos regimes "totalitários", nenhuma outra diferença de natureza os separa. Os totalitarismos apenas levam ao "paroxismo" o que as democracias fazem. "As distinções políticas tradicionais (direita e esquerda, liberalismo e totalitarismo, privado e público), conclui Agamben, perdem sua clareza e inteligibilidade, já que a vida nua se torna a sua referência fundamental, e elas entram assim em uma zona de indiferença".[7] Afirmação bombástica, tão problemática quanto a tese segundo a qual Karl Löwith, discípulo de Heidegger, seria o primeiro a ter observado, em um texto consagrado a Carl Schmitt, essa "politização da vida" em que consiste a "estranha relação de contigüidade que une a democracia ao totalitarismo".[8]

Por outro lado, em um plano mais rigorosamente histórico, Agamben evoca, em vários trechos do seu livro, a facilidade com a qual, em nosso século, algumas democracias se transformaram em Estados totalitários (e inversamente). Também assinala o fato de que as democracias se dedicaram correntemente a práticas que se tem o hábito de atribuir aos totalitarismos — e muitas vezes antes deles. Por exemplo, foi assim que os primeiros campos de concentração, na Alemanha moderna, não foram instituídos pelo III Reich, mas pela República de Weimar (1923); que experiências médicas, freqüentemente mortais, foram praticadas em detentos nos Estados Unidos já em 1928; e que muitos Estados democráticos continuam atualmente a atribuir-se poderes exorbitantes, como violar o segredo das comunicações telefônicas privadas, definir os critérios legais de morte biológica, ou aprisionar arbitrariamente, em "zonas de espera" que se assemelham a "campos" (isto é, a lugares em que toda legalidade fica suspensa), os estrangeiros que reivindicam o status de refugiados.

Não contestaremos a realidade desses fatos. Ninguém ignora, efetivamente, que a censura ou a tortura ocorram tanto nas democracias como nos Estados "totalitários". Poderíamos, é verdade, objetar a Agamben que isso não prova nada: se há censura ou tortura em uma democracia, isso acontece a despeito da democracia, e em ruptura com os seus princípios básicos — ao passo que são propriamente "totalitários" os regimes nos quais censura e tortura nem são vistas como contrárias à lei.

Mas o verdadeiro problema não é esse. Ele reside em um fato ainda mais corrente, mais indiscutível, e que basta levar a sério para dificilmente escapar às conclusões de Agamben e Foucault: o fato de que toda coletividade seja dilacerada por desigualdades de fortuna, prestígio ou poder, que toda vida em sociedade seja, enfim, comparável a uma "guerra de todos contra todos" — e que não se entende como a democracia poderia ser o único regime que não "escondesse" uma "guerra social" desse gênero.

Foucault apresenta uma formulação explícita desse fato em vários trechos de sua obra, e particularmente no curso intitulado "É preciso defender a sociedade", que ministrou no Collège de France no início do ano de 1976.

Esse curso, que só recentemente foi publicado (1997), se abre com a declaração segundo a qual seria preciso inverter a célebre proposição de Clausewitz,[9] e afirmar que "a política é a guerra continuada por outros meios".[10]

Vamos à aula de 21 de janeiro de 1976. Foucault expõe as razões pelas quais quer utilizar o conceito de "guerra" como "analisador" das relações de poder. Explica que a relação de poder, em geral, é, no fundo, apenas uma relação de "luta de morte". Sob o Estado, mesmo sob o Estado democrático, sob suas leis, sob sua paz, deve-se "entender e redescobrir uma espécie de guerra primitiva e permanente". O princípio de inteligibilidade do político não deve ser procurado em nenhum outro lugar a não ser "no sangue e na lama das batalhas" — entendendo-se com isso, evidentemente, batalhas históricas muito reais: "A lei nasce das batalhas reais, [...] dos massacres [...] que têm sua data e seus heróis do horror; a lei nasce das cidades incendiadas, das terras devastadas; ela nasce com os famosos inocentes que agonizam no dia que começa." Estamos todos em guerra uns contra os outros. "Não há indivíduo neutro." E, enfim, a guerra está longe de "acabar". "As batalhas decisivas ainda estão sendo preparadas", continua Foucault. "A batalha decisiva propriamente dita, temos que ganhá-la..."[11]

Não se pode minimizar a importância dessas declarações, nem ver nelas apenas bravatas "esquerdistas".

Sem dúvida, esse "discurso sobre a guerra" faz parte integrante, na época, da fraseologia "revolucionária". Mas não foi inventado por ela.

Trata-se, ao contrário, de um discurso muito antigo. De um discurso cuja paternidade Foucault (que parece não conhecer Lemaire de Belges) atribui a Boulainvilliers, o teórico extremamente reacionário da "guerra das raças" que encontramos no capítulo precedente — mas cuja formulação mais elaborada se encontra em um longínquo "herdeiro" (por assim dizer) de Boulainvilliers, que Foucault, paradoxalmente, não gosta de citar: Karl Marx.

Foucault, como sabemos, faz questão de dizer em todas as circunstâncias que não é marxista.

Efetivamente, ele não o é na medida em que não tem o que fazer com o "materialismo histórico", em que zomba das explicações históricas que acabam por atribuir à economia um papel determinante, "em última instância".

Mas vamos considerar mais atentamente a questão. Foucault tinha 20 anos em 1946, momento em que o partido comunista francês, "partido dos fuzilados" durante a Resistência, encarnava sozinho todo tipo de legitimidade revolucionária. Até pertenceu, de 1950 a 1953, a esse partido. E, depois dessa data, continuou sendo amigo íntimo de um de seus ex-professores na École Normale Supérieure: o filósofo marxista Louis Althusser.

Ora, Althusser, se mudou muita coisa em nosso modo de ler Marx, nunca tocou no dogma fundamental (exposto pela primeira vez no *Manifesto do partido comunista*), segundo o qual toda sociedade se organizaria em torno de uma "luta de classes" — em relação à qual o Estado, longe de ficar em posição de árbitro, seria necessariamente um agente engajado.

E quando Althusser reflete, em um artigo de 1970[12] sobre esses "aparelhos de Estado" que são a administração, a justiça ou o exército, não segue somente o exemplo de outro marxista, o italiano Antonio Gramsci. Apenas assume, declaradamente, a própria concepção de Estado que Marx, a partir do *Manifesto* (1848) e do *18 de brumário de Luís Bonaparte* (1852), utilizou em seus próprios trabalhos: o Estado é o instrumento pelo qual a classe "dominante" garante a sua própria dominação — ou seja, confere uma forma política à exploração econômica à qual ela submete a classe "dominada".

Se é manifestamente injusto com Marx, em contrapartida Foucault tem razão de citar Boulainvilliers. E não o cita por acaso.

Pois, por um lado, o próprio Marx reconheceu, em uma carta a Engels de 27 de julho de 1854, o que o seu próprio conceito de "luta de classes" devia à teoria da "guerra das raças" propagada pelos historiadores "burgueses" Thierry e Guizot — que tinham encontrado a teoria em questão em Boulainvilliers.

Por outro lado, este é apenas o ideólogo mais fanático da "reação nobiliária" — movimento que, na primeira metade do século XVIII, teve a chance de contar, entre os seus partidários, com um filósofo muito mais sério: Montesquieu.

Ora, se Marx não parece ter-se interessado mais por este do que por Boulainvilliers, foi um marxista que escreveu sobre Montesquieu um ensaio notável, que Foucault tinha lido.

E esse marxista foi Althusser.

A GUERRA É INEVITÁVEL?

Publicado em 1959, *Montesquieu, a política e a história* continua sendo, apesar de sua concisão e seu aspecto um tanto escolares, um dos textos mais estimulantes da filosofia política do último meio século.

Primeiramente, Althusser lembra que, se Montesquieu não foi o primeiro a alimentar o projeto de fundar uma "ciência" da política e da história, foi o primeiro a tomar, para isso, o bom caminho.

Que caminho?

O que consiste em "ignorar" a moral e a religião, evidentemente — como outros (Maquiavel, Hobbes, Spinoza) fizeram antes dele.

Mas principalmente o caminho "revolucionário", que consiste em afastar as teorias do "direito natural" e do "contrato social" — teorias derivadas de uma pergunta ("qual é a origem da sociedade?") que simplesmente não tem razão de ser.

Efetivamente, não se entende como o homem possa viver fora da sociedade. A sociedade precede a si mesma: ela está "desde sempre já presente". Com isso, o verdadeiro problema não é o seu nascimento, mas o seu funcionamento — isto é, as leis objetivas, ou mesmo "estruturais", que regem esse funcionamento. "Montesquieu, que se recusa, precisamente, a julgar o que é pelo que deve ser, [...] quer apenas dar à necessidade real da história a forma da sua lei, tirando essa lei da diversidade dos fatos e de suas variações."[13]

Vamos mais longe. Entre essas "leis" objetivas que determinam a orientação das nossas "leis" políticas (devemos distinguir, aqui, os dois sentidos da palavra "lei"), existe uma, como sabemos, que está presente em cada página, por trás de cada análise do *Espírito das leis*: toda sociedade política é apenas um sistema de "forças" em conflito permanente umas com as outras.

Pois Montesquieu, sendo jurista, sabia muito bem que o direito pode tornar-se, nas mãos do Estado, um formidável instrumento de poder. E porque, como partidário da "reação nobiliária", empenhado em lutas que tinham como motivo o poder de Estado, também sabia que este muitas vezes serve de instrumento para certas forças sociais estabelecerem sua dominação sobre outras. O elogio da Constituição inglesa, no capítulo 6 do livro XI, e a insistência na necessidade de uma "separação dos poderes" têm outra explicação?

Althusser descreve um retrato de Montesquieu singularmente esclarecedor: um homem totalmente retrógrado por seus preconceitos, mas que, mesmo tendo os olhos fixos em um passado mítico, abriu, sem saber, os caminhos do futuro. Não tenhamos ilusões sobre esse pensador decididamente "anacrônico": "É porque defendia a causa *de uma ordem superada* que ele se fez adversário da ordem presente, que *outros deviam superar*."[14]

Em resumo, se Montesquieu foi, no seu século, o principal adversário das teorias do "contrato social", é porque estas — teorias de inspiração "burguesa" — desembocam logicamente em um reconhecimento da igualdade de direitos entre os homens: conseqüência inaceitável para o senhor de La Brède. Mas, ao mesmo tempo, porque rejeitava as teorias em questão, Montesquieu era quem melhor podia formular a tese que, depois dele, foi retomada por Marx e Foucault: o universo da política não é o do direito "puro". A política é, primeiramente, a guerra. *A guerra continuada por outros meios.*

Sejamos justos: se Montesquieu teve o mérito de ser o único no seu tempo (ou um dos únicos, com Hume) a levá-la a sério, não foi o primeiro a formular essa idéia. Podemos encontrá-la, facilmente, em ao menos um de seus predecessores. Não em Hobbes, claro, pois este, teórico do "contrato", rejeitava o estado de guerra no estado de natureza, fora do estado social. Mas em um filósofo florentino do Renascimento que, também não sendo um pensador do "contrato", teve tanta dificuldade quanto Montesquieu em fazer-se reconhecer pela posteridade: estou falando de Maquiavel.

Maquiavel — que Montesquieu, habitualmente avaro em elogios, chamava de "grande homem" (*Do espírito das leis*, livro VI, cap. 5) — não foi apenas o primeiro, no Renascimento, a ter tentado subtrair a reflexão política ao domínio da moral e da religião, sob o qual ela se encontrava desde os gregos ("audácia" que lhe foi vivamente reprovada por Strauss, entre outros).

Foi principalmente o primeiro a pensar a política como relação de forças — ou como conjunto de relações de forças em perpétuo movimento, sem começo nem fim.

Essa idéia, ainda nova na época em que redigiu *O príncipe* (publicado em 1532, cinco anos depois de sua morte, mas provavelmente escrito em 1513), lhe foi sugerida pelo espetáculo das guerras incessantes, civis e estrangeiras, que não paravam de devastar o seu país, a Itália, e por uma filosofia mais geral da história, que se baseia principalmente em Tito Lívio (pois, se há encontros surpreendentes entre o pensamento de Maquiavel e o deste grande teórico da guerra que foi Tucídides, nada prova que o primeiro tenha lido o segundo).

Resumida no capítulo 25 do *Príncipe* ("Quanto poder, nas coisas humanas, tem a fortuna e como se pode resistir a isso"), a filosofia em questão faz da "instabilidade" a característica geral da história humana. Mas se, nascidos no tempo, todos os nossos empreendimentos são vítimas do tempo, e se o fio do tempo, longe de se desenrolar em uma direção clara, parece obedecer aos caprichos imprevisíveis de uma fortuna que "é mulher", isso não quer dizer que o campo da história ou da política deva ser relegado ao caos.

Por um lado, o homem também é imprevisível, pois possui o livre-arbítrio. Assim, pode imprimir sua marca sobre o curso dos acontecimentos, desde que tenha a *virtù* necessária (qualidade própria ao *vir*, a "virilidade"). Em suma, desde que ouse enfrentar a fortuna, "resistir" a ela.

Por outro lado, nessa luta, o homem não é reduzido à triste necessidade de agir ao acaso. Ele pode, tirando lições da experiência histórica, basear-se nas leis que a governam para orientar sua própria estratégia da maneira mais eficaz possível. A política não é, portanto, nada mais que um combate, ou, se quisermos, uma guerra. Mas essa guerra exige uma "arte". E a primeira coisa que deve fazer aquele que aspira a entrar na política é aprender as regras dessa arte. Aprender, em resumo, a arte de encontrar os meios de ação mais adaptados ao fim a que se propõe. Tal é, de qualquer forma, o objetivo didático perseguido pelo *Príncipe* — obra escrita com o único fim de dar a um homem audacioso conselhos nos quais ele terá todo interesse em meditar, se quiser salvar a Itália dos invasores que a arruínam.

Vamos deixar de lado os muitos contra-sensos que a posteridade, com algumas exceções (Spinoza, Hegel), cometeu acerca do "maquiavelismo" de Maquiavel. Este não diz, em lugar algum, que o homem de Estado deva sistematicamente ignorar ou desprezar a moral. Diz apenas (o que basta para escandalizar Strauss) que moral e política não são a mesma coisa.

Ambas têm uma relação com a ação. Mas a primeira se refere às nossas ações privadas; a segunda, às nossas ações públicas. Ora, se no domínio privado, podemos permitir-nos visar a "excelência" em si e por si mesma, no domínio público cada uma de nossas ações deve levar em conta as dos outros — adaptar-se a elas, ou, ao contráiro, obrigá-las a adaptar-se. A verdade e a justiça não têm, assim, na política, uma significação absoluta. Têm apenas uma significação relativa — ligada a uma "conjuntura", a um momento histórico determinado.

Isso não implica que o príncipe deva voltar as costas à moral. Muito pelo contrário, pode ser-lhe útil, em certas circunstâncias, fazer com que prevaleça o ponto de vista da moral. O príncipe deve, simplesmente, ser capaz de determinar, sem se enganar (e aí está o problema), quais são as circunstâncias em que é preciso ser moral, e quais são aquelas em que é preciso não o ser. Pois o problema prioritário do príncipe, depois da conquista do poder, é manter-se no poder. Ora, ninguém se mantém no poder por sorte ou por acaso. Só é possível manter-se nele com a condição de adotar a estratégia apropriada; em outros termos, com a condição de conhecer bem as leis "objetivas" da política.

É fácil ver, aqui, em que o ponto de vista "pragmático" de Maquiavel anuncia o de Montesquieu. E, mais além, o de Marx.

Sem negar a importância da moral, nem, de modo geral, a das ideologias (pois ele sabe bem que, se os homens lutam pelo poder, nem sempre é por amor ao lucro, mas também, às vezes, para fazer triunfar as suas idéias), Maquiavel situa no fundamento de toda reflexão sobre a ação política o axioma segundo o qual *não se pode fazer nada se não se tem, primeiro, o poder*. Um poder que nunca é dado, mas que deve sempre ser conquistado.

Desse axioma procedem, por sua vez, duas conseqüências.

Conseqüência metodológica: na política, a única abordagem séria é aquela que consiste em "ir diretamente à verdade efetiva da coisa" (*andare diritto a la verità effetuale della cosa*), além das representações imaginárias ou mistificadas que os homens fazem dela (*O príncipe*, cap. 15). Em resumo, uma abordagem que se recusa a ser influenciada pelos discursos, mitos, "ideologias" — e que nunca se refere, por exemplo, à noção de "direito natural", sobre a qual irão se elaborar, no século seguinte, as primeiras teorias do "contrato social".

Conseqüência hermenêutica: na política, a melhor maneira de interpretar uma situação é interpretá-la em termos de relações de força, logo de luta, combate, conflito ou guerra. A melhor análise é sempre a que consiste em perguntar concretamente: neste momento, quem combate contra quem? Quem é o aliado, ou o adversário, de quem? E quais são os motivos do combate?

Nem é preciso dizer o que a teoria do Estado, em Marx assim como em Montesquieu, deve a esse axioma maquiavélico e às conseqüências que dele decorrem.

Maquiavel, Montesquieu, Marx: seria ir longe demais ver nesses pensadores (os dois últimos foram adversários determinados do "contrato social" e da democracia "burguesa") três representantes, em momentos diversos, de uma mesma visão "materialista" da política e da história?

Não creio. Mais ainda porque, se subsistisse uma dúvida a esse respeito, bastaria lembrar que um filósofo marxista como Althusser não foi apenas um leitor de Montesquieu. Mas também, como seu mestre Gramsci, um leitor de Maquiavel.

Efetivamente, Althusser consagrou a Maquiavel vários dos cursos que ministrava regularmente na École Normale Supérieure. O curso do qual temos o texto mais completo data do ano 1971-72. Althusser, que teve durante muito tempo a intenção de transformar esse curso em livro, fez nele algumas correções, por volta de 1975-76, mas depois renunciou a esse projeto.

Nas cerca de 130 páginas publicadas, o mais interessante não é a interpretação "de esquerda" que Althusser, depois de Gramsci, dá do *Príncipe* (livro que, na luta do povo contra os "grandes", tomaria nitidamente o partido do primeiro), mas a análise da maneira pela qual, de Maquiavel a Marx, passando por Montesquieu (assim como por Spinoza, também admirador de Maquiavel), uma verdadeira ciência "objetiva" (em outras palavras, materialista) da história e da política foi instalada.

Digamos, para resumir a leitura proposta por Althusser, que, em relação aos filósofos que se seguiram, Maquiavel é apenas, afinal, um ponto de partida. Spinoza, Montesquieu e Marx, para citar apenas estes, "infletiram, prosseguiram ou transformaram completamente a sua obra".[15] Uma das "limitações" do pensamento maquiavélico reside, particularmente, no fato de que este se preocupa menos em definir o conjunto das "leis" gerais que regem o curso dos negócios humanos do que em apresentar "um problema político concreto" (como salvar a Itália?) em um contexto histórico particular (o começo do século XVI).[16] Essa é uma das razões pelas quais esse pensamento, tão preocupado com uma realidade singular, tão pouco sistemático, parece às vezes tão difícil de apreender.

Mas o mérito de ter dado os primeiros passos no caminho da "ciência" cabe incontestavelmente a Maquiavel.

Sem ele, nem Montesquieu, nem Marx teriam sido possíveis.

Assim, Althusser conclui o seu curso declarando, não sem ênfase, que o florentino é "o maior filósofo materialista da história".[17] Declaração amplificada ainda em uma conferência de 1977, que promove Maquiavel à posição de "maior 'filósofo' de todos os tempos", sem restrições.[18]

Efetivamente, Maquiavel continua sendo grande: não pela massa dos "resultados" teóricos que produziu, porém, mais profundamente, pela audácia e pela fecundidade do seu gesto fundador.

Maquiavel, pai da filosofia política moderna: até Strauss, seu inimigo declarado, não lhe contestou esse título.[19]

Resta tirar as lições dessa homenagem.

Se uma abordagem "rigorosa" da política deve ser "materialista", se Maquiavel, Montesquieu e Marx não se enganaram, então é inevitável admitir que os Estados existentes, nascidos da violência, só se perpetuam pela violência — em suma, que a "guerra" é o elemento "normal" de toda vida em sociedade (sem com isso cair, evidentemente, nas mistificações que fazem dessa guerra uma "guerra de raças", ou então a limitar a "luta de classes" a um combate entre *duas* classes).

E se fazemos nossa a tese materialista em questão, devemos também, por coerência, aceitar suas conseqüências.

Por um lado, devemos reconhecer que uma sociedade democrática não escapa, mais do que outras, à violência: mesmo que ela conseguisse transpor a guerra para a linguagem do direito, "canalizá-la" segundo procedimentos "legais" ou "jurídicos" (como podem ser os procedimentos "contratuais", como veremos), a democracia não poderia, com isso, fazê-la desaparecer.

Devemos, por outro lado, admitir que a objeção que examinamos há pouco não é completamente infundada. Certamente, a democracia permite garantir, pelo menos a *alguns*, um *certo* grau de liberdade. Mas em nenhum caso ela garante uma liberdade *total* para todos, pois é incapaz de pôr termo a *todas* as formas de violência que se exercem entre os homens. Assim, é possível que ela não seja o regime mais favorável à liberdade "em geral".

Devemos concluir que a democracia não é o melhor regime possível?

Absolutamente. Caso seja, deve ser por outra razão. E começamos a entrever essa outra razão a partir do início deste capítulo.

A "liberdade", disse eu acima, é um "bem" — mas não o único "bem" desejável.

Observamos agora que a maioria dos homens tem boas razões para querer livrar-se das muitas formas de violência que continuam a lhes ser infligidas, paradoxalmente, quando as suas principais "liberdades" parecem estar garantidas. Em outros termos, constatamos que eles aspiram a ver reinar na cidade um certo grau daquilo que os filósofos chamam, desde Platão, de "justiça". Em resumo, constatamos que a "justiça" é igualmente um "bem" desejável — talvez mais desejável ainda do que a "liberdade".

Uma conclusão se impõe: se não é falso que a democracia seja atualmente o menos ruim dos regimes realizáveis, é porque, mesmo imperfeita como é, ela não deixa de ser o único tipo de regime que tenta instaurar a "justiça" sem sacrificar a "liberdade".

5. A Hipótese do Contrato

A partir do momento em que a busca da "justiça" entra em concorrência com a defesa da "liberdade", os partidários da democracia se dividem em dois campos.

O primeiro deles, recusando as pretensões da justiça, considera o interesse da liberdade como o único importante. Confunde-se com a família "liberal", no sentido "clássico" ou europeu do termo. Apegada antes de tudo às liberdades políticas e econômicas, ao "*laissez faire, laissez passer*", essa família (que tem, entre seus ancestrais, John Locke, Adam Smith, Jeremy Bentham, Benjamin Constant, Alexis de Tocqueville e John Stuart Mill) reuniu, ao longo dos cinqüenta últimos anos, pensadores tão diversos como Karl Popper, Raymond Aron, François Furet, Pierre Manent e Marcel Gauchet, passando por Fukuyama e as críticas "libertaristas" (*libertarian*) a Rawls (Robert Nozick).

Em contrapartida, o segundo campo considera insignificante a defesa da liberdade, caso não seja acompanhada de uma reivindicação em favor da justiça. Ele agrupa a família "liberal", no sentido americano do termo, conotado mais "à esquerda" do que na Europa — família em que se encontra o próprio Rawls, alguns dos seus críticos "comunitaristas" (*communitarian*), como Charles Taylor e Michael Sandel, e rawlsianos independentes (Ronald Dworkin, Michael Walzer) —, e também o neopragmatista Richard Rorty, assim como diversos filósofos que não vêm de nenhuma das duas esferas "liberais" propriamente ditas, tais como Jürgen Habermas ou Jacques Derrida.

Quais são os argumentos que o segundo desses campos pode apresentar em favor da sua concepção de democracia (a única, segundo penso, que merece ser defendida)?

Parece que o argumento fundamental reside no reconhecimento do fato de que todas as nossas sociedades, inclusive as que se dizem democráticas, são dilaceradas por todo tipo de desigualdades — desigualdades que são vividas, pela maioria dos homens, como formas de violência.

Desigualdades de *status*: quem é membro, ou não, de uma determinada "comunidade política"? Há apenas uma ou várias maneiras de ser membro — cada uma delas correspondendo a uma dotação diferente de privilégios, direitos e deveres?

Desigualdades de *prestígio*: quem influencia quem? Uma excelente reputação em uma determinada área pode ajudar aquele que a detém a usurpar uma posição dominante em outros setores?

Desigualdades de *fortuna*: a diversidade das condições socioeconômicas — ou seja, a dupla "fratura" que separa os ricos dos pobres, e depois estes dos "excluídos" ou dos "esquecidos" — não constitui o principal obstáculo para a plena realização, para os excluídos e para os pobres, de uma liberdade que não seria puramente "formal"?

Desigualdades de *poder*, enfim: homens de Estado, responsáveis políticos de todas as espécies, agentes da máquina burocrática ou administrativa não têm tendência, mesmo na democracia, a elevar-se acima da comunidade, pelo simples fato de que esta lhes confiou, mesmo a título provisório, o mandato de gerir os negócios públicos, na totalidade ou em parte?

E essas diversas desigualdades, que já são graves por si mesmas, não tendem, apesar de tudo, a tornar-se hereditárias, a reproduzir-se, e até a amplificar-se, de geração em geração? Em suma, as sociedades ocidentais, que se dizem individualistas, que afirmam oferecer todas as possibilidades ao indivíduo em função apenas dos seus méritos, afinal são elas outra coisa senão sociedades de castas?

Uma vez reconhecidos esses fatos, resta lembrar um princípio simples: as desigualdades que acabamos de enumerar não são inevitáveis em si mesmas. Deve ser possível combatê-las.

E mesmo se admitimos que seu desaparecimento total e definitivo poderia ser apenas um ideal inacessível, situado no horizonte de um improvável fim da história, mesmo assim uma democracia preocupada com a justiça efetiva deveria ser capaz de fazê-las recuar, ou pelo menos de reduzi-las.

A democracia é o regime que visa realizar sempre mais justiça e, ao mesmo tempo, proteger a liberdade — dando, segundo os casos, prioridade a uma ou a outra?

Pode-se defender essa tese.

Mas isso pode ser feito de várias formas, ainda mais porque é uma tese antiga, e cada época a interpretou em função de suas próprias preocupações.

A Cidade: Realidade Natural ou Artefato?

Pensar a "justiça" no centro da democracia equivale a pensar, simultaneamente, o conceito de "igualdade" e o de "contrato". Desemaranhar o novelo das relações que unem entre si esses três conceitos está longe de ser simples: o que vem comprovar sua estreita ligação.

"Igualdade" e "justiça" têm, evidentemente, algo em comum. Vamos partir de uma observação simples. Duas pessoas, A e B, constituídas como "sujeitos" autônomos, consideram que a relação que há entre elas é "justa" se, e somente se, essa relação é "igual". Trata-se, se quisermos, de um problema de "repartição" ou de "distribuição": a "justiça" exige que, na hora de compartilhar um "bem" qualquer, de "reparti-lo" ou de "distribuí-lo", A e B obtenham, cada um, uma parte igual. A igualdade é, em suma, o meio de garantir a justiça; a justiça é o meio de perpetuar a igualdade.

Ambas pressupõem, além disso, o estabelecimento de "contratos". Com efeito, a igualdade é o que resulta de um contrato feito entre A e B, pois, se estes aceitaram assinar esse contrato livremente e de comum acordo, fizeram-no com a finalidade de instituir entre si uma relação mútua, na qual cada um deles encontra uma vantagem igual. E a justiça é aquilo pelo qual, ou em vista do qual, os contratos são assinados, pois, pelo simples fato de que são assinados, A e B se comprometeram a não exigir, doravante, mais do que a parte que lhes é devida em virtude do contrato.

A idéia segundo a qual uma comunidade que desejasse fazer reinar no seu seio a igualdade, a justiça, e por conseguinte a democracia, deveria ser fundada sobre um contrato não é portanto muito original.

Todavia, não é uma idéia "evidente" na medida em que pressupõe, por sua vez, uma hipótese prévia: o caráter "artificial", não "natural", da sociedade política.

Hipótese que, dos gregos até nossos dias, não deixou de ser combatida a partir dos pontos de vista mais diversos.

Voltamos a um velho debate.

Se, para começar, interrogarmos o mundo antigo, logo constataremos que a oposição entre *nomos* e *physis*, entre a "lei" (criação do homem) e a "natureza" ("dado" fundamental, do qual o homem seria apenas uma parte), se encontra no centro de violentos confrontos entre as várias correntes do pensamento grego.

Os sofistas, que são provavelmente os inventores dessa oposição, fazem dela um dos seus *leitmotive*. Para eles, a sociedade política, longe de ser uma realidade natural, é apenas um artefato; toda lei é apenas "convenção". Os sofistas são, nesse sentido, os precursores distantes da teoria do contrato social. Mas (na medida em que sejamos capazes — tarefa muito difícil — de reconstituir suas opiniões a partir dos fragmentos lacunares que chegaram até nós), eles divergem sobre o significado a atribuir a essa divisão entre "natureza" e "artifício".

Protágoras de Abdera, por exemplo, considera que cabe ao homem, "medida de todas as coisas", afirmar a sua soberania sobre a "natureza", inventando leis capazes de fazer reinar a justiça na cidade. Hípias de Élis sublinha a relatividade dessas mesmas leis (conseqüência de sua origem convencional). Antifonte vai mais longe, pois afirma que não há nada moralmente condenável em transgredir as convenções sociais, desde que isso não seja feito às claras. Quanto a Cálicles, personagem do *Górgias* de Platão, este insurge-se abertamente contra os obstáculos que todo *nomos* impõe à "vontade de poder" dos mais "fortes" — isto é, dos indivíduos que, segundo ele, deveriam comandar a sociedade, pois são, "por natureza" (*physei*), os "melhores".

Platão e Aristóteles, em contrapartida, combatem sem trégua as teses sofísticas. Ambos acreditam, como seu mestre Sócrates, que o indivíduo, se for separado de sua cidade, não será mais um homem: crença que equivale a fazer do cidadão o efeito da cidade — e não da cidade o resultado de uma "convenção" estabelecida entre os cidadãos.

No começo do diálogo intitulado *O político*,[1] Platão assimila a arte "do rei", do legislador ou do homem de Estado, à arte do "pastor". Mesmo que, na seqüência do texto, acabe por aderir a uma definição diferente (a arte "do rei" como a arte "do tecelão"), no conjunto de sua obra, Platão não faz diferença — o que, aliás, desagradará a Aristóteles — entre o poder do pastor sobre o rebanho, o do "pai de família" sobre seus parentes e o poder político propriamente dito. Em suma, não há diferença entre a cidade e uma grande "família".

O próprio Aristóteles, se por um lado se abstém de assimilar a cidade a uma família, não deixa de concluir, por outros caminhos, pela "naturalidade" da cidade. A maioria dos animais, observa ele, é dotada de voz (*phoné*), isto é, de uma capacidade de expressar por sons as suas sensações de prazer e de dor. Mas o homem, porque é um animal (e mesmo o único animal) dotado de palavra (*logos*), ou seja, da capacidade de emitir um discurso articulado que lhe permite elaborar, a partir de uma reflexão sobre o prazer e a dor, as noções de "bem" e de "mal", de "justo" e de "injusto", é, ao mesmo tempo, "por natureza", o único "animal político". O adjetivo "político", aqui, significa que o homem só pode realizar sua verdadeira "natureza" dentro da *polis*, isto é, de um espaço destinado, por definição, à discussão entre homens livres.

As primeiras frases do grande "tratado" aristotélico *As políticas* lembram portanto que a cidade — resultado da reunião de várias aldeias, por sua vez resultados da reunião de várias famílias — é a realidade mais "natural" que existe: porque procede da tendência instintiva que leva os humanos a se agruparem para garantir a sua própria reprodução (livro I, 1252a-1252b) e porque só ela permite ao homem (entendido, desta vez, no sentido restritivo de indivíduo livre e de sexo masculino) chegar, pelo *logos*, pelo debate filosófico e "político", ao pleno conhecimento do "justo"e do "injusto" (ibid., 1252b-1252a). Além dessa forma suprema de "comunidade" (*koinônia*) que a cidade constitui, e que se confunde com o Estado, não existe nada. Gozando, ao contrário da família e da aldeia, de uma "autarquia" (*autarkeia*) completa, a cidade "basta a si mesma" — pois ela basta para garantir não só a "vida" (*to zèn*), mas também a "vida boa", a "vida feliz" (*to eu zèn*).

Platonismo ou aristotelismo: o domínio desses dois pensamentos sobre o conjunto da cultura medieval impede os filósofos e os teólogos da Idade Média de conceberem a cidade (*civitas*), isto é, a nação ou o Estado, como uma criação artificial — como produto da vontade de viver em conjunto que uma comunidade humana tivesse manifestado.

Simples etapa no caminho para a cidade "celeste" ou "cidade de Deus" (*civitas Dei*), da qual ela é apenas uma imperfeita prefiguração, a cidade "terrestre", que não pode evitar o mal, não constitui mais, para Santo Agostinho, ao contrário do que representava para Aristóteles, a finalidade suprema da existência.

Todavia, na medida em que continua sendo percebida (por Tomás de Aquino e por Agostinho) como derivando, de maneira "natural", da primeira "associação" humana (no caso, do primeiro casal bíblico — Adão e Eva — desejado e modelado por Deus), essa cidade "terrestre" requer uma espécie de atenção "médica", que já inspira a certos pensadores medievais reflexões originais sobre a "arte de governar".[2]

É apenas durante o século XVI que a concepção "naturalista" da cidade se vê, globalmente, questionada.

Mutação cuja possibilidade está, pelo menos, em duas séries de fatores, independentes mas ligadas entre si.

Por um lado, o desenvolvimento das ciências experimentais, da tecnologia, do racionalismo e do humanismo contribui para que a concepção religiosa do mundo e da política se enfraqueça. Mostra isso a formidável eclosão, a algumas décadas de intervalo, de doutrinas tão "subversivas' quanto as de Maquiavel e Jean Bodin (teóricos da "soberania" do Estado diante da Igreja), de La Boétie (crítico da "servidão voluntária"), dos "monarcômacos" protestantes,[3] de Johannes Althusius e Francisco Suarez (introdutores progressivos da noção de "soberania popular") — sem falar das utopias "leigas" de Thomas More e Tommaso Campanella.

Doutrinas muito diversas, mas que têm um ponto comum: devolvem à cidade "terrestre" o seu status pleno de "cidade". Fazem dela o horizonte último da vida humana. E assim permitem que ela seja novamente percebida como "obra" ou artefato. *Obra de arte*, pois existe uma "arte" ou uma "técnica" para produzir cidades, assim como para produzir qualquer coisa. E *obra de arte*, pois existe uma "beleza" das cidades, e certas cidades, apesar de tudo, são muito mais "belas" do que outras.

Por outro lado, o desenvolvimento tranqüilo de uma burguesia "revolucionária" (como dirá Marx), isto é, de uma burguesia comercial e logo industrial, que ainda não sabe que está inventando o capitalismo e tomando o poder na Europa, leva então os filósofos a pressentirem a necessidade de fundar, distinguindo-as, uma esfera "pública" (lugar da luta pelo poder) e uma esfera "privada" (destinada ao "enriquecimento" individual, material ou espiritual). E a conceber, progressivamente, o laço social (constitutivo da esfera "pública") a partir do modelo do laço comercial básico.

Em outras palavras, a partir do "contrato", do "pacto" ou da "convenção".

DO ESTADO DE NATUREZA AO ESTADO DE SOCIEDADE

Ao longo dos dois séculos seguintes, esse modelo se torna o modelo dominante.

Inscreve-se em uma problemática de conjunto, que se chama habitualmente de problemática do "direito natural", simplesmente, embora se trate apenas de uma de suas variantes possíveis.

De qualquer forma, as grandes linhas desse modelo encontram-se esboçadas nas obras dos dois principais "jusnaturalistas" do século XVII: Hugo Grotius (*Do direito da guerra e da paz*, 1625) e Samuel Pufendorf (*Do direito da natureza e dos povos*, 1672).

Depois, o tema do contrato é retomado e sistematicamente desenvolvido por Hobbes no seu *Leviatã* (1651), por Locke nos seus dois *Tratados sobre o governo civil* (1690) e, algumas décadas depois, por Rousseau no seu *Contrato social* (1762).

Durante dois outros séculos, o tema em questão sofre um eclipse bastante longo — a ponto de se acreditar que está definitivamente enterrado. Mas reaparece, contra toda expectativa, na obra de John Rawls (*Teoria da justiça*, 1971), ponto de partida de uma surpreendente renovação da filosofia política nos países de língua inglesa.

Enquanto a Europa sai das guerras de religião e entra na Guerra dos Trinta Anos, tempo em que reina a insegurança e a violência assola mar e terra, o holandês Grotius escreve que o Estado nada mais é do que "um corpo perfeito de pessoas livres, que se reuniram para gozar pacificamente de seus direitos e para sua utilidade comum".

No segundo plano dessa definição, investindo o Estado da missão sagrada de fazer reinar uma paz sem a qual as transações comerciais não poderiam prosperar, também se deve ao líder da escola "jusnaturalista" a idéia (que terá um brilhante futuro) segundo a qual a sociedade política só poderia basear-se no consentimento de cada indivíduo no sacrifício voluntário da sua própria independência, sacrifício graças ao qual cada um recolherá o benefício de uma segurança garantida por leis, assim como por instituições encarregadas de fazer respeitá-las.

Operação que, segundo Grotius, se faz em dois tempos.

Primeiro tempo: um "pacto de associação" (*pactum societatis*), pelo qual os homens se reúnem para constituir uma sociedade civil.

Segundo tempo: um "pacto de submissão" (*pactum subjectionis*), pelo qual os membros dessa nova comunidade designam os titulares do poder que terá o encargo de protegê-los, ou seja, de fazer reinar a paz, governando-os.

Qual é a extensão dessa "submissão"?

Ela parece considerável — como Rousseau não deixará de observar. Grotius, escreverá ele, "refugiado na França, descontente com sua pátria e querendo cortejar Luís XIII, a quem o seu livro é dedicado, não poupa nada para despojar os povos de todos os seus direitos e para revestir com estes os reis, com toda a arte possível" (*Do contrato social*, livro II, cap. 2).

Embora não seja completamente infundada, a observação de Rousseau não é menos tendenciosa. Ela equivale, efetivamente, a esquecer que o capítulo 4 do livro I do *Direito da guerra e da paz* (obra monumental que continua sendo a base do direito internacional moderno) é consagrado à "guerra dos súditos" contra "os poderes de que eles dependem" — ou seja, contra o Estado. No referido capítulo, Grotius não cita menos de sete casos nos quais declara legítima a resistência ao poder "soberano": a idéia, audaciosa para a época, emergirá com os revolucionários americanos e franceses, e depois entre os teóricos da "desobediência civil", mas será rejeitada por Kant e, antes deste, por Hobbes.

De qualquer forma, mais do que a doutrina de Grotius, foi a de Hobbes que a história guardou como primeira grande exposição filosófica da teoria do contrato social.

E por uma boa razão: Hobbes não era apenas um hábil teórico do direito "natural" (ou, como diria Marx, do direito "burguês"), mas, na aurora dos tempos modernos, o primeiro pensador (depois de Maquiavel, mas antes de Locke e Spinoza) cujas idéias políticas são indissociáveis de uma vasta concepção filosófica do mundo. No caso, uma concepção "materialista", inspirada pela "nova" física de Galileu.

Hobbes não acreditava em Deus nem no outro mundo, nem, neste mundo, em "espíritos" que existiriam independentemente dos "corpos". Segundo ele, há apenas corpos. Alguns destes são corpos "humanos", movidos por uma "força" interna que se chama "desejo".

O desejo — e só ele — explica os movimentos dos humanos, o fato de que estes não cessem de chocar-se, enfrentar-se, entrechocar-se. Efetivamente, cada humano, cada corpo, é, antes de tudo, corpo "desejante"; e o desejo é, por definição, insaciável. Logo que acabo de desejar um objeto, começo imediatamente a desejar outro, já pensando nos meios de garantir, além desse próximo objeto, a minha própria sobrevivência — isto é, a satisfação de meus desejos posteriores. Como ninguém nunca está satisfeito, como ninguém é capaz de dizer: "aqui e agora, deixo de desejar", segue-se que o estado natural no qual os homens se encontrariam uns em relação aos outros, se nada nem ninguém os impedisse de desejar infinitamente, só poderia ser um estado de guerra.

O "estado de natureza", para Hobbes, é apenas isto: um estado de guerra permanente e interminável, uma guerra apresentada (*Leviatã*, livro I, cap.13) como "uma guerra de todos contra todos (*a war of every man against every man*). E todos conhecem a fórmula (tirada não da primeira edição do *Leviatã*, em língua inglesa, mas da segunda, redigida em latim) com a qual esse estado se resume: *homo homini lupus*, "o homem é o lobo do homem".

Evidentemente, é impossível viver em tal estado. Quem desejaria viver sob o temor perpétuo de matar ou ser morto — sob o terror de não ter outra escolha senão causar a morte ou sofrê-la? Para escapar a esse inferno terrestre, bem pior que o outro, os homens isolados, até então prisioneiros de seus desejos solitários, decidem portanto reunir-se a fim de fazer um "contrato" (*contract*) ou uma "convenção" (*covenant*).

Nos termos desse contrato, cada um deles escolhe livremente criar, com os outros, uma "república" (como se traduz habitualmente desde o século XVII, o termo *Commonwealth*). Em outras palavras, escolhe abrir mão de seu desejo, renunciar à sua liberdade para entregá-la a uma autoridade central, de um "soberano" (*sovereign*) ou de um "corpo político" (*political body*), que, doravante, terá todo o poder para fazer reinar a paz e a segurança.

Os signatários da convenção serão, assim, ligados uns aos outros, uns pelos outros. Não terão mais o direito de exigir algo além dos benefícios que se podem esperar da tranqüilidade pública. Nem o direito de subtrair-se à comunidade criada por eles, salvo, é claro, se a segurança de suas vidas estiver em jogo (pois, em virtude da primeira "lei da natureza", ninguém pode ser obrigado a fazer alguma coisa contra sua própria vida).

Mas o "soberano" não está sujeito à convenção, pois ele é o produto desta, e não um dos que a assinaram — pois ele é um corpo "artificial", totalmente separado da comunidade política, e não um corpo "natural". Mesmo que assuma, formalmente, a figura de um "indivíduo" ou a de um "conselho", que se resuma a uma pessoa física (monarquia) ou se divida em várias (oligarquia), o "soberano" goza de um poder político absoluto. Tudo o que fizer será legítimo, desde que a convenção seja respeitada. Em outros termos, desde que não ameace a vida dos que a assinaram.

Hobbes funda assim (com conhecimento de causa, pois passou uma parte da vida com "medo" das "sedições", sem falar de seus dez anos de exílio na França, em conseqüência dos distúrbios revolucionários que agitavam o seu país) um tipo de regime político cuja definição escapa aos critérios clássicos.

De fato, pouco importa, do seu ponto de vista, que o "soberano", essa "pessoa jurídica", esse "corpo" artificial (ou essa espécie de "autômato") ao qual ele dá o nome de um monstro bíblico, "Leviatã", se identifique com um monarca, com uma assembléia ou até com uma assembléia eleita. A única coisa que importa é que esse "corpo" dite a lei, a faça respeitar, e que nenhum de seus súditos (salvo, ainda uma vez, no caso em que um destes sinta sua vida diretamente ameaçada) possa rebelar-se contra ele.

Em suma, Hobbes, indiferente à questão clássica do "melhor" regime político, só pensa em legitimar um "despotismo" de um gênero novo. Um despotismo que não seria de um homem, nem de vários. Mas, fundamentalmente, o despotismo da lei — única garantia da "paz civil".

Hobbes foi muito criticado por isso — e nem sempre compreendido.

Como Maquiavel, Hobbes é irritante. Irritou seus contemporâneos e mais ainda seus sucessores, de Locke a Rousseau (mais sensíveis ao tema da liberdade que ao da paz). Há trezentos anos, ele vem irritando a maioria de seus leitores.

Primeiro, porque, no mesmo momento em que a burguesia começa a impor-se na cena política como uma força considerável, Hobbes parece oferecer a um monarca qualquer (e até a um vulgar "usurpador" como Cromwell, por quem, entretanto, não morre de amores) o arsenal teórico suficiente para reinar como tirano — sem nunca preocupar-se com os burgueses, nem com os nobres, nem com o povo.

Mas também, e talvez principalmente, Hobbes irrita porque, bem no fundo, sente-se que ele é "materialista".

E nesse ponto, a comparação com Maquiavel se impõe.

Sem dúvida, esses dois homens — a quem devemos, uma vez por todas, a "laicização" da política — divergem em um ponto essencial. Hobbes, que tenta construir a paz de que o capitalismo necessita, acredita que pode limitar o estado de guerra ao estado de natureza. Em contrapartida, Maquiavel, vivendo um século antes, em uma Itália ainda medieval, não é um pensador da "burguesia triunfante", ignora a problemática do contrato, e estima que, seja o que for que os homens façam, a guerra se estende também ao estado social. Mas ambos têm em comum o fato de não acreditarem nem em Deus nem no diabo, e de não confundirem o teatro da política com o da moral ou da religião.

Como Maquiavel, portanto, Hobbes ofende as "almas nobres", agride os "humanistas". Isso basta para que lhe atribuam uma reputação de pensador mal-humorado, quase intolerável. Reputação agravada, evidentemente, pelo interesse que Carl Schmitt, teórico do "Estado total", manifestou por Hobbes em um texto de 1927 (*A noção de política*) — texto cuja orientação foi severamente criticada por Leo Strauss em um artigo de 1932, enquanto Schmitt, astro da universidade alemã, se preparava para inscrever-se no partido nacional-socialista e para cometer, em 1938, um ensaio sobre o *Leviatã*, que adere sem escrúpulos ao anti-semitismo da época.[4]

Injustiça do destino: Hobbes é melhor do que a sua má reputação. E isso por duas razões.

Primeiro, porque sua concepção do contrato é destinada a garantir o mínimo de "segurança" pública, sem o qual não poderia existir "liberdade" digna desse nome. E porque Hobbes continua sendo, como observou Strauss no artigo que acabo de citar, o pensador sem o qual o liberalismo clássico nem teria sido possível.

Depois, como já dissemos, porque o único "despotismo" que ele justifica (se é que justifica um despotismo) é o da lei: uma lei que, como é fácil adivinhar ao se ler o *Leviatã*, ele concebe muito mais em um espírito "galileano", como produto de uma deliberação racional, do que como a "prerrogativa" do príncipe, ou o "capricho" deste.

Enfim, porque o contrato hobbesiano tem o mérito de instaurar entre seus signatários uma autêntica "igualdade". E porque, se a igualdade deve ser considerada a verdadeira "substância" da democracia, não se poderia acusar Hobbes de ter dado mais importância àquela do que a esta, ao "conteúdo" do que ao "continente".

De qualquer forma, essa escolha mostra um certo "bom senso", virtude cara a Hobbes. Entretanto, como observarão Locke e Rousseau (e como os herdeiros de Marx terão tendência a esquecer), não é proibido buscar as duas: igualdade *mais* democracia.

Locke, é verdade, era mais moço que Hobbes. Embora também tivesse vivido no exílio, era menos marcado que Hobbes pelo espectro da guerra civil, pela angústia da violência desenfreada.

Aliás, preocupava-se menos com matemática e física do que em erigir, em terreno sólido, os dois pilares da riqueza burguesa que são, de um lado, a liberdade de trocas, e, de outro lado, o direito à propriedade privada.

O célebre capítulo 5 do *Segundo tratado do governo civil* mostra, contra os que poderiam duvidar, que o direito à propriedade privada é um direito "natural" fundado tanto na razão quanto na revelação: apoteose, de certa forma, dessa visão do mundo que C.B. Macpherson batizou muito bem de "individualismo possessivo".

Esse contexto permite compreender por que a concepção lockiana do contrato parece ao mesmo tempo menos rigorosa do que a de Hobbes e mais favorável às liberdades individuais.

Em dois pontos essenciais, Locke se opõe ao seu predecessor.

Por um lado, insiste longamente na necessidade de não confundir "estado de natureza" e "estado de guerra"(*Segundo tratado do governo civil*, cap.3, §19). O primeiro deve ser considerado "um estado de paz, benevolência, assistência e conservação mútua", do qual nada obriga a sair. Mas se os homens decidem sair dele, a fim de tirarem, do estado de "sociedade política" ou de "sociedade civil", vantagens maiores do que as que tinham no estado anterior, não é então sob a pressão do medo, nem, por conseguinte, com a intenção de aceitar qualquer forma de sujeição.

Por outro lado, o contrato segundo Locke não produz um "soberano" exterior aos seus mandatários, isento de toda obrigação. O contrato lockiano cria, pelo contrário, um governo que fica sob o controle, ou sob a dependência, daqueles que lhe confiaram a missão de governar. Além disso, esse governo nunca deve, segundo Locke, agir de acordo com uma regra que não seja aquela que lhe impõe, em todos os casos, a vontade do "maior número" (*majority*) (ibid., cap.8, §96).

Assim, para a posteridade, Locke surge como o primeiro teórico de um governo "parlamentar", capaz de admitir tanto uma forma monárquica quanto uma forma democrática de governo. Suas idéias inspirarão, na Inglaterra, a Declaração dos direitos (*Bill of rights*) de 1689, e, um século depois, a Constituição americana (1787), assim como as dez primeiras "emendas" que a acompanham (1791) — sem falar da Declaração francesa dos direitos do homem, de agosto de 1789.

Por tudo isso, Locke continua sendo incontestavelmente o pai do liberalismo clássico.

Mas não o da tradição "democrática", no sentido estrito da palavra.

Esse título caberia a Rousseau. Principalmente, por causa de um livro: o famoso tratado *Do contrato social*, que foi, na sua época, brutalmente perseguido, mas que se tornou, segundo a expressão de um emigrante realista, "o Corão dos oradores de rua em 1789".[5]

O que afirma então Rousseau? Afirma que, se os homens, vagando no estado de natureza, separados uns dos outros, decidem agrupar-se para viver melhor (decisão razoável, pois, ao contrário do que se diz, a verdadeira "natureza" do homem só se realiza plenamente, para Rousseau como para Locke, no estado social), eles não pretendem, por isso, renunciar à menor parcela da sua liberdade original. Seu problema torna-se então "encontrar uma forma de associação que defenda e proteja, com toda a força comum, a pessoa e os bens de cada associado, e pela qual cada um, unindo-se a todos, obedeça, entretanto, apenas a si mesmo, e continue tão livre como antes" (*Do contrato social*, livro I, cap.6).

Qual a solução desse problema? Ela está em um "pacto social", cujas cláusulas, corretamente compreendidas, "se reduzem todas a uma só: a saber, a alienação total de cada associado, com todos os seus direitos, a toda a comunidade" (ibid.). "A condição sendo igual para todos", acrescenta Rousseau, "ninguém tem interesse em torná-la onerosa para os outros." Para essa exigência de igualdade, apenas uma resposta política convém: que cada um dos signatários do pacto ponha em comum "a sua pessoa e toda a sua potência sob a suprema direção da vontade geral".

Em outros termos, a comunidade política deve formar uma única "pessoa pública", um só "corpo" — que é chamado "Estado, quando é passivo" e "soberano, quando é ativo" (ibid.). Esse é um modo de reivindicar, contra Hobbes, a identidade substancial do povo e do Estado, da comunidade e do soberano.

Daí decorrem duas conseqüências.

Por um lado, as leis que regem tal Estado só podem ser a expressão da "vontade geral" — que não é a mesma coisa, não importa o que pense Locke, que a vontade da maioria, nem mesmo que a "vontade de todos", muitas vezes suscetível de erro (ibid., livro II, cap.3). Isso significa que, aqui, só governa o interesse público, só importa a preocupação com a "coisa pública" (*res publica*, diziam os Antigos). Em outros termos, "todo governo legítimo é republicano" (ibid., livro II, cap.6).

Por outro lado, a forma ideal de um tal governo só poderia ser a democracia. E, mais ainda, a democracia direta, pois Rousseau afasta, por princípio, a idéia segundo a qual os cidadãos poderiam delegar sua liberdade a "representantes".

Infelizmente, a democracia direta, que só pode se manter sob certas condições (exigüidade do território, economia de predominância rural) hoje desaparecidas, não é mais realizável. Mas, embora sendo um ideal difícil de atingir, não deixa de ser o único ideal válido. Por mais consciente que seja das dificuldades inerentes ao modelo que propõe, Rousseau não tem nenhuma dúvida quanto à superioridade absoluta desse modelo. "Se existisse um povo de deuses", escreve ele, "ele se governaria democraticamente" (ibid., livro III, cap.4).

De qualquer forma, essa foi a mensagem a que aderiram os "oradores de rua em 1789".

A Revolução Francesa deve tanto a Rousseau quanto a Revolução Americana a Locke. Entretanto, o radicalismo do primeiro resistiu menos à prova dos fatos do que o pragmatismo do segundo. A Constituição dos Estados Unidos não mudou desde a independência do país, há 200 anos, enquanto a Revolução de 1789 terminou em meio ao Terror, e sua herança, até hoje, não cessou de ser questionada por uma parte da sociedade francesa.

Certamente, há algo de utópico — ou de arcaico — no culto rousseauísta à democracia direta, e certamente os excessos "terroristas" de 1793 lançaram algum descrédito sobre as grandes utopias republicanas. Essas duas razões contribuem para explicar que, se a problemática do contrato continua a inspirar Fichte (cujo *Fundamento do direito natural segundo os princípios da doutrina da ciência* é publicado em duas partes, em 1796 e 1797) e Kant (cuja *Doutrina do direito*, primeiro volume da *Metafísica dos costumes*, surge no fim do ano de 1796 ou no início do ano seguinte), Kant julga necessário distanciar-se de Rousseau e, mais ainda, da própria idéia de democracia.

A teoria do contrato, deve-se esclarecer, nunca foi unanimidade entre os filósofos europeus. Spinoza não a situou no centro de seu *Tratado político* (1677). Montesquieu a ignorou, ainda mais por ser, como se sabe, hostil à ascensão da burguesia. Enfim, David Hume a criticou vivamente em um ensaio publicado em 1748, no mesmo ano que *O espírito das leis.*[6] Nesse pequeno texto dirigido contra Locke, Hume afirma, com sua tendência habitual para a provocação, que nenhum poder jamais nasceu do consentimento, mas da coação e da violência, que a monarquia absoluta é, conseqüentemente, um regime perfeitamente legítimo, e que o príncipe não precisa da concordância de seus súditos para cobrar impostos.

Depois de Fichte e de Kant, só a variante lockiana do contrato continua a angariar, no interior da corrente "liberal", uma certa simpatia. Nas outras correntes, a hipótese do contrato só encontra hostilidade (principalmente por parte dos adversários da Revolução Francesa) ou, no melhor dos casos, indiferença.

Um texto de juventude de Hegel, por exemplo, o artigo intitulado "Das maneiras de tratar cientificamente o direito natural" (1802-3), deixa pressentir a crítica do "moralismo" abstrato" e do "subjetivismo" que, segundo ele, caracterizam a abordagem kantiana do problema político. Essa crítica se desenvolve, duas décadas depois, nos *Princípios da filosofia do direito* (1820), obra na qual as teorias do direito natural são apresentadas como um momento como outro qualquer da evolução histórica, momento destinado a ser, ao mesmo tempo, "integrado" e "superado".

No século de Marx e da revolução industrial, a problemática do contrato parece ter perdido toda capacidade de inspirar um pensamento político com um mínimo de audácia e novidade.

Só no ano de 1971 ela reapareceu, sob uma forma, aliás muito "depurada", na *Teoria da justiça*, de John Rawls.

Ao longo dos dois capítulos seguintes, voltarei às diferentes leituras que é possível fazer dessa obra. De qualquer forma, uma coisa é certa: a formulação rawlsiana do contrato encontra-se integralmente posta a serviço de uma "concepção igualitária da justiça".[7] Concepção esta que, por sua vez, só pode realizar-se sob a forma tradicional da democracia.

Lendo-se atentamente a *Teoria da justiça*, percebe-se, aliás, que no caso, não se trata de uma simples coincidência.

Ao contrário, todos os argumentos convergem para demonstrar que, se a democracia nos parece ser o melhor regime possível, é porque procede de uma forma determinada de contrato social que faz dela o regime mais "justo". Ou seja, o regime que, ao longo da história, tenderá a lutar sempre mais contra as desigualdades — sem sacrificar a liberdade.

Mas, se nos parece difícil pensar a democracia sem pensar o contrato social, esse conceito continua sendo, por si mesmo, um objeto teórico difícil de identificar.

Para não dizer um verdadeiro enigma.

O CONTRATO SOCIAL: FATO OU FICÇÃO?

Aliás, de "conceito" o "contrato social" só tem o nome.

Um conceito, classicamente, é um termo do qual é possível dar uma definição clara, precisa e exaustiva. Essa é a última coisa que se pode esperar, tratando-se de uma expressão que, do século XVII até nossos dias, não parou de assumir, para os filósofos que a utilizaram, os significados mais diversos, quando não serviu para justificar as concepções políticas mais opostas.

Além disso, não é comum, em um discurso que pretende ser simultaneamente objetivo e rigoroso, empregar o vocábulo "conceito" a respeito de uma palavra que não designa nenhum objeto, nenhuma ação, nenhum acontecimento — em resumo, uma palavra que não tem "denotação" alguma na realidade empírica. Ora, o contrato social encaixa-se bem nessa última categoria, pois, evidentemente, jamais nenhuma comunidade humana assinou contrato desse gênero.

Houve alguma dúvida, a esse respeito, no espírito de certos filósofos? É pouco provável. Não se imagina como Hobbes ou Locke poderiam se convencer do caráter "histórico" de suas descrições. Quanto a Rousseau, ele dissipou explicitamente qualquer mal-entendido sobre isso, precisando, no começo do seu *Segundo discurso* ou *Discurso sobre a origem e os fundamentos da desigualdade entre os homens* (1755), que suas reflexões sobre a passagem do estado de natureza para o estado social se ligavam à especulação e não à história.

"Portanto, comecemos por afastar todos os fatos", escreve Rousseau nesse texto célebre, "pois eles não atingem a questão. Não se devem tomar as pesquisas, nas quais se pode entrar sobre esse assunto, como verdades históricas, mas apenas como raciocínios hipotéticos e condicionais, mais próprios a esclarecer a natureza das coisas do que a mostrar sua verdadeira origem, e semelhantes àqueles que fazem, todos os dias, os nossos físicos sobre a formação do mundo."

A expressão "contrato social" tem pois um status eminentemente bastardo. Se, por um lado, ela é "conceito", também é, por outro lado, "ficção" — e ficção assumida. Em suma, poderíamos falar de "ficção teórica", mas permanecendo conscientes do fato de que essa categoria estranha nomeia a dificuldade mas não a resolve.

Mais ainda, a ficção em questão é bastante "grosseira". Na verdade, a noção de contrato social reside na crença segundo a qual alguns homens, no estado de natureza, teriam sido capazes de raciocinar, de negociar, de assinar contratos — ao passo que o raciocínio jurídico, assim como a línguagem que serve para transcrevê-lo, só é possível no estado social, e os "homens", assim como prova tudo o que sabemos sobre a pré-história, nunca viveram de outra forma que não fosse em grupos. O ser humano é sempre-já um ser social, e o estado de natureza não é menos uma ficção do que o próprio contrato. Em resumo, se quisermos salvar esse contrato do ridículo, não há outra solução senão considerá-lo, como sugere muito adequadamente Rousseau, uma simples "hipótese".

Uma hipótese de "procedimento" ou de "método", que não se leva a sério demais, mas que permite esclarecer "retrospectivamente" (muito tempo depois dos "começos" reais da nossa sociedade) a significação atual dos conceitos de justiça e de igualdade.

Uma hipótese desprovida de valor "transcendental", mas que encerra, de um ponto de vista "pragmático", sólidas virtudes pedagógicas e militantes, principalmente quando se trata de encontrar uma imagem apropriada para ilustrar o que deveria ser a democracia "ideal".

Resta transpor esse ideal para a realidade. Em outros termos, resta levar a uma sociedade determinada a seguir, progressivamente, o modelo do contrato.

Essa tarefa é impossível, declaram imediatamente aqueles que (como Maquiavel, Montesquieu, Marx ou Foucault) postulam que toda sociedade está constantemente em estado de guerra civil.

Desejo sugerir, na seqüência deste livro, que se pode admitir o postulado em questão sem tirar dele conclusões tão radicalmente pessimistas.

Mesmo que, efetivamente, a vida em sociedade seja, por definição, apenas uma guerra na qual estamos empenhados contra a vontade, e mesmo que o direito nunca seja mais do que a expressão de uma relação de forças, o direito, por sua simples existência, permite regular a violência, limitar os efeitos mais negativos da guerra, e até, em certas circunstâncias, favorecer negociações capazes de resultar em acordos ou "pactos".[8]

Ou seja, em "progressos" pontuais, provisórios e parciais, porém reais e de modo algum desprezíveis — por exemplo como aqueles que se pode esperar obter de um combate resoluto contra as desigualdades.

6. Igualdade ou Eqüidade?

Uma idéia simples, até mesmo simplista, estruturou a reflexão política no Ocidente, durante toda a guerra fria: a idéia segundo a qual a democracia, oposto da "ditadura", antítese de todos os "totalitarismos", seria o melhor regime concebível porque garantiria melhor a "liberdade".

Essa idéia continua a prevalecer no espírito de muitos "especialistas" em ciência ou filosofia política (principalmente no seio da família "liberal", no sentido "clássico" ou europeu do termo). Entretanto, ela é amplamente contestável.

Primeiro, porque a noção de "totalitarismo" — produto de um amálgama duvidoso entre nazismo e comunismo que, como já mostrei em outro texto,[1] tem como função principal "banalizar" a Shoah — é demasiado vasta ou demasiado vaga para ter uma utilidade qualquer. E porque a "situação" mais favorável ao desenvolvimento da liberdade "em geral" continua sendo, com toda a evidência, a *anarquia*, mais do que a *democracia "representativa"*, tal como existe hoje no Ocidente.

Depois, porque, mesmo que se considere a democracia "representativa" um regime mais "favorável" à liberdade, o fato de que seus defensores, atualmente e no tempo da guerra fria, continuem a apresentá-la como necessariamente ligada à existência de um "livre mercado" de tipo capitalista não deixa de levantar problemas. A menos que se acredite, como Adam Smith, na existência de uma "mão invisível" que nos conduziria, sem que soubéssemos, no caminho do progresso, ou a menos que compartilhássemos cinicamente a convicção "utilitarista" (Jeremy Bentham, John Stuart Mill), segundo a qual tudo o que é bom para o sucesso dos negócios é bom em si, é forçoso reconhecer que as vantagens do "liberalismo" econômico estão longe de atingir, identicamente, todas as classes da sociedade. Não está claro que, se o "liberalismo" consegue aumentar a "liberdade" de alguns (uma minoria), também não acontece que ele restrinja, ou até ampute, a dos outros (a maioria)?

Enfim, ponto mais importante, nada prova que a "liberdade" seja, na escala de valores, o primeiro dos "bens" ao qual uma comunidade política, quando se esforça por constituir-se em democracia, aspira gozar coletivamente.

Afinal, outros bens são igualmente desejáveis.

Outros "valores" entram em concorrência com o valor "liberdade".

É o caso, por exemplo, do valor "justiça". Esta exige às vezes que seja dada prioridade à "igualdade" sobre a "liberdade".

Sem dúvida, à primeira vista o conceito de igualdade parece tão vago quanto o de liberdade.

Entretanto, vimos como ele funciona em muitas situações concretas ao longo das páginas precedentes.

Notamos, por exemplo, que uma democracia "direta", como era a democracia ateniense, considerava a *igualdade* dos direitos políticos (*isonomia*) o ideal mais elevado de todos aqueles que ela se gabava de encarnar. E mesmo quando as principais cidades gregas — que passaram, depois da batalha de Queronéia (338), para o domínio do rei Filipe da Macedônia (pai de Alexandre o Grande) — deixaram de ser independentes, Aristóteles (que foi também preceptor de Alexandre) continuou a definir o poder "político", por oposição ao poder "do rei", como a forma de poder que se exerce *por* e *sobre* pessoas "da mesma natureza": isto é, como a forma de poder na qual cada cidadão pode ser "governante" e "governado".[2]

Em seguida, vimos como, cerca de dois mil anos depois, os teóricos do direito natural restituíram a essa idéia de *igualdade* dos direitos uma atualidade imprevista, situando a ficção do "contrato social" na origem do governo "ideal" — quer este seja concebido como um regime "parlamentar" (Locke), quer como um Estado fundado na soberania "popular" (Rousseau).

Poderíamos acrescentar, nessa etapa, que um filósofo "liberal" (no sentido americano do termo) como Ronald Dworkin não hesitou em fazer da igualdade *o* valor fundamental do "liberalismo" — sendo o direito às liberdades básicas, para ele, apenas uma simples conseqüência do fato de que todos os cidadãos têm um direito original a serem tratados *da mesma maneira* pelos poderes públicos.

Em suma, o problema da igualdade não é novo — nem em si, nem para os partidários da democracia.

Evidentemente, resta saber de *que* igualdade se fala, já que não se fala mais apenas de igualdade "formal" — ou seja, de igualdade dos direitos.

Em outras palavras, resta saber com que igualdade se pode *sonhar*.

Pois a igualdade (e isso é até uma das suas propriedades básicas) nunca se apresenta como um dado, mas como um objetivo a ser atingido.

Na verdade, por nascimento, os homens tendem a diferir, seja por suas capacidades físicas e mentais, seja por seu status socioeconômico. A desigualdade é portanto o fato primeiro, que cabe à sociedade corrigir. E a igualdade é o resultado global desse trabalho de "correção".

Resultado "ideal" que está sempre recuando, quando se acredita atingi-lo. E que alguns até tendem a declarar "ilusório" — porque lhes parece inacessível ou porque, no fundo, não lhes parece tão desejável como afirmam outros.

A JUSTIÇA COMO IGUALDADE

Efetivamente, ninguém deseja, indiferentemente, *uma forma qualquer* de igualdade.

Vamos ser francos: teríamos seriamente vontade de ser iguais se isso significasse "vestir-se como o vizinho", "comer a mesma coisa que ele", "morar em uma casa exatamente igual à sua" — em resumo, se "igual" significasse "idêntico" ou "semelhante"? Nada é mais duvidoso.

A fantasia de uma humanidade no seio da qual cada um se parecesse com o vizinho nada tem de muito atraente. A escola, o quartel, o hospital, a prisão e esses subúrbios contemporâneos que parecem feitos de um único e mesmo pavilhão, que proliferam como um câncer, até o infinito, oferecem uma ilustração suficientemente repugnante para que não seja necessário alongar-se sobre esses casos extremos de "igualitarismo" que constituíram, à sua maneira, o "kolkhoz" e o "gulag". E até o "kibbutz", que representa a versão "bem-sucedida" do "kolkhoz" (evidentemente, em um contexto diferente), está hoje questionado, não porque não funcionaria bem — mas porque, ao contrário, funciona tão bem que seus habitantes, condenados a um "igualitarismo" quase perfeito, morrem de tédio.

Felizmente, a "igualdade" pode remeter a formas mais exaltantes (embora sejam em parte imaginárias) de vida coletiva.

Platão nos dá o mais antigo exemplo conhecido. A cidade "ideal" que ele descreve na *República* é, como se sabe, uma "aristocracia" — e, além disso, profundamente igualitária, pois se baseia em uma tripartição hierárquica entre "os que governam", "os que combatem" e "os que trabalham". Mas, curiosamente, Platão não imagina que o funcionamento das duas classes mais elevadas, a dos "filósofos-reis" e a dos "guardiães", seja regido por um princípio que não seja o "comunismo" (entendendo-se com isso uma "comunidade" absoluta: comunidade tanto das mulheres quanto dos bens). Como se, para as almas "nobres" e sedentas de justiça, a propriedade privada, principal causa do nosso apego a este mundo, longe de dever-se a um sentimento "natural", já fosse, em si, o começo da "queda".

Vinte séculos depois de Platão, um filósofo católico que foi, sob Henrique VIII, chanceler da Inglaterra, Thomas More, preocupado com a miséria reinante em seu país, propôs, em um relato de viagem fictício intitulado *A utopia* (1516), um modelo totalmente diferente de cidade ideal — modelo fundado, desta vez, sobre uma grande igualdade econômica, social e política. Como por acaso, nessa ilha imaginária prudentemente situada nos confins do mundo, a propriedade privada e seu corolário, a moeda, simplesmente não existiam. Desprezando o ouro e as "riquezas", os "utopistas" só produziam aquilo de que precisavam para viver felizes. Procuravam, principalmente, preservar sua independência. Ou seja, sua "autarquia".

Vindo de um horizonte completamente diferente, pois era cidadão da república de Genebra, Rousseau também aspirava a uma sociedade rural, composta de pequenos proprietários de terras, vivendo em quase autarquia, em um espaço fechado e em um tempo imóvel. Consciente do fato de que seria difícil, em sua época, abolir toda forma de propriedade privada, ele afirmava, entretanto, no *Segundo discurso*, ou *Discurso sobre a origem e os fundamentos da desigualdade entre os homens* (1755), que a propriedade era a fonte de todos os "males" da sociedade de seu tempo.

Nem precisamos lembrar, a esse respeito, que a igualdade foi uma reivindicação tão essencial para os revolucionários de 1789 que esse próprio termo se incorporou imediatamente, entre "liberdade" e "fraternidade", à divisa da República Francesa.

E mencionamos enfim o nome de todos aqueles (*Levellers* ou *Diggers* do século XVII inglês, Gracchus Babeuf, Marx, Proudhon, Bakunin) que transmitiram o grande sonho de uma igualização das condições socioeconômicas às diferentes tendências — "científicas", "utópicas", "marxistas", "anarco-sindicalistas" ou "anarquistas" — do movimento "socialista".

É verdade que essa esperança (ou, se quisermos essa ilusão) também causou muitos males: matou muitas pessoas, no século XX, sob o nome de "comunismo".

Vamos nos deter nesse "desvio", ou nesse singular "transvio", do ideal igualitário — a fim de tentar perceber as suas causas.

Enquanto nos obstinarmos em confundir "pensamento de Marx", "marxismo" e "marxismo-leninismo", nada compreenderemos sobre Marx, nem sobre as causas da tragédia "comunista" que o século XX conheceu.

Efetivamente, essas expressões designam três realidades muito diferentes, e que se constituíram, cronologicamente, uma depois da outra. O "marxismo" resulta de uma "vulgarização" do pensamento de Marx, empreendida, depois da morte deste, por Engels e seus primeiros discípulos. Quanto ao "marxismo-leninismo", este procede de uma elaboração ideológica e política decidida, depois da morte de Lênin, por seu sucessor Stalin.

Os termos "socialismo" e "comunismo" também mudaram de significado ao longo do tempo — aquele que eles tomaram depois da Revolução Russa não tinha mais muito a ver com o que possuíam anteriormente.

Para Marx, e para a tradição marxista até 1917, "socialismo" e "comunismo" não designam a mesma coisa.

"Comunismo" é o nome de um modo de produção que não é nem real, nem realizável no imediato, mas que o desenvolvimento das "forças produtivas", acompanhado de uma transformação revolucionária das "relações de produção", deveria tornar possível em um momento posterior da história. Nesse sistema (cujas grandes linhas o *Manifesto do partido comunista* desenha já em 1848), a organização da produção seria gerida pelos próprios produtores, de maneira coletiva e democrática, de modo que não haveria mais nem propriedade privada, nem moeda, nem divisão do trabalho, nem classes sociais, nem famílias, nem fronteiras, nem Estados. Todas as diferenças seriam eliminadas — inclusive as diferenças entre trabalho intelectual e trabalho manual, ou entre cidade e campo.

Evidentemente, essa configuração não poderia ser adotada por um país isolado, já que nenhum país é capaz de subsistir em autarquia completa. É por isso que, na perspectiva marxista pré-soviética, o comunismo só é apresentado a título de objetivo ideal, mundial e final. Com ele, terminaria a "pré-história" da humanidade, enfim liberta das "cadeias" da exploração econômica e do seu corolário, as "cadeias" da opressão política.

Para chegar a essa etapa, o capitalismo deve, primeiro, segundo Marx, atravessar uma fase intermediária: a fase "socialista". Nesta, as relações de exploração permanecem, mas se invertem (graças a um episódio revolucionário) em benefício da classe proletária. O que caracteriza o modo de produção socialista é o acesso do proletariado ao status de classe dominante, acarretando a coletivização progressiva dos meios de produção. Em resumo, o socialismo começa quando, em um país, o proletariado toma o poder para exercer sua "ditadura" sobre a burguesia. E ele poderá extinguir-se quando se tornar uma realidade planetária, isto é, quando a burguesia, como tal, tiver desaparecido — abrindo assim caminho para o comunismo.

Marx acredita possível essa "transição" para o socialismo porque pensa que o desenvolvimento das forças produtivas só pode favorecer o desenvolvimento do proletariado. Mas sabe que a burguesia não se submeterá sem resistir. Considera portanto a necessidade prévia de uma transição democrática para a ditadura do proletariado (*Transição nº 1*), destinada a preparar o advento da classe que será, por sua vez, encarregada de preparar o desaparecimento da burguesia (*Transição nº 2*). Esse é o sentido do programa político conhecido pelo nome de "programa de Erfurt", e redigido, sob a supervisão de Engels, em 1891, oito anos depois da morte de Marx.

Embora seja revolucionário para a época, esse programa — primeiro passo na Transição nº 1 — compreende apenas reivindicações (sufrágio universal direto e secreto, liberdade de expressão e reunião, igualdade jurídica do homem e da mulher etc.) compatíveis com as normas da democracia, e perfeitamente realizáveis por via legislativa. Desse momento até a dissolução da II Internacional (1914), a maioria dos partidos marxistas, seja na Alemanha, na França ou no Império austro-húngaro, aceita mover-se no interior do jogo parlamentar. Só concebem a transição para o socialismo de modo "pacífico". Como disse o filósofo polonês Leszek Kolakowski, é a "idade do ouro" do marxismo.

Mas tudo muda a partir do momento em que, graças à I Guerra Mundial, o voluntarismo de Lênin permite aos bolchevistas tomarem o poder na Rússia.

Fundado na industrialização ao mesmo tempo forçada e precipitada de um país predominantemente rural, o socialismo "real" está longe de identificar-se com a imagem que dele fazia Marx. Ao invés de repousar sobre a ditadura do proletariado, repousa sobre a do partido "comunista", que supostamente deve guiar esse proletariado (de modo que "comunismo" se torna então, abusivamente, sinônimo de "socialismo real"). Ao invés de criar as condições econômicas favoráveis a um desaparecimento "natural" da burguesia, procede à sua eliminação violenta. Enfim, ao invés de acompanhar-se de um desenvolvimento das forças produtivas, provoca involuntariamente sua estagnação.

O socialismo "real" não é por conseguinte nem o comunismo, nem mesmo o socialismo de Marx.

Na verdade, ele é apenas um capitalismo burocrático de Estado — no qual os meios de produção, ao invés de serem coletivizados, são confiscados por um Estado que não representa verdadeiramente a coletividade, pois ele próprio é refém do aparelho dirigente de um partido político que não teve escrúpulos em excluir seus concorrentes.

Um tal sistema não poderia sobreviver por muito tempo. Trotski, Rosa Luxemburgo, Boris Suvarine, Walter Benjamin e outros — pois não faltavam espíritos lúcidos, depois de 1917, no seio da extrema esquerda européia — foram os primeiros a perceber isso. Depois da II Guerra Mundial, suas críticas foram retomadas e desenvolvidas pelo movimento "Socialismo ou barbárie", fundado em 1949 por Claude Lefort e Cornelius Castoriadis, e liderado por este até 1966.

Na verdade, depois de dar origem a essa "perversão" absoluta do comunismo que foi o stalinismo, e depois de ser objeto, de Nikita Khruchtchev a Mikhail Gorbatchev, de várias tentativas, todas vãs, de "reanimação" artificial, o sistema soviético acabou morrendo, de morte natural, entre 1989 e 1991.

Rico em potencialidades que ainda estão longe de ser esgotadas, o pensamento de Marx continua bem vivo. Entre as provas disso estão o lugar central que ocupa nas obras de Sartre e de Althusser, e as numerosas interpretações que não cessou de suscitar de 40 anos para cá, seja na França (Jean-François Lyotard, Alain Badiou, Daniel Bensaïd, Jacques Derrida, Jacques Rancière) ou no mundo anglo-saxônico — penso nos trabalhos de Dick Howard e na corrente chamada "marxismo analítico" (Gerry A. Cohen, Jon Elster, John Roemer), que se dedicou a traduzir em uma linguagem científica moderna, desprovida de toda coloração metafísica ou messiânica, algumas das intuições socioeconômicas de Marx.

Quanto à idéia de uma sociedade "igual", já que não pode ser "igualitária", ou, se quisermos, de uma sociedade "justa", que daria a cada ser humano um lugar digno, esse ideal continua, em 1999 como em 1917, de uma vibrante atualidade.

Com efeito, nunca um tão grande número de seres humanos através do mundo foi vítima, ao mesmo tempo, das formas mais brutais de exploração econômica e de opressão ideológica ou política. Nunca as desigualdades entre países pobres e países ricos e, no interior dos últimos, entre "abastados" e "excluídos", se agravaram tão rapidamente como a partir do momento em que o sistema capitalista se tornou "mundial". Nunca o desemprego, a miséria, a desnutrição e a mortalidade infantil atingiram, em certos lugares do planeta, taxas tão elevadas.

É por isso que o "espectro" do comunismo, ou mais exatamente da igualdade, que já "assombrava" o mundo em 1848 (veja-se a primeira frase do *Manifesto*), e que se tornou, depois do fim da guerra fria, o próprio "espectro" de Marx (para retomar o título de uma das últimas obras de Derrida), ainda nos "assombra". Mesmo que, nesse intervalo, o fracasso dessa imensa experiência histórica que foi o comunismo europeu tenha nos obrigado a fazer certas "revisões" dolorosas.

Em suma, se tornou-se irrealista sonhar com um mundo no interior do qual a propriedade privada tivesse completamente desaparecido, e se ninguém tem seriamente vontade de imaginar um mundo em que seríamos todos "idênticos", parece totalmente legítimo, em contrapartida, continuar a lutar por uma sociedade na qual seríamos mais "iguais" do que hoje. Ou seja, por uma sociedade na qual, além da igualdade formal dos direitos, compartilharíamos os "bens" sociais (saúde, lazer, educação, cultura...) com um espírito "igualitário". E na qual ofereceríamos aos mais desfavorecidos pelo nascimento a possibilidade real de superar seus problemas originais.

Desse ponto de vista, o Estado mais "justo" possível não seria apenas aquele que favorecesse a liberdade "em geral", mas o que também lutasse — mesmo com o risco de restringir a liberdade, às vezes — contra esta injustiça maior: a injustiça que obriga quem nasceu pobre a continuar pobre.

Como se a pobreza fosse, afinal, um fardo hereditário e não um acidente da história. Um fato de ordem genética e não social.

A JUSTIÇA COMO EQÜIDADE

Favorecer a liberdade, lutar contra as injustiças do nascimento: esses não são apenas desejos louváveis. São também injunções capazes de ser analisadas e desenvolvidas racionalmente.

Em nossa época, pelo menos um filósofo tentou fazê-lo: John Rawls, na sua *Teoria da justiça* (1971) — obra cujo sucesso, no mundo anglo-saxônico e fora dele, persiste trinta anos depois de sua publicação.

Renunciando a sonhar com uma perfeita igualdade socioeconômica (que, a rigor, implicaria a abolição da propriedade privada), Rawls apresenta um problema menos ambicioso, embora complexo: saber em que condições poderia ser instaurada, em nossas sociedades modernas, uma verdadeira justiça "distributiva".

Pode-se expor esse problema da seguinte maneira: se todos começassem a vida com oportunidades iguais, a "justiça" consistiria em tratar todos da mesma maneira — isto é, dar a cada um a mesma quantidade de "direitos" (ou "bens sociais"). Mas as coisas não acontecem assim. E se, na realidade, as oportunidades são muito desigualmente repartidas inicialmente, a "justiça" deve consistir, então, em dar mais aos que têm menos, ou menos aos que têm mais — a fim de restaurar, no fim, a igualdade.

Uma certa dose de desigualdade pode, portanto, revelar-se indispensável ao reino da "justiça", a partir do momento em que esta não é mais concebida em termos de igualdade aritmética, mas em termos de "eqüidade" (*justice as fairness*).[3]

Resta saber, e aí está a dificuldade, como determinar essa dose, assim como as modalidades de sua aplicação.

A solução de Rawls passa por uma "reatualização" — relativamente inesperada, três séculos depois de Grotius — do conceito de "contrato social".

"Meu objetivo", precisa Rawls no começo da sua obra monumental, "é apresentar uma concepção de justiça que generalize e leve a um nível mais alto de abstração a teoria bem conhecida do contrato social, tal como a encontramos, entre outros, em Locke, Rousseau e Kant."[4]

Se Hobbes não o é citado aqui, também não é no resto da obra, porque, como sugere uma nota enigmática do capítulo I, "o *Leviatã* apresenta problemas particulares"[5] — problemas ligados, já podemos supor, à visão hobbesiana do poder soberano como poder "absoluto".

Observe-se também que, embora inscrevendo-se em uma perspectiva "reformista", apresentada como único caminho possível diante do fracasso (previsível) das vias "revolucionárias", a construção rawlsiana não se reduz a um puro e simples retorno às teorias clássicas do direito natural.

Estas repousam em pressupostos históricos e metafísicos que Rawls se recusa a adotar.[6]

Só a hipótese — ou mais exatamente a ficção — do contrato lhe interessa, na medida em que ela lhe permite construir uma imagem rigorosa do que deveria ser uma sociedade "justa" (*fair*), uma sociedade "bem ordenada" (*a well-ordered society*). E para isso, convém restituir o seu verdadeiro sentido à "posição original", isto é, à situação de incerteza que precede logicamente o instante da assinatura do pacto: o que Rawls, justamente, é o primeiro a fazer.

O que ocorre então, nessa "posição original"?

A contribuição de Rawls consiste em afirmar que, em tal situação, os futuros contratantes não deveriam saber nada sobre o que seria o seu destino pessoal (suas características físicas ou psicológicas, raça, sexo, religião, seu status socioeconômico, sua visão do mundo etc.) depois do ato da assinatura. Situados, nesse ponto de vista, "sob um véu de ignorância" (*under a veil of ignorance*),[7] e refletindo — sem nenhum *a priori* filosófico ou religioso — sobre todas as hipóteses concebíveis, eles acabariam então, afinal, por atingir uma espécie de "consenso por coincidência" (*overlapping consensus*), isto é, acabariam por aderir, de comum acordo, ao sistema que melhor combinasse as duas exigências seguintes: por um lado, a maior liberdade individual possível (no caso em que nascessem ricos); por outro lado (no caso em que nascessem pobres), a maior igualdade possível de oportunidades.

Duas exigências que desembocam, por sua vez, na formulação de dois princípios que bastam, por si só, para definir o que temos direito de esperar de uma sociedade "justa".

Primeiro princípio (ou "princípio de liberdade"): "Cada pessoa deve ter um direito igual ao sistema total mais extenso de liberdades básicas iguais para todos, compatível com um mesmo sistema para todos."

Segundo princípio (ou "princípio de diferença"): "As desigualdades econômicas e sociais devem ser tais que *a*) operem pelo maior benefício aos mais desfavorecidos, no limite de um justo princípio de poupança, e *b*) sejam ligadas a funções e a posições abertas a todos, de acordo com o princípio da justa (*fair*) igualdade de oportunidades."[8]

O enunciado desses princípios se completa pelo de duas regras.

Uma delas afirma (contra os marxistas) a prioridade (lógica ou "léxica") do primeiro princípio sobre o segundo: "As liberdades básicas só podem ser limitadas em nome da liberdade."

A outra lembra (contra os "utilitaristas") que a preocupação com a justiça, em geral, deve ter precedência, em todas as circunstâncias, sobre a preocupação com "a eficiência e com o bem estar".[9]

Em suma, essa nova concepção da justiça pode ser resumida pela seguinte "fórmula": "Todos os valores sociais — liberdade e possibilidades oferecidas ao indivíduo, renda e riqueza, assim como as bases sociais do respeito a si mesmo — devem ser divididos igualmente, a menos que uma divisão desigual de um ou outro de todos esses valores resulte no benefício de cada um."[10]

A expressão "no benefício de cada um" significa, nesse contexto, que ajudar os "menos favorecidos" a melhor se integrarem no sistema global é, evidentemente, do interesse corretamente compreendido dos "mais favorecidos" — que perderiam tudo o que têm se os "menos favorecidos" decidissem explodir o sistema.

Sem dúvida, Rawls é perfeitamente consciente do fato de que seu "princípio de diferença" e seu "princípio de liberdade" atuam em sentidos inversos. De fato, é claro que a igualdade de oportunidades (que implica, por exemplo, que a educação e os cuidados médicos sejam oferecidos gratuitamente aos mais desfavorecidos) só pode ser financiada por mecanismos de redistribuição das riquezas tais como o imposto progressivo sobre a renda — mecanismos que implicam, para todos os ricos, uma limitação arbitrária de sua liberdade de enriquecer.

Mas Rawls crê na possibilidade de conciliar os dois "princípios", desde que o pacto social dê origem às instituições políticas características do tipo de regime que se chama "democracia", termo ao qual ele acrescenta uma conotação "progressista", que o classifica, no seu país natal, como um *liberal* — ou seja, como um pensador "de esquerda".

Ao fazer isso, ele se expõe a decepcionar os que esperavam dele propostas mais originais.

Será que não haveria outra solução, se desejássemos construir um sistema capaz de conciliar uma "perda" mínima com um "ganho" máximo (em outras palavras, garantir o máximo de liberdade compatível com o mínimo de limitações necessárias para assegurar a maior igualdade possível de oportunidades), a não ser voltar (pois é disso que se trata, fundamentalmente) ao bom e velho programa da "social-democracia" européia: um Estado-providência financiado pelo imposto de renda, serviços públicos eficientes, e a afirmação, generosa mas abstrata, de uma vontade de solidariedade social que não prevê nem objetivo nem calendário precisos?

Rawls antecipa essa objeção desenvolvendo, para defender suas teses, uma profusão de argumentos formais extraídos da "teoria dos jogos", disciplina em moda na universidade americana nos anos 60. Pretende conferir, com isso, um aspecto "científico" aos seus raciocínios, de acordo com os cânones que prevalecem, na época, na instituição acadêmica anglo-saxônica (não nos esqueçamos de que ele ensinava no departamento de filosofia de Harvard, dominado por personalidades "neopositivistas", como W.V. Quine e Nelson Goodman).

Ao mesmo tempo, Rawls não perde ocasião de sublinhar que sua própria teoria, mesmo pretendendo-se cientificamente "válida", logo filosoficamente (ou "metafisicamente") "neutra", inscreve-se deliberadamente em uma tendência política precisa: o "liberalismo" (tendência socialmente "avançada", se nos ativermos ao uso americano do termo).

É assim, por exemplo, que em um artigo de 1985, significativamente intitulado "Justice as fairness: political, not metaphysical",[11] Rawls lembra, com toda a clareza necessária, que mesmo quando parece aderir a Kant, a concepção de justiça que ele defende pretende antes "política" do que "metafísica".

A *Teoria da justiça* aparece pois, retrospectivamente, como um livro dividido entre duas aspirações divergentes, ambas difíceis de satisfazer.

Suas "pretensões" científicas, por um lado — que resistem mal ao exame.

E, por outro lado, os seus "engajamentos" políticos — discutíveis, como tudo o que é político.

Vamos considerar primeiro as "pretensões" científicas.

Abstenho-me aqui de entrar no formalismo (em minha opinião, inútil) dos cálculos da "teoria dos jogos", ou, de modo mais geral, da teoria da "escolha racional" (*rational choice theory*), cara a Rawls.

Evidentemente, não porque sua coerência me pareça inatacável. Mas simplesmente porque os europeus sabem melhor do que os americanos até que ponto a história, como dizia Raymond Aron, pode ser "trágica". Sabem que a maioria dos homens (vide Shakespeare) não são agentes "racionais". E que é perfeitamente irrealista esperar, para que o destino dos "menos favorecidos" melhore, que os "mais favorecidos", compreendendo enfim o seu próprio interesse, se decidam a ajudar os outros.

Depois, os "engajamentos" políticos.

Sem dúvida Rawls é, a seu modo, um autor "engajado". Pertence à geração que lutou para obter o reconhecimento dos "direitos civis" (*civil rights*) dos negros americanos. Expressa o ponto de vista de um movimento que deseja um Estado federal forte, determinado a

7. Os Direitos, o Bem, o Justo

No centro das polêmicas suscitadas pela *Teoria da justiça*, apresentam-se várias questões de natureza diferente.

Uma primeira controvérsia, que vou apenas mencionar, interessa, no essencial, aos especialistas em filosofia: trata-se de uma controvérsia "metodológica", referente aos pressupostos do pensamento de Rawls.

Jürgen Habermas, por exemplo, contesta a afirmação de que este seria "metafisicamente neutro", mas acusando discretamente os dois "princípios" rawlsianos de desenharem uma sociedade um tanto imóvel. Uma sociedade em cujo seio o papel daquilo que ele chama de "autolegislação democrática" (fundada em um "uso público" — polêmico, logo "comunicacional" — da razão) não seria suficientemente enfatizado.

Dito isso, as teses dos dois filósofos são, no fundo, tão próximas que a realidade de suas discordâncias não deve ser superestimada. Conforme disse o próprio Habermas, trata-se apenas de uma "briga de família".[1] Rawls declarou não perceber bem o motivo da querela, cuja importância minimizou.[2]

Em contrapartida, as críticas de Richard Rorty provêm de uma oposição mais resoluta. Desde que rompeu com os "dogmas" da filosofia analítica para voltar ao pragmatismo de William James e John Dewey, Rorty não parou de repetir que a ilusão "fundadora" é a ilusão filosófica por excelência. A construção (ao mesmo tempo pesada e minuciosa) com a qual Rawls defende sua concepção de justiça lhe parece, portanto, ser apenas uma ilustração, entre outras, do erro que consiste em acreditar que a democracia precisaria, para sentir-se "saudável", de uma "justificação" filosófica qualquer. Ao passo que, segundo Rorty, não há melhor argumento em favor da democracia do que a própria democracia.[3]

Esse raciocínio, ultrapassando o âmbito de uma reflexão sobre a justiça, levanta uma questão importante: saber até que ponto nossas convicções democráticas podem admitir um "relativismo" metodológico — isto é, uma ausência radical de "fundação". Se, como receio, devemos admitir que Rorty tenha razão, a passagem de um ponto de vista "transcendental" para um ponto de vista "neopragmatista" não deveria, entretanto, levar-nos a renunciar à convicção segundo a qual a democracia constitui realmente, para todas as sociedades atuais (quaisquer que sejam suas especificidades culturais), o melhor regime concebível.

O fato de que não seja possível dar uma justificação "transcendental" a essa convicção não prova que ela seja falsa nem que resulte de um puro "imperialismo" ocidental. E o fato de que seja difícil fazer com que aqueles que adotam, sobre esse ponto, convicções opostas mudem de opinião, não impede que eles estejam errados — se, pelo menos, pensamos que certas escolhas podem ser ditas "melhores" que outras, e que expressões como "estar certo" ou "estar errado" não são, na prática, vazias de sentido.

Em resumo, o fato de que não haja verdade "metafísica" não impede que certas coisas sejam verdadeiras. E se nem toda verdade é demonstrável, isso não implica, *ipso facto*, que tudo se equivalha, nem que todo esforço de pensamento seja, antecipadamente, inútil.

A JUSTIÇA SEGUNDO OS LIBERTARISTAS...

Uma segunda controvérsia, estreitamente ligada à atualidade política americana (e mais recentemente, européia), refere-se ao que deveria ser o "peso relativo" do Estado no seio de uma sociedade democrática.

A posição tomada por Rawls em favor de um Estado "forte" só podia suscitar reações negativas. Não só aquelas, de antemão desacreditadas, dos partidários da desigualdade. Mas aquelas, muito mais sérias, de todos os adversários de um Estado federal (ou central) excessivamente poderoso.

Adversários que, alguns, se situam "à direita", ou até "à extrema direita" no cenário político americano, mas que, outros (Noam Chomsky), se filiam à tradição "anarquista". E que se convencionou agrupar, nos Estados Unidos, sob um mesmo rótulo: "libertaristas" (*libertarians*).

Com um livro que teve um sucesso imediato, *Anarquia, Estado e utopia* (1974), o filósofo Robert Nozick se tornou o principal porta-voz dessa tendência preocupada em defender (como diria o filósofo Alain) o "cidadão" contra os "poderes". Planejado e redigido no ambiente febrilmente "anarquista" dos *campi* californianos durante os anos que se seguiram a 1968, esse trabalho parte do postulado segundo o qual "os indivíduos têm direitos", direitos "de tal força e de tal alcance" que levantam a questão de saber se é possível existir uma potência superior à sua.[4]

O próprio Nozick não adere à teoria anarquista, no sentido estrito do termo. Ao contrário desta, afirma que um Estado "mínimo" é, em si, preferível ao "estado de natureza", tal como Locke, por exemplo, o descreve. Efetivamente, o estado de natureza expõe os indivíduos a todo tipo de violências (ou de violações dos contratos), que nenhum "sistema de proteção privado" bastaria para evitar. Contra essas violências, só há um remédio. Um remédio desagradável, mas necessário, que consiste em instituir um sistema de proteção "público", oficialmente dotado do monopólio do uso da força: em outras palavras, um Estado.

Esse Estado, todavia, deve continuar sendo um Estado "mínimo" — e seu papel, limitar-se, segundo Nozick, ao de um "vigia noturno" (*a night-watchman State*).[5]

Só um Estado "mínimo", isto é, um Estado "que se limita a funções estritas de proteção contra a força, o roubo, a fraude", assim como a garantir "a aplicação dos contratos", é moralmente "justificável". "Todo Estado um pouco maior infringe os direitos das pessoas livres de se recusarem a fazer certas coisas",[6] "viola o direito individual",[7] sendo portanto moralmente injustificável.

Assim, como Chomsky, Nozick se recusa a admitir que a tolerância possa ter limites, ou que o Estado tenha o direito de proibir o que quer que seja que "incomode" a sociedade — ou que prejudique a saúde, física ou mental, do indivíduo.

Aceita ele o princípio do imposto? Sua resposta é clara: para que o Estado possa exercer (segundo a fórmula de Max Weber) o "monopólio da violência legítima", é obrigado a cobrar um imposto. Logo, o imposto não é imoral em si mesmo — mas com a condição de que sirva apenas para financiar "serviços de proteção".

Podemos adivinhar como, sobre essas bases "libertaristas", é possível desenvolver-se uma crítica de Rawls. Das diversas "faces" dessa crítica, vou considerar as quatro seguintes, expostas na segunda parte de *Anarquia, Estado e utopia.*

Inspirando-se primeiramente em Tocqueville e em Mill (*On Liberty*, 1859), Nozick rejeita, por princípio, o direito do Estado de impor à sociedade uma definição qualquer do "bem", uma concepção "moral" qualquer, e até uma concepção de justiça tão "neutra", filosoficamente falando, quanto a de Rawls. Não cabe ao Estado, mas a cada um de nós, definir o que é o "justo". Além disso, não existe nenhum meio de determinar rigorosamente o que cada membro de uma sociedade "mereceria" receber (a título de "justiça" distributiva) — e isso quer se tome "mérito" em sentido forte (quase religioso), quer, como faz Rawls, em sentido "fraco" (sinônimo de "expectativa legítima").

Por outro lado, a "redistribuição" das rendas e riquezas pregada em *Teoria da justiça* beneficia apenas aparentemente a coletividade no seu conjunto. Ela beneficia mais, na verdade, os "mais bem dotados" do que os "menos bem dotados", pois tem como principal efeito incitar estes últimos a continuar a "cooperar". Em suma, ela prolonga a existência de um sistema que beneficia principalmente aqueles que nele ocupam os melhores lugares — ou seja, os "mais bem dotados".

Depois, se a desigualdade das oportunidades, no início da vida, é realmente um problema social, este não deve ser, entretanto, abordado com um espírito autoritário e centralizador pela simples e boa razão de que "a vida não é uma corrida" na qual "estaríamos todos em competição para obter um prêmio estabelecido previamente por alguém" — em resumo, na medida em que não existe "corrida" unificada, nem árbitro onisciente para julgar se a nossa velocidade real é ou não adequada.[8]

Enfim, passando da teoria à prática, constatamos que os verdadeiros beneficiários das intervenções do Estado na economia, pelo menos nos Estados Unidos, não são os "verdadeiros" pobres, mas a classe média: com efeito, essas intervenções, a despeito de suas alegadas intenções, visam, antes de tudo, defender as pequenas empresas contra os riscos aos quais a concorrência as submeteria.

O que propõe então Nozick, se o *Welfare State* é um erro, se a justiça "distributiva" é uma perigosa ilusão, e se todas as soluções "estatais" para o problema da desigualdade social devem ser proscritas?

Propõe duas coisas: recorrer mais sistematicamente à generosidade voluntária, por um lado. E, por outro lado, apelar para a imaginação, para a invenção de soluções novas, com um espírito decididamente "utópico".

Assim, o leitor de Nozick, mais ainda que o de Rawls, fica insatisfeito. Pois, mesmo que o apelo à utopia seja sempre simpático, não se pode ver como, sem intervenção autoritária em um dado momento por parte de uma instituição central, reduções substanciais das desigualdades socioeconômicas poderiam ser obtidas (e isso quer o sistema seja considerado capitalista, quer seja considerado "socialista").

Sedutora por seus aspectos radicais, a posição "libertarista" apresenta, em suma, o inconveniente de ser puramente negativa: não dá nenhuma resposta aos problemas que aborda.

E mesmo quando reivindica um projeto "subversivo", no sentido "esquerdista" da palavra, acaba se confundindo com a posição "reacionária" dos mais ferrenhos adversários do socialismo, como o economista austríaco Friedrich von Hayek (*Direito, legislação e liberdade*) ou seu colega americano Milton Friedman (teórico de um "neoliberalismo" extremo, cujos principais adeptos se chamam Reagan, Pinochet e Thatcher, e que mais ninguém ousa defender hoje).

... E segundo os Comunitaristas

Outros críticos de Rawls atacaram não o seu elogio ao Estado-providência, porém, mais profundamente, a sua concepção do ser humano como "indivíduo" abstrato e isolado, provido de "direitos" intemporais.

É o caso de Alasdair MacIntyre, Charles Taylor e Michael Sandel. Tornou-se banal, a partir dos anos 80, reunir esses três filósofos sob o mesmo rótulo de "comunitaristas" (*communitarians*).

O que dizem eles?

Primeiramente, constatam o fato de que a doutrina "liberal" (como denominam a teoria rawlsiana) constitui um progresso em relação às especulações "utilitaristas" há pouco dominantes, que ela torna definitivamente obsoletas.

Mas acrescentam imediatamente que esse "liberalismo", tornando-se a nossa nova "ortodoxia", não dá uma resposta definitiva às nossas perguntas.

Na verdade, ele é prejudicado por três fraquezas congênitas, às quais, é claro, sua variante "libertarista" também não escapa.

Primeiro, esse liberalismo se baseia na idéia (herdada de Locke e dos teóricos do direito natural) segundo a qual os seres humanos não são nada mais do que "mônadas" ou "átomos" — em suma, "indivíduos" racionais, virtualmente idênticos ou intercambiáveis, e que são definidos unicamente pelo fato de possuírem, *a priori*, certos "direitos".

Depois, ele confia ao Estado, fundado no contrato social, apenas uma missão limitada: "aproximar" esses indivíduos uns dos outros, fornecendo-lhes uma "moldura" geral (*framework*) propícia ao livre exercício de seus "direitos". E, em particular, do seu direito de escolher, com toda a independência, o gênero de vida que melhor lhes convenha.

Enfim, não concebe que a política possa ter outro fim senão assegurar o funcionamento mais "rentável" possível do sistema que acabamos de descrever — ou seja, uma boa "gestão" das relações dos indivíduos entre si e com o Estado.

Os "comunitaristas" contestam, em bloco, essas três teses.

Mais do que um "indivíduo" abstrato, o ser humano é, segundo eles, uma "pessoa" que, por nascimento, pertence a diferentes "comunidades" (familiares, lingüísticas, culturais etc.), e cuja história concreta se enraíza na história dessas "comunidades". Também não vêem o Estado como uma simples "máquina" jurídica, cuja função seria proteger "direitos" que lhe seriam preexistentes, mas como uma das instituições (há outras, em particular "associativas", no nível "local" como no nível "nacional") capazes de "alimentar" o tecido social. Enfim, estimam que a política, em geral, deveria servir para fazer triunfar, em determinado contexto, uma concepção do "bem" compartilhada pelo conjunto dos atores sociais.

Assim, um ponto comum os une: ao contrário dos "liberais" e outros "libertaristas", os "comunitaristas" afirmam a prioridade do "bem" (*good*) sobre os "direitos" (*rights*).

Em *Depois da virtude: estudo de teoria moral* (1981), Alasdair MacIntyre situa deliberadamente a sua própria reflexão sob o signo de um retorno, mais além de Kant, a Aristóteles. Tornando-se "individualistas" no Século das Luzes, os ocidentais teriam perdido, pensa ele, a partir de então, todo senso de "valores" morais, toda idéia sobre o que é a "virtude". Seus julgamentos, inspirados apenas por suas "emoções", teriam se tornado "existenciais" — quando não cairiam, pura e simplesmente, no "ceticismo". Para recuperar o sentido global do "bem", seria preciso pois voltar à ética grega, e particularmente à de Aristóteles, relida em uma perspectiva cristã: isto é, voltar à idéia segundo a qual a vida humana só poderia se tornar uma vida "boa" se fosse assumida plenamente, no âmbito da *polis*, como vida "comunitária".

Passando da moral para a política, e constatando que o cotidiano de uma democracia "liberal" (à americana) se assemelha cada vez mais a uma "guerra civil promovida por outros meios" (meios judiciários, servindo para defender os "direitos" de cada um), MacIntyre denuncia a incapacidade do "liberalismo" para organizar uma autêntica "comunidade" política, cimentada pela sua aspiração a um "bem" coletivo.[9] Com efeito, a justiça não é mais para nós uma "virtude". Ela consiste apenas, doravante, no respeito mecânico, pelo Estado e pelos indivíduos, de certas regras formais. É uma justiça desprovida de carne, pela qual é impossível entusiasmar-se — como observa, com pesar, MacIntyre no capítulo 17 de seu livro, inteiramente consagrado à crítica simultânea de Rawls e de Nozick.

Também ele cristão e igualmente preocupado com o "declínio" dos valores morais, o canadense Charles Taylor explora um outro modo de escapar a Kant (ou ao suposto kantismo de Rawls), voltando a Hegel. Entretanto, sua visão é menos conservadora do que a de MacIntyre, que ele acusa por não levar suficientemente a sério o projeto das Luzes. Defensor de uma modernidade cuja história ele reconstituiu longamente em um livro maior, *As fontes do eu* (1989), Taylor insiste principalmente na necessidade de não separar o homem como agente "moral" do homem como animal "social". Na verdade, o ser humano é incapaz de perseguir a felicidade ou o "bem" fora de uma "comunidade" determinada de linguagem, cultura e valores. É essa preocupação que leva Taylor a procurar, em uma reatualização do pensamento político hegeliano, uma solução original para os pro-
mas do nosso tempo (*Hegel*, 1975; *Hegel e a sociedade moderna*, 19

Nos *Princípios de filosofia do direito* (1820), Hegel, para justificar sua crítica do "individualismo liberal", se baseia na necessidade de distinguir dois conceitos falsamente próximos, os de *Sittlichkeit* e o de *Moralität*. A *Sittlichkeit* (ou "moralidade objetiva") remete às normas compartilhadas por uma "comunidade".[10] Ela funda a obrigação na qual eu me encontro, enquanto membro dessa "comunidade", de realizar as potencialidades morais que já estão presentes ali, implícitas na maneira de viver dessa comunidade. A *Moralität* (ou "moralidade subjetiva", única figura da "moralidade" que Kant conhece) remete, ao contrário, a princípios abstratos, não realizados como tais na minha "comunidade", aos quais só posso filiar-me opondo-me a essa comunidade.

A partir daí, Hegel, como explica Taylor, mostra como o "individualismo liberal" deve ser dialeticamente "superado" (*aufgehoben*) — pois só a *Sittlichkeit*, e não a *Moralität*, é capaz de satisfazer nossas aspirações mais altas. A liberdade humana, especialmente, só pode se realizar no âmbito da *Sittlichkeit*, isto é, no âmbito de uma "comunidade" ética e política que expresse plenamente a "identidade" de seus membros. Uma "comunidade" da qual o "Estado" moderno, proveniente da "superação" (*Aufhebung*) da "família" e da "sociedade civil burguesa", representa, segundo Hegel, a forma mais consumada — aquela com a qual pode advir, enfim, o "fim da história".

A alguma distância dessa vasta reinterpretação filosófica, Michael Sandel se dedicou a identificar de maneira mais precisa, em *O liberalismo e os limites da justiça* (1982), as fraquezas da definição "liberal" do "eu" como "eu sem qualidades" (é assim que traduzo *unencumbered self*) — assim como as fraquezas correlativas de uma concepção de Estado desprovida de verdadeiro projeto ético.

Se o indivíduo fosse apenas um ser possuidor de "direitos", e não um agente moral e social, ele seria incapaz de expressar-se por seu "caráter" próprio, de descobrir-se através da experiência do "conhecimento de si", e, finalmente, de sentir "amizade" por seus semelhantes. Em suma, não teria grande coisa a ver com aquilo que conhecemos como seres humanos reais.

Quanto à justiça distributiva, se, como afirma Rawls, ela pode ser definida de maneira metafisicamente "neutra", sem referência a uma idéia qualquer de "bem", se pode ser reduzida a uma série finita de procedimentos ou de cálculos, então ela deixa, com isso, de constituir o único objetivo válido para uma "comunidade" política. Não só porque nunca seria realizada nos fatos, mas principalmente porque tal objetivo é, por si mesmo, limitado demais para oferecer à nossa vida "comunitária" um objetivo exaltante.

Observamos que nem Sandel nem Taylor criticam Rawls de um ponto de vista conservador. E também nenhum ataca o Estado-providência. Sua questão seria antes: uma "providência"? Sim. Mas para quê, se não somos capazes de dar à nossa existência social outra finalidade que não a "defesa", escrupulosa e crispada, de nossos pretensos "direitos"?

Ao contrário dos "libertaristas", portanto, os "comunitaristas", principalmente quando se dizem "de esquerda" como Sandel e Taylor, não se limitam a denunciar essa "abstração" que seria, segundo eles, a justiça "distributiva". Assumem o risco de propor uma solução de substituição, cujas grandes linhas consistiriam, para eles, em voltar à concepção "cívica" ou "republicana" (para não dizer "romana", ou mesmo "aristotélica") do "bem" público.

Se esse gênero de concepção foi outrora adotado por Rousseau, pelos "pais fundadores" da nação americana e pelos revolucionários de 1789, ele está, hoje, um tanto esquecido. Essa concepção participa de um "moralismo" bem intencionado mas politicamente pouco eficaz. Apresenta, além disso, o inconveniente de atribuir a essa "comunidade" por excelência que é a nação uma importância que, ao contrário (por razões às quais voltarei nos dois capítulos seguintes) alguém poderia tentar retirar-lhe.

Igualdade: Simples ou Complexa?

À margem desses debates, outra discussão opõe há vários anos dois americanos que se dizem ambos discípulos de Rawls.[11]

Ronald Dworkin e Michael Walzer não são estranhos um ao outro. Pertencem à mesma geração, uma geração que militou pelos direitos civis dos negros e contra a guerra do Vietnã. Ambos se filiam, como Rawls, a uma democracia à americana, que desejariam simplesmente mais preocupada com o progresso social. E se inscrevem — não sem algumas reservas (mais acentuadas em Walzer do que em Dworkin) no campo conceitual aberto pela *Teoria da justiça*.

Entretanto, tudo os separa. Não só porque Dworkin é antes de tudo um jurista preocupado em reconstruir sobre alicerces sólidos a filosofia do direito, enquanto Walzer é mais historiador e antropólogo. Mas principalmente porque adotam, apesar de sua comum referência a Rawls, concepções muito diferentes sobre o que deveria ser a "justiça".

Publicado em 1977, o grande livro de Dworkin, *Levar os direitos a sério*, reúne artigos escritos ao longo dos dez anos anteriores. Eles atacam um duplo adversário: o "utilitarismo", por um lado, e, por outro lado, o "positivismo" jurídico.[12] Contra essas duas correntes, que ainda dominam a maneira como o direito é ensinado nas universidades anglo-americanas, Dworkin começa lembrando que o direito não se reduz ao conjunto das regras jurídicas inscritas nos códigos existentes. Confrontado com um litígio dado, ao qual o código não dá nenhuma solução clara, o juiz é freqüentemente obrigado a interpretar a lei. Nesse caso, a única base sobre a qual ele pode se apoiar é a moral. Claro que não se trata de "sua" moral pessoal, forçosamente dependente de suas convicções filosóficas ou religiosas (e de seus interesses de classe). Mas da moral que se conclui dos princípios fundamentais da constituição de seu país, dos quais ele é, de certa forma, a garantia.

Ora, as constituições da maioria dos Estados democráticos (a começar pela dos Estados Unidos) derivam de um princípio básico segundo o qual o indivíduo deve ser protegido contra toda violência arbitrária — quer emane de outros indivíduos, quer do próprio Estado. Em resumo, um princípio segundo o qual o indivíduo tem, como dizem Rawls e Nozick, "direitos" morais que devem prevalecer contra o Estado. Direitos (*rights*) anteriores a todos os códigos escritos, e que estes não poderiam abolir.

Logo, o direito (*law*) não é separável da moral, assim como não o é da economia ou da sociologia. E se o Estado democrático quer ser, como afirma, um "Estado de direito" (ou garantir "*the rule of law*"), ele tem de "levar o direito a sério". Em outras palavras, levar a sério o direito que o indivíduo possui de rebelar-se contra esta ou aquela lei existente, quando ela lhe parece injusta, mesmo que a lei em questão tenha sido objeto de uma decisão democrática refletindo a opinião da maioria dos cidadãos.

Essa última tese, que já encontraríamos nas conferências de Herbert Lionel Adolphus Hart, reunidas em 1963 sob o título *Law, Liberty and Morality*, e que poderiam derivar de Grotius (ver acima, capítulo 5), certamente não é nova. Mas é, ao mesmo tempo, politicamente audaciosa e filosoficamente discutível.

É uma tese audaciosa, pois equivale a restituir (contra Hobbes, contra Kant e contra o "positivismo" de um jurista kantiano como Hans Kelsen) um sentido forte ao direito de "desobediência", direito invocado, com todas as letras, na Declaração de Independência americana, e depois reivindicado por Henry David Thoreau, por Gandhi e, nos anos 60, pelos movimentos americanos de luta contra a guerra do Vietnã e a segregação racial.

Além disso, é uma tese discutível, pois reanima o espectro dos famosos direitos "naturais" do homem — noção de origem estóica, cara aos teóricos do contrato social, mas que Bentham já qualificava de "pomposo absurdo", que os "positivistas" demolem e que o próprio Rawls não ousa reivindicar abertamente.

Temível argumentador, Dworkin previu essas duas objeções.

Aos que o criticam de um ponto de vista político, ele enfatiza que a "superioridade" da Constituição americana está justamente no fato de que ela admite, em certos casos, que o cidadão possa ter razão contra uma decisão do Estado — uma decisão democrática, mas injusta. E que, em semelhante caso, a Constituição exige que o direito do cidadão seja respeitado, mesmo que isso só se possa fazer em detrimento do interesse geral — ou daquilo que é considerado como tal, em um momento dado, pela maioria dominante.

Por outro lado, àqueles que duvidam da solidez de sua construção filosófica, Dworkin responde que não tem nenhuma necessidade de recorrer à ficção metafísica dos direitos "naturais", pois a realidade dos direitos morais do cidadão está literalmente inscrita nos princípios fundadores da Constituição americana (1787) e do *Bill of rights* (1791). Basta portanto, mais uma vez, levar esses princípios "a sério" para tirar as conseqüências que ele tira.

Não é só isso. Preocupado em escapar a uma terceira acusação, de formalismo, Dworkin relê a Constituição para tentar encontrar, concretamente, os grandes "valores" morais em nome dos quais, segundo seus redatores, o indivíduo teria o direito imprescritível de rebelar-se. E é então que ocorre (sob a influência de Rawls) sua descoberta mais importante. Ao contrário, declara ele, do que acreditam os defensores tradicionais do "liberalismo", o valor fundador deste não é a liberdade, mas a igualdade. Ou, mais precisamente, a igualdade "de respeito e de atenção" (*equality of respect and concern*), da qual todo cidadão tem o direito de gozar, por parte do Estado.

Efetivamente, não existe direito à liberdade "em geral". Falar de um tal direito teria, segundo Dworkin, tão pouco sentido quanto falar de um "direito ao sorvete de baunilha".[13] Sem dúvida, os homens têm características, gostos, preferências diferentes. São naturalmente levados a escolher, cada um, o tipo de vida que melhor lhes convém. Tudo isso é normal — mas não cria um direito.

Em contrapartida, existe um direito fundamental para cada cidadão americano — direito garantido pela 14ª emenda à Constituição — de gozar de uma "igual proteção" por parte da lei, ou daquilo que Dworkin chama, para ser preciso, de uma igualdade "de respeito e de atenção". Cada cidadão tem o direito de não ser tratado pior do que os outros — principalmente se é, por nascimento ou por condição, mais "fraco" ou menos "favorecido" que os outros. E é com base nesse direito, e apenas nele, que o cidadão pode exigir do Estado que a sua liberdade seja protegida.

Podemos ver as conseqüências de uma tal "revolução copernicana".

Se a liberdade vem em segundo lugar em relação à igualdade, se é apenas uma conseqüência da igualdade, ao invés de ser independente desta, não se poderia mais objetar (como fazem os "libertaristas" quando querem atacar Rawls) que existe conflito entre as duas.

Dizer que a vontade de reduzir (por meio do imposto) as desigualdades socioeconômicas no seio de um Estado democrático viria ferir um direito superior do cidadão (no caso, o direito de enriquecer livremente) é dizer um absurdo.

Sublinhando esse ponto, Dworkin sabe perfeitamente que se expõe a ser "cooptado" pelos partidários do Estado-providência.

Situação paradoxal para um pensador cuja ambição primeira é defender o cidadão contra os poderes!

Mas, acima de tudo, Dworkin deseja reintroduzir na filosofia do direito um mínimo de coerência lógica. O rigor teórico é, para ele, mais importante do que as opiniões políticas. É o que faz a força de seu raciocínio.

À primeira vista, o raciocínio de Walzer parece mais sinuoso. Também se liga, a seu modo, a uma preocupação polêmica bastante viva. Simplesmente, esta não visa unicamente o "positivismo" e o "utilitarismo". Visa também o que Walzer chama de igualitarismo "simples" — uma doutrina implícita, segundo ele, em Rawls, e explícita em Dworkin.

No seu livro, até agora o mais controvertido, *Esferas de justiça* (1983), Walzer parte de uma constatação empírica: uma certa dose de "pluralismo" social e cultural é indispensável a toda comunidade humana. Cada cidadão aspira a possuir vários tipos de "bens", e nem todos os cidadãos almejam necessariamente, nem no mesmo grau, os mesmos "bens". Uma sociedade dada se divide portanto em várias "esferas". Seja, por exemplo, o "mercado" econômico, o mundo da administração, o universo do lazer, os da educação, da saúde, da vida familiar, da vida religiosa e das honras públicas. Em cada uma dessas "esferas", um tipo de "bem" determinado (o dinheiro, o poder, o tempo livre, o conhecimento, a longevidade, o amor, a graça divina ou as recompensas oficiais) é bucado por si mesmo. E, em cada "esfera", esse "bem" é em geral monopolizado por um pequeno grupo. As desigualdades não têm outra fonte.

A partir dessa análise (que Walzer, habilmente, faz derivar ao mesmo tempo de Pascal e do jovem Marx), dois remédios são possíveis. Ou, como recomenda Marx, tenta-se destruir os monopólios (com o risco de vê-los, inevitavelmente, reconstruirem-se em outro lugar). Ou, então, toma-se o partido deles, mas aí há um perigo ainda mais grave: o perigo que resulta do fato de que uma dessas "esferas" (a do "mercado", nos sistemas capitalistas) tende a tornar-se "predominante" em relação às outras.

Walzer adota essa segunda via. O objetivo não é mais, nesse caso, transformar a sociedade através da revolução, mas, antes, o que é missão do Estado, instalar salvaguardas destinadas a impedir que o pequeno grupo daqueles que, no interior de cada "esfera", monopolizam um "bem" determinado, se sirva de sua posição para apoderar-se, pela violência, dos "bens" buscados nas outras esferas.

Em suma, trata-se de fazer com que os "donos" do "mercado" — ou os detentores da graça divina, ou os controladores do saber — não se tornem os donos da administração. Com a condição de que as "esferas" coexistam sem coincidir, de que não haja "transgressões" de fronteiras e de que o indivíduo seja livre para pertencer a tantas "esferas" quantas quiser, as desigualdades mais graves poderiam assim ser reduzidas.

Walzer qualifica de "justo" tal sistema. Isso significa que sua concepção de indivíduo (de tendência "comunitarista") deseja ser menos desencarnada, menos "abstrata" que a de Rawls; e sua teoria da justiça mais preocupada com o conteúdo concreto (necessariamente histórico) que os membros de uma determinada "comunidade" atribuem às suas aspirações. É uma questão de nuance, poderíamos dizer.

Em contrapartida, a oposição em relação a Dworkin é nitidamente visível.

Enquanto este faz da igualdade entre os cidadãos o valor fundador de toda democracia, Walzer se opõe a esse igualitarismo "simples" em nome do fato de que os homens não têm nenhuma vontade de ser simplesmente "idênticos" uns aos outros. O que, na realidade, nunca são, pois se dedicam todos a múltiplas atividades, no âmbito das mais diversas "esferas". À visão "legalista" da igualdade, segundo ele excessivamente matemática, Walzer opõe o que ele chama de um igualitarismo "complexo", no qual aqueles que perderiam aqui ganhariam ali — ninguém sendo sempre um ganhador ou um perdedor absoluto.

Isso, é claro, desde que o Estado cumpra seu papel, fazendo respeitar a distinção das "esferas". Ou seja, no nosso sistema, limitando as tendências expansionistas do "mercado" através de medidas apropriadas — do tipo daquelas que preconizam, segundo o próprio Walzer, os "social-democratas".

Dworkin não podia deixar de responder a Walzer. Publicou, na *New York Review of Books* do dia 14 de abril de 1983 a resenha mais agressiva que *Esferas de justiça* suscitou.[14]

Em alguns parágrafos de uma cortesia gelada, Dworkin detecta o que é, segundo ele, o principal defeito da concepção walzeriana da justiça: o seu relativismo antropológico. Qualquer sistema social que respeitasse o axioma da separação das "esferas" seria justo, segundo Walzer. Assim, o sistema hinduísta de castas, fundado sobre uma desigualdade maior, deveria ser considerado justo!

Além disso, o axioma em questão acarreta uma espécie de lógica do "tudo ou nada". Se a "esfera" dos cuidados médicos, por exemplo, deve ser regida por um princípio único de distribuição que não possa, em caso algum, combinar-se com um princípio concorrente, nossa sociedade se verá obrigada a escolher entre uma saúde totalmente assumida pelo setor público (hipótese irrealista) ou totalmente privatizada (hipótese que geraria necessariamente uma desigualdade em detrimento dos pobres). Não é, diz Dworkin, com base em tal alternativa que uma sociedade poderá progredir para um sistema mais justo de repartição dos cuidados médicos.

Mas é, principalmente, no que diz respeito ao problema da "ação afirmativa" (*affirmative action*) em favor das "minorias" desfavorecidas (negros, hispânicos etc.) que o confronto entre os dois "discípulos" de Rawls atinge seu ponto mais agudo.

Ao mesmo tempo em que se mostra partidário da concepção mais ampla possível de cidadania (e da mais extensa hospitalidade para os "estrangeiros"), Walzer denuncia a política que consiste em reservar, nas universidades e nas empresas, um certo número de lugares para os representantes das "minorias". Vê nessa prática um caso típico de "tirania" (ou seja, de interferência entre várias "esferas"), pois isso equivale a não dar os melhores lugares àqueles que os mereceriam por seus talentos, em "esferas" — as do saber e do trabalho — em que o critério do "talento" deveria ser o único a ser considerado.

Ao contrário, Dworkin pensa que a política de "ação afirmativa" não viola em nada os princípios da Constituição americana, que essa política está absolutamente de acordo com o espírito igualitário do liberalismo, e que ela até poderia contribuir (se lhe dessem o tempo e os meios de produzir bons resultados, principalmente no ensino superior) para diminuir algumas das desigualdades mais gritantes do sistema americano.

Sobre esses diferentes pontos, Walzer se defende com energia.

Em um "direito de resposta" publicado pela *New York Review of Books* de 21 de julho de 1983, ele rejeita a acusação de "relativismo" que lhe é feita por Dworkin. Sem dúvida, reconhece Walzer, a teoria que *Esferas de justiça* desenvolve supõe que a noção de justiça não possa ser definida independentemente do significado social e histórico que os membros de uma comunidade dada conferem aos "bens" cuja repartição mais eqüitativa eles exigem. Mas, de qualquer forma, no seio de uma sociedade democrática moderna como a sociedade americana, é possível chegar a um consenso sobre aquilo que a maioria dos cidadãos consideram como "justo".

Dizer, como faz Walzer, que aquilo que é "justo" para os americanos hoje não o teria sido, forçosamente, para os antigos babilônios, não é portanto uma declaração perigosamente relativista, mas um simples julgamento de bom senso. Um julgamento que equivale a substituir (segundo os termos utilizados a partir de então por Walzer) por um "universalismo reiterativo" (adaptável a cada sociedade) um universalismo supostamente transcendental. E que não implica, de modo algum, que o "justo", aqui e agora, não seja definível por critérios precisos.[15]

Dando seqüência a essa resposta, uma última réplica por parte de Dworkin revela que o debate está longe de terminar. Walzer, ao que parece, não conseguiu convencer Dworkin. Este continua considerando que a noção de justiça tem mais a ver com a moral do que com a antropologia. E que a única definição interessante que se possa propor é uma definição "no absoluto".

Não vamos insistir: o ponto de vista do filósofo do direito, aqui, é irreconciliável com o do historiador.

Isso não significa que eles sejam equivalentes.

As tendências mais recentes da filosofia americana (o neopragmatismo de Richard Rorty e Hilary Putnam) nos levariam, antes, na fase atual, a dar razão a Walzer contra Dworkin.

O argumento de Rorty, segundo o qual nenhum fundamento "transcendental" satisfatório pode ser encontrado, nem para o conceito de "verdade", nem para o de "justiça", é bem conhecido. Aliás, esse argumento não acarreta, segundo o próprio Rorty, a ruína dessas noções — mas, antes a sua "reclassificação" em uma "escala" menos ambiciosa. Em suma, a renúncia à dicotomia metafísica entre "fatos" e "valores".

Outro argumento, todavia, poderia ser oposto a Dworkin, a partir das premissas apresentadas por ele. Efetivamente, considerando-se a questão mais atentamente, Dworkin, ao contrário do que afirma, não consegue — como Walzer também não — dar uma definição "absoluta" de "justiça". Aquela que ele propõe, longe de ser isenta de toda consideração histórica, é, como a problemática de Rawls, estreitamente dependente do espírito das constituições democráticas modernas. Ou seja, de uma concepção historicamente datada daquilo que deveria ser a democracia.

Sem dúvida, a teoria dworkiniana do direito permite — na medida em que restitui toda a potência subversiva à antiga noção de "desobediência civil" — que essa concepção evolua, especialmente no sentido de uma maior igualdade, ao mesmo tempo jurídica, econômica e social.

Parece inútil, todavia, querer transformar a democracia sem partir do que ela é, aqui e agora, e da idéia que os homens, aqui e agora, fazem da justiça (inclusive quando essa idéia implica um questionamento, mais ou menos radical, do capitalismo).

Desse ponto de vista, o pragmatismo de Walzer, embora menos satisfatório para o espírito do que o universalismo de Dworkin, representa uma base mais sólida para a nova filosofia política que, na América e no mundo, está sendo construída.

O que não quer dizer, evidentemente, que todas as conseqüências políticas que Walzer deduz (pensamos, em particular, em sua crítica demasiado impetuosa da "ação afirmativa") sejam necessariamente boas; mas isso é outra história.

8. A Invenção do Nacionalismo

Até aqui, interessei-me pelas idéias que a noção de governo "democrático" envolve, deixando de lado, como se fosse óbvia, a questão de saber sobre que tipo de "unidade política" um governo desse gênero deve exercer.

Ora, essa questão não é óbvia. E não se apresenta apenas para o Estado democrático, mas também para aquele que não o é.

Vamos considerar um determinado Estado. Primeiro, em nome de que princípio(s) podem-se determinar *as fronteiras do espaço* que ele controla e *a composição da população* que ele administra? Depois, como medir o *grau de poder* de que ele deve gozar sobre esse território e sobre essa população?

Essas duas perguntas estão ligadas. Duas perguntas às quais a reflexão política européia deu, no século XVI, uma resposta que durante muito tempo foi tida como definitiva.

Efetivamente, foi naquele momento que surgiu no discurso dos juristas e dos filósofos o dogma da "soberania nacional". Em outros termos, a tese segundo a qual não existe, sobre a Terra, nenhuma potência superior à do Estado, com a convicção de que o próprio Estado só poderia ser a expressão política de uma "nação" unificada.

Tese e convicção discutíveis: para perceber isso, basta voltar ao duplo processo que permitiu o seu surgimento.

Nascimento da Soberania Nacional

Durante a Idade Média, longe de ser considerada "evidente", a idéia segundo a qual não poderia existir, neste mundo, um poder mais elevado do que o do Estado encontrou-se no centro de um confronto brutal, de uma luta impiedosa entre o Império e o papado, que começou com a instalação de Gregório VII no trono de São Pedro (1073), e que prosseguiu até o século XV.

Nessa luta "dos dois gládios", o Estado levou 500 anos para derrotar as pretensões temporais da Igreja católica.

Sem relatar todas as peripécias dessa longa história, vamos lembrar apenas que foi preciso esperar o aparecimento do *Príncipe* de Maquiavel (1513) para que o vínculo de dependência entre o poder civil e a autoridade religiosa fosse rompido de maneira radical. E Maquiavel nem usa o termo "soberania", tampouco "Estado" (prefere dizer "principado"). Quanto ao seu livro, de má reputação, teve que aguardar vários séculos até chegar ao que se poderia chamar de "grande público".

Assim, a primeira teoria da "soberania" do Estado, no sentido moderno do termo, a obter repercussão não está em Maquiavel, mas em *Os seis livros da República*, obra monumental do jurista Jean Bodin, publicado em 1576.

A "república" — isto é, a "coisa pública", a "comunidade política", o Estado — não é outra coisa senão um "reto governo de várias famílias, e daquilo que lhes é comum, com poder soberano", segundo a famosa fórmula enunciada por Bodin já no primeiro capítulo do livro I.

"Reto governo" permite, aqui, não confundir o Estado "bem ordenado" com qualquer "tropa de ladrões e piratas". A alusão às "famílias" é, na verdade, uma referência às *Políticas* de Aristóteles: ela lembra que a cidade procede da reunião de várias famílias. Mas é, evidentemente, na expressão "poder soberano" que reside a novidade introduzida por Bodin.

O que é um "poder soberano"? Resposta no capítulo 8 do livro I: "A soberania é o poder absoluto e perpétuo de uma república." Trata-se, em uma palavra, de um poder que não admite nenhuma limitação, nem em suas prerrogativas, nem na duração.

Dessa definição é fácil inferir que Bodin não teria sido partidário da teoria do contrato social (ainda mais porque, no capítulo 6, ele se declara convencido de que as "repúblicas" reais só puderam ter sua origem primeira na "força" e na "violência"). Bodin também não teria aprovado nenhum discurso visando enfraquecer ou limitar os poderes do Estado "centralizador" (nesse aspecto, ele foi o primeiro adepto do que se chamaria mais tarde de "jacobinismo" francês, ancestral do "nacional-republicanismo", que hoje só é defendido, na própria França, pelos senhores Chevènement e Pasqua).

Isso significa que o "príncipe" — simples "encarnação" da soberania estatal — esteja acima de toda regra moral?

Não, responde Bodin, que, apesar de tudo, se dá conta de que é jurista. "O príncipe soberano é comprometido pelos contratos por ele feitos, seja com seus súditos, seja com o estrangeiro: pois, já que ele representa para os súditos a garantia das convenções e obrigações mútuas que têm uns com os outros, com mais razão ainda ele é devedor de justiça por sua condição."[1]

Era possível ir mais longe, isto é, livrar o príncipe de toda obrigação. Foi o que fez, menos de um século depois, Thomas Hobbes.

Hobbes, que leu Bodin, declara, nos seus *Elements of Law* (1640) aprovar a teoria da soberania proposta por este.[2] Entretanto, ele a intepreta em um sentido muito mais radical do que fazia o seu autor.

Na verdade, toda a obra política de Hobbes parece só ter sido escrita para justificar a obrigação de obedecer. Convém submeter-se à lei, seja o que for que ela diga, e ao príncipe, seja ele quem for. A partir do momento em que existe uma "república", a menor revolta contra a autoridade não é nada menos do que uma violação das "leis naturais". A condenação das rebeliões não decorre, em Hobbes, das circunstâncias, mas dos próprios princípios de sua filosofia. Como vimos, suas teses se resumem à doutrina segundo a qual o contrato social obriga os súditos, não o "soberano". Este permanece, diante deles, no estado de natureza. Goza sobre eles de um poder absoluto, quem nem mesmo as regras mais elementares do direito ou da moral poderiam limitar.

Carl Schmitt, trezentos anos depois, diz a mesma coisa. Afirmando que, na época em que a monarquia triunfava na Europa, havia ocorrido uma transferência maciça de conceitos teológicos para o campo do direito, Schmitt define, em um texto célebre de 1922 intitulado precisamente *Teologia política*, a noção de "situação excepcional" como um equivalente jurídico da noção de "milagre", e acrescenta a seguinte tese: "É soberano aquele que decide sobre a situação excepcional."[3] Freqüentemente reimpresso durante os primeiros anos do III Reich, esse texto, em resumo, equivale a propor para o Estado, fonte de todo direito e de toda lei, o lugar de Deus. Idéia que pode parecer desagradável ou ridícula — mas que decorre do modelo elaborado pelo *Leviatã*.

É portanto entre 1550 e 1650 que se afirma definitivamente, na consciência européia, a idéia da "soberania" do Estado — ou seja, de sua onipotência.

E é durante o mesmo período que outra idéia, ainda mais problemática, se impõe na Europa: a idéia segundo a qual cada um dos Estados soberanos dos quais se compõe o mundo deve ser a expressão política de uma "nação" unificada.

O que significa essa segunda idéia?

Vamos admitir, de acordo com o uso, que uma "nação" seja uma comunidade de seres humanos, herdeiros de uma cultura e de uma história compartilhadas, cuja vontade coletiva seja viverem juntos, sob as mesmas leis e nas mesmas fronteiras; e que o "Estado" seja o órgão ou o instrumento dessa vontade coletiva, encarregado de aplicar essas leis, respeitar essas fronteiras.

Se a realidade nunca fosse mais complicada que tal esquema, "Estado" e "nação" seriam apenas dois termos diferentes designando a mesma coisa, sob dois aspectos complementares. O Estado seria a "cabeça" da nação; a nação, o "corpo" do Estado. E não se poderia imaginar a cabeça sem corpo nem o corpo sem cabeça.

Infelizmente, não se trata mais aqui, como no caso da teoria da soberania propriamente dita, de uma simples teoria "jurídica".

Trata-se de uma "pretensão" político-histórica, e, mais ainda, de uma pretensão exorbitante, repousando sobre um "pedestal" frágil, o conceito — eminentemente problemático — de "nação". Um conceito cujas ressonâncias afetivas ou sentimentais tendem, em geral, a dissolver seu conteúdo racional (supondo-se que ele exista).

Vamos ser claros: nosso problema não é mais, no momento em que termina um século que levou tantos milhões de pessoas a se trucidarem em nome dos valores "nacionais", perguntar se o triunfo da forma "Estado-nação" correspondeu ao resultado de um processo "lógico", ou mesmo ao desenvolvimento "natural" de uma certa forma de "civilização" (ao passo que se trata apenas de um produto acidental — e infeliz — da história européia).

Nosso problema consiste, mais modestamente, em tentar compreender a gênese do processo pelo qual essa "forma" se impôs — ou seja, a gênese da "questão nacional", a fim de identificar, ao mesmo tempo, as vias que permitiriam, hoje, superá-la ou contorná-la. Em suma, subvertê-la, na prática como na teoria.

Infelizmente, a história da "questão nacional" não é das mais fáceis de escrever. E isso, entre outros motivos, porque ela é quase tão velha quanto a do próprio Estado — embora só raramente tenha suscitado verdadeiras reflexões filosóficas.

ESTADO, NAÇÃO: RETORNO A UM PASSADO COMUM

Não temos documentos arqueológicos e antropológicos precisos sobre os períodos distantes. Nem temos equivalente, nas grandes línguas antigas, para a palavra "nação". Na verdade, esse último termo só aparece nas línguas européias nos séculos XII e XIII, quando já existem Estados constituídos, capazes de afirmar suas pretensões sobre "nações" determinadas. Constatação que justifica, talvez, a intuição segundo a qual não houve nação antes do Estado — como se esta fosse somente, no fundo, uma "invenção" daquele.

De qualquer forma, foi uma intuição desse gênero que levou o antropólogo Arnold Van Gennep a adotar, no seu *Tratado comparativo das nacionalidades* (1922), uma terminologia um tanto inabitual.

Van Gennep propõe utilizar "nacionalidade", em lugar de "nação", para os períodos correspondentes à pré-história do Estado moderno; e reserva-se o uso de "nação" como sinônimo, a partir do Renascimento, de "Estado-nação".

Uma "nacionalidade", para Van Gennep, é um grupo de homens que compartilham certos traços culturais comuns. Entre esses traços (que são anteriores ao Estado e não têm nenhuma necessidade dele para existir), podemos citar a língua, a religião, uma forma particular de organização social, a memória de um passado coletivo ou o sentimento de habitar há muito tempo em um mesmo espaço geográfico.

Alguns desses traços são mais significativos do que outros. A posse de uma língua comum, fator poderoso de coesão social, é um dos fundamentos mais fortes da nacionalidade. O apego a uma determinada região, em contrapartida, pode representar apenas um fator secundário — a prova disso é que as peripécias da história ou a escolha de uma vida nômade levaram certas nacionalidades a não possuírem território próprio. Mas essas variantes não são significativas. Em resumo, existe nacionalidade quando (quaisquer que sejam suas razões profundas) uma comunidade humana manifesta conscientemente sua vontade de continuar a viver em conjunto, e logo de governar-se por suas próprias leis.

Nacionalidades desse gênero existem, por toda a parte, desde o fim do neolítico. Conhecemos os nomes das mais antigas a partir do momento em que existem sistemas de escrita capazes de perenizá-los, acontecimento que ocorre simultaneamente na Suméria e no Egito, há cinco mil anos. É também nessa época, e no mesmo "Crescente Fértil", que aparecem as primeiras formas de Estado historicamente atestadas — estando o surgimento do Estado ligado não só ao de uma agricultura capaz de produzir excedentes, mas também ao da escrita, como sugere o fato de que a mais antiga função da escrita tenha sido a função burocrática (estabelecer listas, registrar contratos ou transações etc.).

Entretanto, essas primeiras formas de Estado não nos esclarecem, por si mesmas, a respeito dos laços que elas mantinham com a (ou as) nacionalidade(s) submetida(s) a seu controle. E por uma boa razão: tanto na Suméria quanto no vale do Nilo, os Estados em questão eram vastos "impérios", encerrando em suas fronteiras nacionalidades diferentes, com línguas e modos de vida muito diversos — e cuja unidade política não se efetuava sobre a base de uma cultura comum, mas sobre a base mais estreita de uma veneração comum pelo monarca divinizado, intermediário indispensável entre este mundo e o outro.

A primeira grande mudança, nesse aspecto, ocorreu entre os séculos VIII e VI antes de nossa era.

Foi com a emergência das cidades gregas que apareceu o "Estado-nação" — isto é, um Estado preocupado em identificar-se com uma nacionalidade, e apenas uma. Efetivamente, cada uma dessas cidades antigas não se considerava somente como um Estado independente, mas também como a expressão política de uma nacionalidade unificada, distinta de suas vizinhas. Um ateniense não esperava ser confundido com um lacedemônio, nem este com um tebano (embora fossem todos helenófonos).

Além disso, em cada cidade e especialmente em Atenas, os habitantes não se limitavam a preferir seus próprios costumes e tradições. Estavam intimamente persuadidos de que estes eram, "por natureza" (*physei*), superiores aos dos demais gregos. Seu "patriotismo" se aparentava, assim, com o que se chamaria hoje de um patriotismo "bairrista". Mas não poderíamos menosprezar esse sentimento, pois o "patriotismo bairrista" da nação ateniense não era outra coisa senão a primeira expressão (ou, em todo caso, a primeira exaltada por uma abundante literatura: ver o discurso de Péricles reportado por Tucídides) daquilo que se chamaria, a partir do fim do século XVIII, "nacionalismo".

Vocábulo recente, a palavra "nacionalismo" designa portanto um tipo de atitude política e ideológica que os gregos já conheciam, e que não cessaria de se desenvolver nos séculos seguintes.

A exemplo da monarquia faraônica, o Império romano misturava, com desenvoltura, uma multiplicidade de nacionalidades diversas, autorizadas a conservar suas particularidades desde que reconhecessem a divindade de César; mas muitas delas, a partir do momento em que eram tocadas pela influência do cristianismo, se recusavam a isso.

Declinando e depois ruindo, o Império romano propiciou a essas nacionalidades indóceis a faculdade de afirmar a independência da qual ele as havia privado. Também permitiu às mais poderosas delas estenderem seu domínio sobre outras. Combinados, esses dois processos favoreceram o desenvolvimento de nacionalismos diversos, resultando, já na alta Idade Média, na constituição dos principais "Estados-nações" europeus.

Começou então uma divisão do espaço, que não se fez sem dificuldade.

No Renascimento, a dinâmica nacionalista (que mobilizava clérigos e humanistas, como mostram os casos de Lutero e de Maquiavel, respectivamente profetas da unidade alemã e da unidade italiana) entrou em uma fase de aceleração rápida. Não só cada "Estado-nação" devia impor-se em relação aos vizinhos, mas também certos povos (os franceses e os italianos, por exemplo) disputavam a "herança" do Império romano (*translatio imperii*), disputas que levaram alguns (Lemaire de Belges e Annius de Viterbo, por exemplo) a inventar para si as genealogias mais fantasiosas para melhor defenderem a sua causa.

Não é surpreendente, em tais condições, que se tenha visto, durante os séculos XVII e XVIII, uma multiplicação das guerras intra-européias — guerras que, em geral, tinham como único motivo uma (re)definição das fronteiras nacionais. A partir de então, nacionalismo e belicismo andaram juntos.

As Revoluções francesa e americana, a aventura de Napoleão, o florescimento do Romantismo terminaram de conferir a esses diversos movimentos seus títulos de nobreza. Fosse a nação real ou mítica (lembremos o Ossian de Macpherson!), quer se tratasse de defender aquela a que se pertencia, quer se tratasse de fazer surgir uma nova, a nação se tornou, no começo do século XIX, objeto de um verdadeiro culto, no interior do qual o irracional se misturava ao racional sem que seus limites fossem sempre bem percebidos.

Fichte (*Discurso à nação alemã*, 1807-8); Schelling, Hegel e as grandes figuras do idealismo alemão não são, nesse aspecto, menos entusiastas. Poetas, filósofos, "antiquários" e arqueólogos preparam assim, mais ou menos conscientemente, povos inteiros para precipitar-se em duvidosas aventuras militares.

Sabemos o resultado disso. Depois de crescer e multiplicar-se, apesar das advertências proféticas de Nietzsche, último grande pensador "cosmopolita", os nacionalismos acabaram provocando, no século XX, duas guerras mundiais que equivaleram, para o continente europeu, a um suicídio coletivo.

E não foi só isso. A Revolução americana, primeira revolução anticolonial da história moderna, mostrara que o nacionalismo podia muito bem ser exportado para fora da Europa. Esta, apesar de tudo, continuou a empenhar-se, durante a segunda metade do século XIX, em novos empreendimentos de expansão colonial na África e na Ásia — empreendimentos que, como era de se esperar, acarretaram, como reação, a proliferação universal das ideologias nacionalistas, assim como as tentações belicosas que as acompanham.

Hoje, não há nacionalidade que não esteja exposta a tentações desse gênero.

Não existe uma que esteja a salvo de um nacionalismo que se tornou ainda mais temível porque, a partir do fim da guerra fria, as armas nucleares de destruição maciça são objeto de um tráfico planetário que escapa a qualquer controle.

Nação, Nacional, Nacionalismo

A história que acabo de resumir suscita, pelo menos, três observações.

A primeira diz respeito ao caráter "artificial" do conceito de nação. A segunda se refere à ambigüidade do princípio conhecido sob o nome de "direito dos povos de disporem de si mesmos". A terceira concerne os subprodutos ideológicos dos nacionalismos modernos — e, talvez, de todo nacionalismo.

Primeira observação: o conceito de "nacionalidade", no sentido de Van Gennep, corresponde ao que os antropólogos chamam agora de "etnia" ou "cultura". Pessoalmente, prefiro o termo "cultura", na medida em que o vocábulo "etnia" ainda parece implicar que os membros de um mesmo grupo social compartilhem entre si certas características genéticas — o que nunca é verdade e, de qualquer forma, nunca é seriamente demonstrável (seja o que for que imaginem aqueles que esperam achar em exames de sangue uma chave para decifrar os conflitos simbólicos).

Do ponto de vista antropológico, portanto, as nacionalidades são realidades objetivas, e sua diversidade (isto é, a diversidade das culturas) é um dado de fato — o ponto de partida inevitável de toda reflexão sobre o homem como animal "desnaturado".

As nações, em contrapartida, são puros artefatos.

Não só as idéias de "fronteiras naturais" ou de "espaço vital", que lhes são freqüentemente associadas, têm um conteúdo meramente fantasista, mas a própria existência das nações mais bem reconhecidas nada tem de um dado incontestável aos olhos da história.

Nenhuma das que compõem o mundo atual existiu desde sempre, e as mais veneráveis não são muito antigas comparadas com o tempo da evolução humana. A primeira dinastia chinesa a tentar constituir uma entidade política unificada foi a dos Shang (século XVIII antes de nossa era). A França só começou a tornar-se uma entidade desse gênero com Clóvis (século V da nossa era).

Isso não quer dizer que a forma "Estado-nação" seja uma forma de civilização superior, particularmente admirável ou útil. Isso significa, ao contrário, que durante milênios, os homens puderam passar muito bem sem ela. Em suma, ela não constitui uma necessidade (histórica ou geográfica), mas uma pura contingência.

Essa contingência parece, erroneamente, mais "evidente" em certos casos do que em outros.

Vamos considerar, por exemplo, o caso das ex-colônias africanas da Europa. As nações independentes que se originaram delas, por volta de 1960, não correspondem de modo algum (isto é, ponto por ponto) a antigos Estados que a colonização teria temporariamente apagado do mapa — apesar das denominações enganadoras como as dos Estados de "Benim", "Gana" e "Mali", cujas fronteiras atuais são muito distantes das dos impérios históricos que, há séculos, prosperaram sob esses nomes. Dizer que essas novas nações são "artificiais" é portanto simplesmente reconhecer que elas foram "fabricadas" pela antiga potência colonial. E nem sempre com discernimento: assim, algumas delas (Nigéria, República Democrática do Congo) reúnem sob a mesma administração nacionalidades tão diferentes que sua sobrevivência, sob a forma centralizada que lhes foi dada no dia da sua independência, é uma verdadeira façanha.

Entretanto, o caso desses países nada tem de excepcional. É apenas mais recente do que o das nações européias. Estas também têm uma origem amplamente convencional. Não só a Bélgica ("fabricada" por um tratado de 1831) poderia nunca ter surgido, mas igualmente a França poderia nunca ter existido se, por exemplo, a Borgonha, a Bretanha, a Alsácia e o conjunto das regiões ocitano-catalãs tivessem conseguido, em certo momento, conter o expansionismo das dinastias parisienses. Em resumo, não existe nação cuja existência seja, em si mesma, menos "justificável" do que a da vizinha.

Uma prova disso é o fato de que um consenso geral recomenda hoje a coabitação, sobre uma mesma terra, de uma nação palestina e de uma nação israelense — ao passo que, há apenas 150 anos, a criação de nenhuma das duas estava na ordem do dia.

Mais ainda: não há mais nacionalidade cuja pretensão à independência política, por mais "artificial" que seja, pareça ilegítima. Um bom exemplo é oferecido pelo caso dos bascos. Sua causa suscita, há alguns anos, um interesse crescente, ao passo que eles não tiveram independência em nenhum momento de sua história, e gozam hoje (pelo menos na Espanha) do regime de autonomia mais amplo que existe na Europa. Suas tradições culturais, às quais se atribui às vezes uma antigüidade venerável, foram, na maioria, "inventadas" por eruditos folcloristas (muitas vezes padres católicos) em um período recente (em geral, no século XIX), como mostrou, de modo convincente, um antropólogo basco, Jon Juaristi.[4]

Os bascos poderiam, aliás, responder que muitas nações, européias ou outras, fizeram o mesmo, em outras épocas. E que a "fraude" etnográfica é a coisa mais comum do mundo.

E não estariam errados. Não vimos, no capítulo 3, em que contexto de exacerbação nacionalista se forjou o mito da "guerra das raças"? Ora, esse mesmo mito, deliberadamente transposto para a África Central por missionários belgas, católicos e monarquistas, envenena hoje a vida dos infelizes habitantes de Ruanda e do Burundi, que se acreditam obrigados a se definirem como hutus ou como tutsis, cada uma dessas pseudo-"etnias" estando convencida, além disso, de que a outra é sua inimiga mortal.

Basta isso para ver como a idéia de "nação" pode ser, por si mesma, criminosa.

Segunda observação: se as nações, sem exceção, são todas de "instituição" e não de "natureza", não é contraditório afirmar que os povos ou, mais exatamente, as nacionalidades têm um direito "natural" a disporem de si mesmas?

Entretanto, esse princípio é reconhecido, hoje, por todas as instâncias internacionais. Ele decorre da Declaração de Independência americana (1776), da Declaração dos Direitos do Homem e do Cidadão, de 26 de agosto de 1789 (que estipula, em seu artigo 2, que a "resistência à opressão" é um "direito natural e imprescritível do homem"), assim como do preâmbulo da Declaração Universal dos Direitos Humanos, aprovada em 1948 pela Assembléia Geral das Nações Unidas.

Aqui, o problema comporta dois aspectos.

O que é um direito "natural"?

E até onde se estende ele?

Sem voltar à longa história da noção de direito "natural", é forçoso reconhecer que sua validade é mais facilmente afirmada do que justificada. Contudo, ela está longe de ser óbvia. Se o homem, considerado sob o ângulo da "natureza", é apenas um animal, e se a humanidade do homem é uma construção da cultura, não se compreende, efetivamente, o que se deveria entender com a expressão "direito natural".

Certamente, é preciso distinguir. Não questionarei nem o direito imprescritível que cada indivíduo tem de defender sua vida, sua família ou seus bens, nem seu direito de recusar-se a obedecer a uma ordem que feriria sua consciência (ver acima, capítulo 7, a argumentação de Dworkin contra o "positivismo" jurídico). Esses "direitos humanos básicos" são, como diz Rawls, "politicamente neutros". Eles desenham um "limite" absoluto para a soberania interna dos Estados.[5]

Com essa exceção, um "direito" em geral, ou seja, um direito "a alguma coisa" precisa, só pode ser formalmente reconhecido por uma instituição social ou política. Só pode ser garantido no interior de um contexto que pressuponha a existência do Estado. Ora, essa objeção (à qual ninguém deu uma resposta válida) acarreta, entre outras coisas, a seguinte conseqüência: nenhum direito particular poderia ser "absoluto" nem "ilimitado", pois depende, para sobreviver, da "fonte" que o enunciou. E essa fonte pode, a qualquer momento, revogá-lo ou restringir seu campo de aplicação.

Essa conseqüência estava presente no espírito dos revolucionários franceses, pois a Declaração de 1789 também lembra, em seu artigo 4, que "o exercício dos direitos naturais do homem" tem limites. E que esses limites são os que asseguram "aos outros membros da sociedade o gozo desses mesmos direitos".

Em outras palavras, mesmo que o texto da Declaração de 1789 seja deliberadamente vago, para não dizer ambíguo, existe verdadeiramente um risco de contradição entre o artigo 2 e o artigo 4. O primeiro reconhece (do ponto de vista de que tratamos) o direito de uma fração da nação a "resistir" — se ela se estima vítima de uma "opressão" exercida sobre ela pela outra fração. O segundo, em contrapartida, dá a essa outra fração o direito de opor-se à citada resistência — se ela estima essa resistência contrária ao interesse geral (isto é, no caso em que ela fosse majoritária, ao seu próprio interesse).

Há dois séculos, suportamos a herança dolorosa dessa ambigüidade. Embora não haja, provavelmente, nenhum sentido em qualificar de "natural" o direito dos povos a disporem de si mesmos, mais ninguém pensaria em questionar esse direito, pois doravante ele faz parte dos grandes princípios fundamentais, sobre os quais existe um consenso universal. Em suma, tudo ocorre como se se tratasse de uma extensão inevitável às nacionalidades de um direito que cada indivíduo reivindica para si mesmo: a liberdade. Incluindo, no interior desta, a liberdade de assinar um "pacto de associação" com outros indivíduos, ou de recusar-se a assinar esse "pacto" (e de "fazer secessão").

Todavia, ao mesmo tempo, a idéia segundo a qual nenhum direito "natural" poderia ser ilimitado serve para justificar a atitude repressiva da maioria dos Estados contemporâneos. Estes, apegados ao princípio de sua própria inviolabilidade, não parecem absolutamente dispostos a aceitar o seu eventual desmantelamento. Preferem condenar ao "terrorismo" os movimentos pela identidade nacional que se opõem a eles.

Essa situação é perigosa. Não só porque revela uma confusão jurídica, mas principalmente porque os conflitos concretos que ela gera só podem resolver-se, na prática, em função de relações de forças — isto é, da maneira mais arbitrária que existe.

Assim, os palestinos estão a ponto de obter um Estado, enquanto os bascos têm sua pretensão recusada. Assim, os albaneses de Kosovo parecem, recentemente, estar próximos de atingir o seu objetivo, enquanto os curdos e os chechenos nunca estiveram tão afastados do seu.

Por que essas divergências no tratamento diplomático de conflitos comparáveis? Não há resposta "lógica" para essa pergunta.

Há somente uma resposta "de fato": porque a comunidade internacional acabou cedendo às exigências palestinas e porque simpatiza com as dos kosovares, mas ainda não está tão bem disposta em relação às aspirações bascas, curdas ou chechenas.

Evidentemente, essa é a pior resposta — pois só pode ter como efeito estimular os povos que se estimam "agredidos" ou "incompreendidos" a perseverar (como antes deles fizeram os palestinos) no caminho da violência.

Qual é então o princípio "regulador" que poderia nos ajudar a sair dessa confusão — na qual, estranhamente, a filosofia política contemporânea, inexplicavelmente silenciosa sobre a questão da "nação", parece não ter refletido?

Vejo apenas um: a outorga sistemática, a todas as comunidades (assim como a todas as "frações" de comunidade, por mais exíguas ou pouco "viáveis" que sejam) que o solicitem, do direito à autodeterminação — pois este constitui apenas uma extensão às nacionalidades do direito de associar-se ou de recusar-se a associar-se (em suma, do direito de assinar ou não o pacto social) que toda democracia reconhece para os indivíduos que a compõem.

Parece-me difícil negar globalmente esses dois direitos. E mais ainda reconhecer um sem reconhecer o outro.

O inconveniente que haveria em conceder ambos a toda "minoria" que os pedisse é evidente: na hora do "multiculturalismo" triunfante, nosso planeta, já bem fragmentado, não tardaria em explodir em uma poeira de minúsculos Estados. Mas a vantagem não é menos clara: não restaria outra solução a esses Estados fracos e pequenos senão cooperarem (ao invés de fazerem guerra) para tentar sobreviver. O que não seria, em si, um mau resultado.

Terceira observação: mais do que em qualquer época, o nacionalismo levou, no século XX, a trágicos excessos.

Evidentemente, penso nos movimentos políticos que inscreveram explicitamente em seu programa objetivos criminosos (a destruição de outro povo), objetivos "justificados" por crenças aberrantes — como, por exemplo, a tese segundo a qual, para pertencer a uma nacionalidade, ou para ter o direito de viver em seu seio, seria preciso possuir (de nascença) as características "étnicas" (entenda-se: biológicas) que essa nacionalidade atribui fantasisticamente a si própria. Tese "naturalista" que, sob formas diversas, serviu de álibi ideológico para os três grandes genocídios cometidos em nosso século — sem falar da intenção alimentada por alguns (os sérvios) de perpetrar outros (na Bósnia, há pouco; em Kosovo, ontem; em Montenegro, amanhã).

Se os atos em questão foram denunciados (com muito pouco vigor) pela comunidade internacional, e se os "crimes contra a humanidade" são capazes de ser, a partir dos processos de Nuremberg (1945), objetos de repressão penal, a ideologia que, hoje como ontem, torna tais crimes possíveis ainda não foi condenada com a energia necessária.

Sem dúvida, as manifestações públicas de racismo e de anti-semitismo são punidas pela lei, em certos casos e em alguns países. Mas o discurso "naturalista", "organicista" ou "biologizante", no qual se enraízam anti-semitismo e racismo, continua sendo um discurso lícito. Foi em vão o esforço de alguns biólogos para estabelecerem, baseados em argumentos científicos, a falsidade absoluta da idéia segundo a qual uma nacionalidade qualquer poderia ser definida por características genéticas precisas; essa idéia continua a pairar sobre uma parte da opinião pública — o que a faz ser reatualizada, a intervalos regulares, por pseudo-cientistas ou por políticos ávidos de publicidade.

Ora, essa idéia parece dificilmente dissociável do próprio nacionalismo. Na verdade, todo nacionalismo repousa, como vimos, na vontade de fazer a nacionalidade ascender, do status de "fato" ao status de "valor". Mas se a nacionalidade como "fato" não supõe necessariamente o ódio ao estrangeiro (e pode admitir a eventualidade da mestiçagem), a situação se inverte quando a nacionalidade se torna um "valor" ou uma "norma": em nome desta, o estrangeiro é freqüentemente excluído e a mestiçagem proibida.

E é nesse momento preciso que os pseudo-argumentos biologizantes retornam: não por acaso, mas porque é tentador recorrer, para justificar o fundamento "objetivo" da norma, a argumentos tirados de uma referência à realidade "biológica" do homem, isto é, à sua "natureza" (seja o que for que se entenda com isso: mito da "raça" ariana, ou da "raça" sérvia).

O desvio racista de alguns nacionalismos modernos não tem nada, portanto, de um "lamentável acidente". A necessidade desse desvio está inscrita em toda espécie de nacionalismo. Um lingüista observaria que "natureza" e "nação" procedem de uma única e mesma raiz semântica — a raiz do verbo "nascer". Um historiador, por sua vez, pode detectar esse desvio nas formas mais antigas conhecidas do nacionalismo europeu, formas que surgem nas cidades gregas antigas.

Não só os atenienses (aos quais se dá, com demasiada facilidade, a glória de terem inventado a democracia) desconfiam dos "metecos" e das mulheres, reduzem sem escrúpulos os estrangeiros à escravidão e consideram os "bárbaros" como animais, mas também não escondem que desprezam igualmente (embora de modo menos violento) o resto dos gregos. Em todos os casos, é uma referência à "natureza" (*physis*) que funda a sua convicção segundo a qual o seu próprio grupo social produziu a "raça" mais admirável de homens — a única que realiza, no seu mais alto grau de perfeição, a essência do "homem".

Sei muito bem que foram os povos modernos que, séculos depois, se encarregaram de levar esse "racismo" (ou esse "proto-racismo") teórico até suas conseqüências práticas mais radicais.

Mas, assim como tentei mostrar em outro texto,[6] é no nacionalismo das cidades gregas e em sua roupagem pseudo-racionalista que se devem procurar os princípios básicos que serviram posteriormente para justificar essas conseqüências. É nessa "invenção" (no sentido da palavra inglesa *forgery*) que é o nacionalismo que se deve procurar a origem primeira desta outra "invenção" que é o racismo.

Nação, nacional, nacionalismo: o mal que essas palavras causaram é difícil de medir.

Contra esse mal, existe remédio?

Contra o interminável ressurgimento das ideologias nacionalistas ao qual assistimos pelo mundo, desde o fim da guerra fria, existem meios políticos de lutar?

Certamente. Mas a iniciativa talvez não venha dos povos. Será necessário, nesse caso, que ela venha dos próprios Estados.

Será preciso que os Estados-nações de que se compõe o mundo contemporâneo compreendam que é de seu interesse trabalhar em favor da paz. Em outras palavras, trabalhar eles próprios na "superação" do Estado-nação.

Aliás — em parte espontaneamente, em parte porque foram coagidos e forçados — já começaram a fazê-lo. Construindo assim, de boa ou má vontade, o que será sem dúvida a obra mais importante do próximo século ou até do próximo milênio.

9. Mais Além do Estado-Nação

"Superar" o Estado-nação?

Assim enunciada, essa fórmula pode parecer um "desejo louvável".

Entretanto, basta olhar o mundo no qual vivemos para constatar que a distância entre esse "desejo" e a realidade não cessa de se reduzir.

Efetivamente, por toda a parte, o dogma da soberania "absoluta" do Estado-nação está recuando. Ele é questionado, por um lado, por fenômenos objetivos e incontroláveis, tais como a "globalização" da economia, do comércio e dos mercados financeiros, o aumento dos fluxos migratórios entre os cinco continentes, o desenvolvimento sem precedentes dos meios de telecomunicação audiovisuais (televisão por satélite) ou informáticos ("autoestradas da informação") — sem esquecer a ação cada vez mais intrusiva das "máfias" internacionais da droga, da prostituição, do tráfico de armas, do terrorismo e dos crimes de todos os tipos.

Felizmente, o dogma do Estado-nação também é questionado, de modo mais construtivo, pelos esforços conscientes de certos Estados. Esforços realizados com o fim de instaurar uma "nova ordem internacional" jurídica e política, capaz, entre outras coisas, de limitar os efeitos da guerra.

O Que Mudou na Nossa História Recente

A história das cinco últimas décadas mostra que, nesse aspecto, a II Guerra Mundial teve pelo menos um efeito positivo: ajudar as democracias a tomarem consciência da necessidade de instalar estruturas supranacionais com finalidade preventiva a fim de impedir o retorno da barbárie.

Pensamos, em primeiro lugar, na Organização das Nações Unidas, fundada em 1945, em seu papel de "mediador" diplomático, em seus esforços meritórios para condenar, em escala mundial, os crimes de guerra, os crimes contra a humanidade e o crime de genocídio (convenção de 1948), assim como em algumas de suas resoluções "históricas", como a resolução 688 de abril de 1991, pela qual as Nações Unidas se atribuem o direito de intervir "em caso de ameaça contra a segurança internacional" (primeiro esboço de um "direito de ingerência").

Não podemos deixar de mencionar, em uma ordem de idéias vizinha, a União Européia, talvez a mais eficaz das entidades supranacionais — a única, de qualquer forma, a ter garantido, até agora, uma paz completa entre seus membros. Sua difícil gestação, que mal parecia imaginável quando do Congresso europeu de Haia (1948), só começou verdadeiramente com a assinatura do Tratado de Roma (1957), e ainda está longe de terminar. Mas a Europa política, cedo ou tarde, acabará seguindo a Europa econômica. E isso é motivo de satisfação — embora se possa lamentar que a vontade propriamente política não tenha sido, desde o início, mais forte, e que a evolução seja ainda hoje tão lenta, em parte pela incompreensão de certas opiniões públicas (especialmente na França).[1]

A história mais recente, dos dez últimos anos, revela a convergência de três tendências notáveis.

Primeira tendência: o nascimento de uma verdadeira cooperação internacional em áreas essenciais, como a luta contra a prostituição infantil ou o tráfico de drogas, a proteção ao meio ambiente e a eliminação de certos tipos de armas (armas químicas e bacteriológicas, minas "antipessoais" etc.)

Segunda tendência: um esboço de reconhecimento, tímido mas encorajador, do que será chamado um dia (esperamos) "*dever* de ingerência". Ou seja, o dever, para a comunidade internacional, de intervir ao mesmo tempo *política e militarmente* (e não de modo puramente "humanitário", tão ineficaz quanto hipócrita) nos assuntos "internos" de um Estado que agredisse (uma parte da) sua própria população, ou que, por uma razão qualquer, não fosse mais capaz de garantir a segurança dessa população.

Observe-se de passagem que essa problemática da "ingerência", como a da condenação dos *rogue States* ("Estados bandidos") pela diplomacia de Washington apenas reatualiza um tema muito antigo da filosofia política, que já se encontra em Tomás de Aquino e outros pensadores medievais: o tema da "guerra justa " — ao qual Michael Walzer dedicou, em 1977, um livro capital, *Guerras justas e injustas*, inspirado pela legítima resistência do povo vietnamita à agressão americana.[2]

Terceira tendência: o despertar de uma preocupação propriamente "repressiva" em relação aos "criminosos de Estado", preocupação que, até então, só se manifestara uma única vez, quando dos processos de Nuremberg (1945).

Sem dúvida, as noções de "crime contra a humanidade" e de "genocídio" ainda não estão claras para todos. O direito, nessa área, deve portanto ser objeto de um vasto trabalho de reformulação, que levará tempo. Sem falar no fato de que, quando a teoria estiver pronta, restará fazer com que ela passe para a prática.

Apesar desses obstáculos evidentes, afirmou-se, há alguns anos, uma vontade internacional de punir os crimes dos sérvios na Bósnia, os dos responsáveis pelo genocídio dos Tutsi em Ruanda — e até de rever aqueles, mais antigos, dos khmers vermelhos no Cambódia e de Pinochet no Chile.

Certamente, na maioria dos casos, trata-se apenas de uma louvável intenção que infelizmente talvez não chegue a resultados concretos. Entretanto, o processo diplomático que leva à instauração de um Tribunal Penal Internacional, dotado de uma vocação universal para perseguir os crimes desse gênero, foi efetivamente reativado.

Lançado em novembro de 1947, quando a ONU criou uma Comissão de Direito Internacional encarregada de elaborar esse projeto, o processo em questão foi logo arquivado em conseqüência da guerra fria.

Com o fim desta, ele foi retomado, em julho de 1998, por ocasião da Conferência de Roma. E, mesmo que o acordo prévio com o qual esta se concluiu tenha sido assinado apenas por 120 países (entre os quais não estão nem a China, nem os Estados Unidos), esse acordo representa incontestavelmente um passo na boa direção.

Há pelo menos meio século que o Estado-nação não é mais tão "soberano" quanto julgava ser no tempo de Hobbes. Aqui ou ali, ao sabor de circunstâncias caóticas e apesar de muitas oposições, sua "onipotência" começa a ser — de fato como de direito — atacada.

A filosofia, como já enfatizei, está longe de ter feito tudo o que podia para guiar, acompanhar, sustentar essa evolução — cujo caráter benéfico muitos filósofos contemporâneos, nos países democráticos, concordam em reconhecer. A questão da "nação" é, aparentemente, daquelas que a filosofia não gosta de abordar. Parece que, para ela, existe ali uma espécie de "buraco negro".

Assim, pode ser útil lembrar, para arrancar os filósofos de seu mutismo, que a crítica ao Estado-nação não é verdadeiramente tão nova quanto parece.

Já mencionei, rapidamente, a posição de Nietzsche sobre esse tema. Embora o pensamento político do criador de Zaratustra nem sempre seja cristalino, uma coisa é certa: quando denuncia com vigor o "espírito alemão" (cuja encarnação mais odiosa, para ele, é a música, e principalmente a ideologia filosófico-estética de Wagner), Nietzsche quer condenar, sem erro possível, a mistura de militarismo, nacionalismo, racismo e anti-semitismo que caracteriza, no último quarto do século XIX, o imperialismo do Reich.

Talvez Nietzsche não tivesse, em sua mente, solução para isso. Mas o seu modo de dizer-se "polonês" (ou, às vezes, "europeu"), mais do que alemão, de escolher Bizet e não Wagner, e a energia que utilizou para viver na Suíça, na França ou na Itália, e não em seu próprio país, demonstram bem que ele aspirava a tornar-se cidadão de uma comunidade política que se teria edificado sobre certas escolhas "culturais", mais do que sobre os conceitos redutores de "povo" e "nação".

Podemos ir mais longe. Sem remontar ao "cosmopolitismo" dos antigos estóicos, que participava de um contexto histórico muito diferente do nosso, parece-me oportuno reler — como fizeram recentemente Jacques Derrida e Jürgen Habermas —[3] um filósofo em quem nunca se pensa quando se trata da crítica ao nacionalismo: Immanuel Kant.

E, mais precisamente, o "último" Kant. Aquele que, depois de escrever as três *Críticas*, experimentou a necessidade de "completar" a sua obra, dando-lhe, como "coroamento", uma filosofia "política" — filosofia cuja realização estava destinada a confundir-se, assintoticamente, com o próprio processo da história efetiva.

UM PACTO SOCIAL EM ESCALA PLANETÁRIA

Exposta em diversos opúsculos — *Idéia de uma história universal do ponto de vista cosmopolita* (1784) e, principalmente, *Rumo à paz perpé-*

tua (1795) — essa tardia filosofia política também está resumida nas quarenta últimas páginas da *Doutrina do direito*,[4] isto é, na segunda parte dessa obra, intitulada "O direito público".

Escritas em um estilo pesado e em uma linguagem às vezes incorreta, essas quarenta páginas, difíceis de compreender, são geralmente negligenciadas — mais ainda porque o livro ao qual pertencem, criticado por Hegel nos *Princípios da filosofia do direito* e pela maioria dos juristas profissionais, não goza de uma excelente reputação.

Além disso, a utopia da "paz perpétua", que Kant tomou por empréstimo ao "gentil" Bernardin de Saint-Pierre (autor, em 1713, de um *Projeto de paz perpétua* que fora imediatamente ironizado por Leibniz), não deixou de parecer, há dois séculos, um sonho vazio. Um sonho que o fracasso da Sociedade das Nações, entre as duas guerras, e as limitadas performances da ONU desde 1945 não contribuíram para tornar crível.

Apesar desse contexto desfavorável, parece-me que a filosofia política de Kant merece a nossa atenção.

Kant adere à teoria do direito natural que, durante os seus cursos na Universidade de Königsberg, teve que ensinar uma boa dúzia de vezes. Também adota a idéia segundo a qual seria conveniente "moralizar" as relações entre Estados, particularmente em caso de guerra. Inscreve-se, assim, na linhagem de Grotius e de Pufendorf — esforçando-se, ao mesmo tempo, em libertar as concepções destes do empirismo característico do procedimento jurídico para dar-lhes uma verdadeira justificação racional *a priori*.

Em suma, Kant é um pensador do contrato social. Mas aí termina a sua semelhança com Rousseau (que rejeitava vigorosamente o "monarquismo" de Grotius).

Efetivamente, ao contrário do que se diz às vezes e um tanto apressadamente (à luz do fato de que Rousseau foi um "precursor" da Revolução Francesa e Kant um admirador desta), dois pontos fundamentais separam Kant de Rousseau.

Ao contrário deste, Kant não acredita que o homem seja bom "por natureza".

E também não crê que, no estado político, "povo" e "soberano" devam se confundir.

Como a maioria dos grandes pensadores políticos desde Tucídides (sendo Rousseau, nesse ponto de vista, a exceção), Kant parte da idéia segundo a qual o homem é, "por natureza", mau. Ou, pelo menos, capaz do mal.

Daí, ele deduz (como Hume) que a primeira forma de comunidade política, e logo de Estado, só pôde resultar, historicamente, da violência, e não de um contrato livremente consentido.

Também deduz que o Estado, hoje como ontem, deve ocupar, em relação aos seus "súditos", uma posição "dominadora", uma posição de "mestria". "O homem", escreve Kant, "é um *animal* que, a partir do momento em que vive entre outros indivíduos de sua espécie, *precisa de um mestre*".[5] Um "mestre" para educá-lo (instruí-lo, formá-lo), é claro. Mas também um "mestre" para puni-lo a cada vez que abusar de sua liberdade para cometer o mal.

Todavia, se os primeiros Estados foram principalmente "repressivos", até para o bem do homem, a situação evoluiu ao longo da história. E essa evolução se efetuou, globalmente, no sentido do progresso — ou seja, da liberdade. Não é necessário supor que o homem tenha desejado (conscientemente) esse progresso; seria uma ingenuidade. Basta observar essa propriedade fundamental da espécie humana, que Kant chama de sua "insociável sociabilidade".[6]

O que é isso? O homem, observa Kant, é constantemente "trabalhado" por uma dupla pulsão. Por um lado, inclina-se a querer dirigir tudo à sua maneira, o que o leva a chocar-se com seus semelhantes. Por outro lado, não pode dispensar a companhia destes. É esse "humor pouco conciliador",[7] espécie de "astúcia da razão" *avant la lettre*, que o conduz a aceitar (com a secreta esperança de aproveitar-se dele para melhor vencer as resistências dos outros) um "estado de sociedade" que, por sua vez, favorece o desenvolvimento da cultura. E, finalmente, a melhora "objetiva" do sistema político.

A primeira etapa, no caminho desse progresso, é constituída pelo momento em que o Estado inicial, fundado na violência — "sobre um acordo *patologicamente* extorquido", diz Kant—,[8] é substituído por um Estado de direito, proveniente de um autêntico "pacto social".

Com que pode parecer um tal Estado? Para compreender a idéia que tem dele o filósofo alemão, é preciso lembrar a distinção que este opera entre a "forma de dominação" (*forma imperii*), ligada ao número de pessoas que, em uma sociedade dada, detêm o poder de Estado, e a "forma de governo" (*forma regiminis*), isto é, a maneira, qualquer que seja, pela qual o(s) dominante(s) exerce(m) esse poder.

Há três "formas de dominação" — monarquia ou "autocracia", aristocracia, democracia — e duas "formas de governo" — "republicana" e "despótica".

A "forma de governo" republicana é a que repousa sobre o princípio de separação dos poderes executivo e legislativo; a despótica, a que viola esse princípio.[9]

Notaremos duas coisas. Primeiro, que a democracia (termo que, no contexto, remete à democracia "direta" dos gregos) é, para Kant, necessariamente "despótica", pois a assembléia dos cidadãos é depositária ao mesmo tempo do legislativo e do executivo. Depois, que o "melhor" regime, o que melhor garante o Estado de direito, é, para ele, a "monarquia republicana" — o que revela bem os limites de seu engajamento "revolucionário".

O Estado-nação, tornando-se Estado de direito, constitui por isso um fim em si?

Absolutamente. Pois, enquanto o mundo estiver dividido em Estados separados, sejam eles ou não "de direito", estes permanecerão, entre si, no "estado de natureza", exatamente como estavam os homens antes da invenção do Estado.

Ora, no "estado de natureza", os Estados, como os homens, não cessam de fazer a guerra — que é, por definição, o pior dos males. Basta interrogar a "razão moralmente prática" para ouvir, afirma Kant, o "seu irresistível veto: não deve existir nenhuma guerra."[10]

Daí a necessidade, para os Estados atualmente existentes, de ultrapassarem uma segunda etapa, isto é, instaurar entre si relações pacíficas — ou seja, relações jurídicas — destinadas a substituir as relações de pura força.

Em virtude de que "milagre" eles conseguirão isso?

Mais uma vez, graças à ação de uma providencial "astúcia da razão", que Kant chama de "espírito de comércio".[11] Sendo o amor ao lucro o que é, Estados preocupados com seu próprio interesse deveriam acabar compreendendo, efetivamente, que só a paz, e não a guerra, é favorável ao desenvolvimento de intercâmbios comerciais mutuamente benéficos.

Resta definir o conteúdo desse novo contrato social — em escala planetária — que os Estados um dia farão entre si. Porque se esforça por lhe dar uma formulação coerente, a segunda seção de *Rumo à paz perpétua* é, aqui, o texto mais esclarecedor. Texto incompleto, certamente, pois não questiona o fato de que os signatários do pacto sejam as nações atualmente existentes — como se as fronteiras históricas tivessem um valor moral qualquer, e como se não se pudesse imaginar outra unidade política básica que não fosse a "nação".[12] Mas texto precursor, apesar de tudo, pois esboça um primeiro "rascunho" dos três artigos que, segundo Kant, deveriam formar o coração do pacto.

O primeiro desses artigos estipula que, para que um pacto desse gênero seja possível, a constituição interna de todos os signatários deverá tornar-se, previamente, "republicana", no sentido anteriormente definido.

O segundo determina a forma que terá a comunidade dos Estados. A hipótese de um único "Estado mundial" sendo pouco realista, e aliás pouco desejável (como governar tal Estado?), a forma ótima seria, segundo Kant, a de uma "aliança", de um "congresso" ou de uma "federação" de Estados livres, que conservariam, cada um deles, o direito de retirar-se a qualquer momento.

Segue-se que (como precisa o §61 da *Doutrina do direito*) a idéia de uma "paz eterna" é uma "Idéia reguladora" — em suma, "uma Idéia irrealizável".

Mas, se não podemos esperar que nem os Estados nem as querelas entre Estados desapareçam, é perfeitamente possível levá-los a esgotá-las através de arbitragens judiciárias, e não mais através da guerra: este seria um progresso decisivo.

O terceiro artigo, o mais "inovador", nos convida a abordar um "continente" do direito até então pouco explorado.

Um continente que Kant sente ser um dos primeiros a percorrer, com o seu compatriota Fichte,[13] na mesma época.

RUMO A UM DIREITO COSMOPOLÍTICO

Esse terceiro artigo não mais se refere ao problema das relações dos cidadãos entre si, no interior de um mesmo Estado (domínio do "direito político"), nem ao das relações dos Estados entre si (domínio do "direito dos povos" — *jus gentium* — ou direito internacional).

Refere-se ao problema das relações entre cada Estado e os cidadãos dos outros Estados — domínio do que Kant chama, retomando um termo de origem estóica, "direito cosmopolítico" (em alemão, *Weltbürgerrecht*; literalmente, "direito de simples cidadão do mundo").

O que diz esse último artigo?

Diz que a Terra, sendo esférica, tem uma superfície limitada. Que os homens são coletivamente proprietários dessa modesta superfície. E que devem, portanto, aprender a estabelecer entre si, qualquer que seja a porção de terrritório sobre a qual eles se encontrem, relações de "comércio" pacífico — entendendo-se agora a palavra "comércio" no seu sentido antigo de "freqüentação mútua", e até "amistosa", e não mais no sentido exclusivamente econômico.

Duas situações concretas ilustram o pensamento kantiano.

A primeira é a situação "colonial".

Quando representantes de um povo penetram, sem forçosamente saber, em um território onde já vive outro povo, devem abster-se de toda violência para com esse povo e, se desejam instalar-se nesse novo país, devem negociar as condições dessa ocupação através de um contrato específico com os primeiros ocupantes.

Vemos que Kant (culpado, em outros textos, de declarações notoriamente racistas quanto aos povos não-europeus) se posiciona, aqui, na vanguarda do combate anticolonialista.

Sua posição não é menos firme a respeito da segunda situação, na qual "imigrantes" pediriam para residir no solo de um Estado que não fosse originariamente o seu.

Esses "imigrantes" gozam, declara ele, do "direito à hospitalidade" — em outros termos, do direito, ao chegarem a um território dependente de um outro Estado, "de não serem tratados como inimigos". Esse "direito de visita", precisa Kant, deve ser reconhecido para "todos os homens ... em virtude do direito da posse comum da superfície da Terra, sobre a qual, já que é esférica, não podem dispersar-se ao infinito, mas devem afinal suportar-se uns ao lado dos outros", sem que ninguém possa pretender ter, mais do que um outro, um direito especial para ocupar este ou aquele lugar.[14]

Texto que, a meu ver, mereceria ser reproduzido em cada aeroporto do mundo, na entrada desses espaços de não-direito que representam as "zonas de espera", onde se amontoam, sob o olhar raivoso dos tiras, os "solicitadores de asilo", a quem se recusa até a possibilidade de tomar um banho.

E não é só isso.

Kant formula, ao longo dessas páginas consagradas ao "direito cosmopolítico", duas observações incidentes, que têm o seu interesse.

A primeira diz respeito à possibilidade de transformar o "direito de visita" do estrangeiro em um "direito de residência" - possibilidade que deve sempre permanecer aberta, mesmo que o "direito de residência", não sendo "automático", deva ser, a cada vez, objeto de um contrato específico entre o recém-chegado e o seu "lar" de adoção.[15]

Segunda observação: a melhor prova, diz Kant, de que a idéia de um "direito cosmopolítico" não é nem uma vaga "filantropia" nem um "modo de representação fantasista e extravagante", mas constitui um complemento necessário do "direito dos povos", está no fato (ainda mais evidente em nossos dias do que na época em que Kant escrevia essas linhas premonitórias) de que a humanidade inteira, amontoada como está sobre o seu pequeno planeta, acabou se tornando como uma só família — ou, pelo menos, como uma única aldeia. A solidariedade "objetiva" entre os homens se desenvolveu a tal ponto que, doravante, "o acesso ao direito em *um* só lugar da Terra é sentido em *todos* os lugares."[16]

Vale a pena meditar nessas duas observações.

A primeira fornece o esboço de uma solução interessante para resolver os problemas levantados pelas migrações de populações — migrações que, por razões econômicas ou políticas, sempre existiram, mas que são cada vez mais freqüentes em nosso mundo contemporâneo, e que provavelmente continuarão a se desenvolver no futuro.

Cada vez mais pessoas se instalam, para viver e trabalhar, em um Estado que não é o seu. É concebível que tantos seres humanos se encontrem, por esse simples fato, excluídos de toda vida política? Rejeitados por seu próprio país, ou excessivamente afastados dele para nele exercerem os seus direitos, mal tolerados por aquele para o qual imigraram, devem eles resignar-se a se tornarem, pouco a pouco, "metecos" (no sentido grego) ou (ainda pior), "apátridas"?

Kant mostra, à sua maneira, um outro caminho.

Por que o estrangeiro, depois de negociar com sua comunidade de adoção seu "direito de residência" (isto é, seu direito de contribuir, com seu próprio trabalho, para o enriquecimento de seu país adotivo), não poderia negociar também a possibilidade de ter reconhecidos certos direitos "cívicos"? Uma residência e um trabalho duradouros em um país estrangeiro não deveriam constituir, por eles mesmos, um fundamento válido para a outorga da "nacionalidade" aos que a solicitassem, ou de uma certa forma de "cidadania" para os que não desejassem mudar de nacionalidade? Tratar-se-ia, afinal, apenas de uma etapa a mais, em uma lógica (ou mais exatamente, uma dinâmica) "contratualista", *a priori* ilimitada.

Além disso, todos sabem que essa etapa já está em estudo em certos lugares do mundo: os indivíduos procedentes de um país membro da União Européia instalados em outro país da União terão, em um futuro próximo, o direito de votar nas eleições municipais. Será concebível, quando chegarmos a esse ponto, continuar a recusar um direito do mesmo gênero aos imigrantes provenientes de países não-europeus? Não estamos destinados, queiramos ou não (e por que deveríamos nos queixar?), a viver em um mundo cada dia mais "móvel", no qual as antigas fronteiras serão cada vez mais "porosas"?

Alguém poderá alegar que, centrada no dever de "hospitalidade" para com um estrangeiro "abstrato", a abordagem kantiana se deve antes a uma concepção moralizante do problema das "migrações" do que a uma análise realista de suas dimensões econômicas, sociais e políticas.

Não deixa de ser verdade. Como bom "pietista", Kant, leitor do Antigo Testamento, não ignora a importância do tema da hospitalidade no pensamento judaico tradicional. E não duvida nem por um segundo da validade do princípio hebraico (e também mediterrâneo e oriental) segundo o qual o estrangeiro, pelo simples fato de ser estrangeiro, tem direitos a serem respeitados por aquele que o recebe (por exemplo: aquele que recebe deve não só abrir sua casa, mas também proteger seu "convidado" — esteja ou não este último "em regra" com a lei — contra qualquer perseguição eventual).

Por ser oriunda de uma forma de civilização atualmente em declínio, essa concepção de hospitalidade seria necessariamente errônea?

Não é o que pensam os sucessores de Kant. Dois séculos depois da morte deste, Hermann Cohen, chefe da escola neokantiana de Marburg, não hesitou em escrever uma *Religião da razão extraída das fontes do judaísmo* (1919), na qual o tema bíblico-kantiano do "direito à hospitalidade" é lembrado com veemência — uma veemência reveladora das inquietações que, na época, a comunidade judaica da Alemanha (a mais "assimilada" do mundo) começava a sentir, em relação ao destino que ameaçava reservar-lhe o seu "país de adoção", onde os velhos demônios do anti-semitismo estavam plenamente despertos.

Mais de setenta anos depois do livro de Cohen, um filósofo francês nascido judeu na Argélia colonizada e despojado de sua nacionalidade pelo regime de Vichy,[17] tornando-se novamente francês com a Libertação, Jacques Derrida, aliás responsável, com outros, por uma rede internacional de "cidades-refúgios" para "solicitadores de asilo" em dificuldade, também não hesitou em insistir na atualidade político-filosófica do tema da "hospitalidade", enfatizada pelo drama dos "sem-documento" africanos (imigrantes clandestinos, mas desejosos de obter sua regularização, a fim de trabalhar na França).[18]

Kant, Cohen, Derrida: quantos filósofos ainda teremos que ler até sermos capazes de entender o significado do conceito de "hóspede", assim como a regra segundo a qual o estrangeiro não deveria ser, *prima facie*, "tratado como inimigo"?

A segunda observação de Kant caminha no mesmo sentido que a primeira, indicando outro efeito desse processo que chamamos agora de "globalização": o mundo tornou-se de tal maneira uma "aldeia" que qualquer agressão aos direitos de um só indivíduo, em seu país ou fora dele, só pode ser sentida por todos os outros homens como uma violação de seus direitos pessoais. O que, por conseguinte, obriga cada povo a preocupar-se ativamente com o destino, no seu próprio Estado, dado aos estrangeiros que ali chegam, e também com o destino dado por todo Estado estrangeiro aos seus próprios cidadãos — e com o destino dado por todo Estado estrangeiro aos "estrangeiros" que penetram no território deste último.

Em resumo, o "cosmopolitismo" exige, a mais ou menos longo prazo, a instalação de uma justiça internacional à qual certas categorias de crimes — perpetrados em qualquer lugar do mundo, e quaisquer que sejam os seus autores ou autor — não poderiam escapar.

Trata-se de uma exigência de ordem racional, insisto, e não de uma vaga "injunção moral", de origem emotiva ou sentimental.

E é notavel que Kant (que nunca deixou Königsberg) tenha sido o primeiro a formulá-la, pois nada o obrigava a preocupar-se com o que acontecia no outro lado do mundo.

Aliás, nesse aspecto, ele estava tão à frente da sua época que suas poucas observações sobre o direito "cosmopolítico" permaneceram incompreendidas durante quase dois séculos. Mesmo os raros especialistas que, a partir dos primeiros trabalhos do jurista polonês Raphael Lemkin sobre a noção de "genocídio" (anos 30), e principalmente a partir da criação do Tribunal de Nuremberg, procuraram argumentos para fundamentar a tese segundo a qual uma justiça internacional podia ser necessária em certos casos, não pensaram em inspirar-se no raciocínio esboçado por Kant.

Felizmente, não é tarde demais para ler esse texto. Nem que fosse apenas porque a idéia de uma justiça internacional — ou, na sua ausência, a idéia segundo a qual um indivíduo responsável por "crimes contra a humanidade", como o ex-ditador Pinochet, seria julgado mais equitativamente fora de seu próprio país, onde tem muitos partidários influentes e inimigos obstinados — tem ainda muito caminho pela frente.[19]

Muitos são aqueles que a rejeitam, sob o pretexto absurdo de que tal processo impediria o povo chileno de se reconciliar consigo mesmo e com sua dolorosa história. Como se os exemplos (diferentes, mas comparáveis) da Alemanha e da França não provassem que um povo só pode reconciliar-se com sua história a partir do momento em que decide assumi-la!

Muitos são aqueles que temem que um processo Pinochet dissuada futuros ditadores de renunciarem, por si mesmos, ao seu poder — como se o ditador chileno tivesse renunciado por sua livre vontade, e não sob o efeito conjugado da vontade popular e das pressões internacionais!

Muitos são aqueles, também, que continuam a afirmar que os responsáveis políticos, quaisquer que sejam, deveriam gozar da imunidade penal. Como se o príncipe, só por ser príncipe, tivesse todos os direitos — em suma, como se o mundo não tivesse mudado depois de Hobbes!

Muitos são aqueles, enfim, que pensam que a "prescrição" deveria se aplicar aos "crimes contra a humanidade" — como se estes não fossem, por definição, de uma natureza mais hedionda do que os crimes "comuns".

Provavelmente, não bastará refutar esses argumentos — assim como não basta refutar os preconceitos racistas, por exemplo — para fazê-los desaparecer.

O direito "cosmopolítico" não triunfará sem dificuldade.

Porque se opõe à teoria da soberania absoluta do Estado-nação, e porque nos obriga a tomar consciência da pressão que o raciocínio moral exerce sobre os cálculos políticos, ele suscitará, durante muito tempo, intermináveis resistências.

Mas não tenho nenhuma dúvida de que ele deve triunfar, nem de que ele triunfará.

Dentro de quanto tempo?

A resposta depende, no essencial, da tomada de consciência, pelos cidadãos que somos todos nós, da importância da questão e da necessidade de nos engajarmos ativamente nesse combate.

10. A Sociedade contra o Estado

Vamos sonhar:

A partir do momento que se impõe a necessidade de uma nova "ordem internacional", coroada pela instauração de um direito "cosmopolítico", o princípio de "soberania" nacional deixa de ser um dogma da teoria política.

Ao mesmo tempo, o poder do Estado sobre os cidadãos deixa de ser ilimitado: pelo contrário, fica contido por todo tipo de coações "supraestatais".

Poderíamos ir mais longe?

Não poderíamos sonhar com uma "sociedade civil" que, promovendo enfim sua revanche sobre o Estado, conseguisse auto-organizar-se de tal modo que o papel dessa instituição coercitiva e centralizadora, o Estado, seria reduzido a zero — ou pelo menos a pouca coisa, a um papel verdadeiramente "mínimo" (tomando-se "mínimo" em um sentido mais radical ainda do que queria Nozick)?

Vemos que a questão que surge aqui é a questão da "anarquia".

Há muito tempo, a anarquia caminha ao lado do sonho. Do desejo. Da utopia.

A utopia anarquista é o sonho de uma sociedade fraterna e feliz, na qual os homens, vivendo livres enfim, chegariam ao pleno florescimento de suas potencialidades. É o sonho de um fim ou de um "além" da política.

Essa utopia irresistível não morre: muitos são aqueles que, de um modo ou de outro, lhe permitiram atravessar os séculos, dos cínicos gregos a Cornelius Castoriadis, passando pelo cura Meslier, Fourier, Proudhon, Bakunin, Guy Debord e Noam Chomsky.

Entretanto, apesar do respeito que se deve a esses espíritos audaciosos, não creio que a anarquia seja possível.

Nunca se chegará, em uma comunidade humana dada, a eliminar completamente as relações de poder. E isso não por alguma razão psicológica ou biológica, como pseudo-intelectuais afirmam às vezes, porém, mais certamente, porque sempre haverá, em toda comunidade, desigualdades econômicas assim como divisões sociais.

Já sendo formas de violência, essas desigualdades e divisões alimentam, por sua simples existência, um estado de guerra permanente no seio do corpo social. Ora, para que esse corpo se mantenha vivo, a guerra deve ser canalizada. E a única maneira de canalizar a violência é recorrer à violência, fazê-la voltar-se contra si mesma. Essa é, precisamente, a função das relações de poder. Ou seja, do "político" em geral.

É a instância política que deve organizar as outras instâncias, que deve regular — pela violência — a violência imanente a toda comunidade humana. É a ela que cabe arbitrar os conflitos resultantes das desigualdades econômicas ou das divisões sociais. É por isso que o Estado se arroga o "monopólio da violência legítima" (Max Weber), dedicando um cuidado especial para fazer esquecer suas verdadeiras origens — isto é, para produzir (pelo mito ou pela ficção) a ilusão de que o poder "legítimo" não seria, justamente, a expressão de uma violência.

Assim, nunca existirá uma sociedade totalmente "anárquica", liberada do poder, livre da opressão. A anarquia absoluta é a utopia absoluta. Como indica o seu nome (*ou topos*, em lugar algum), ela nunca existirá.

Toda sociedade real, se quer perdurar, é obrigada a dispor de um órgão de poder específico e de leis — cuja eficácia conjunta permite dar, ao estado de guerra social, a aparência tranqüilizadora e desejável da paz.

De todo modo, esse órgão de poder não é necessariamente obrigado a assumir a forma do Estado-nação, coercitivo e centralizador tal como o conhecemos há alguns séculos.

Ele poderia muito bem revestir-se de outras formas — inclusive formas inéditas, em que ainda não pensamos.

Além do Estado, o poder continua. A política também.

Isso não significa que não tenhamos nada melhor a fazer do que nos entregarmos à utopia — como alguém se entrega aos decretos do destino ou da Providência divina.

Porém, mais pragmaticamente, isso significa que a "auto-instituição" da sociedade (como dizia Castoriadis) nunca está concluída. Em suma, não é proibido sonhar.

E, como não há sonho que não se alimente de alguma lembrança da realidade, ou da nostalgia de alguma "infância" perdida, desejo, para concluir este percurso, deter-me um instante naquilo que é, em minha opinião, o mais fascinante "sonho" do Ocidente moderno: a teoria da "sociedade primitiva" como "sociedade contra o Estado".

Em outras palavras, como sociedade que conseguiu, se não atingir o estado "ideal" de anarquia, pelos menos aproximar-se o mais possível dele.

SELVAGENS SEM DEUS NEM SENHOR

Essa teoria tem uma origem histórica precisa. Ela remonta ao "descobrimento" do Novo Mundo.

Efetivamente, foi no rastro de uma conquista colonial que os europeus viram surgir à sua frente, pela primeira vez, "selvagens" — no caso, índios. Convencidos do preconceito de que sua própria civilização só podia ser a melhor, começaram por avaliar as culturas que encontravam pela medida daquela na qual tinham nascido. E o que os impressionou logo de saída (nesse ponto, todas as declarações dos primeiros "cronistas" concordam) não foi tanto o fato de que os índios andavam nus, ignoravam a escrita ou não dispunham da tecnologia européia. Foi principalmente o fato de que pareciam viver "sem fé, sem lei, sem rei". Ou seja, "sem Deus nem senhor".

Essa observação foi tão repetida, a partir do século XVI, que merece atenção, embora seja manifestamente errônea.

Os índios, por exemplo, não eram "sem fé". Cada uma de suas sociedades possuía o seu próprio corpus de mitos e rituais, seu próprio sistema religioso. Mas esses sistemas não se pareciam com aqueles existentes na Europa. Não eram controlados por uma casta de "padres" facilmente identificáveis. Não se encarnavam em lugares de culto visíveis por todos. Enfim, não exerciam nenhum poder direto sobre a moral individual ou social. Isso bastou para induzir em erro os cronistas. E fazer com que eles acreditassem na ausência de religião, quando não encontravam os traços que, para eles, desenhavam o rosto familiar desta.

Também, vindo de Estados em plena força, de monarquias absolutas em que o peso da centralização se fazia sentir cada vez mais, só podiam se surpreender ao descobrir sociedades que, aparentemente, viviam sem regras nem hierarquia. Sem rei nem lei? Talvez não. Mas o fato é que as sociedades indígenas tradicionais nem sempre têm chefe "permanente". E que, quando têm, este não parece dispor de nenhum poder coercitivo sobre o grupo, de nenhuma capacidade de fazer violência contra seus "súditos".

Estranha "ausência", na verdade. Entretanto, essas sociedades — pelo menos quando se respeita sua independência — não parecem minadas pela desordem ou arruinadas pelo caos. Montaigne e La Boétie (que recolheram, no porto de Bordeaux, todo tipo de histórias sobre os índios), e depois Diderot e Rousseau, quando estudaram esse paradoxo, só puderam resolvê-lo traduzindo-o em uma fantasia: o "bom selvagem". Os índios seriam, por natureza, tão virtuosos que não teriam necessidade de senhor? Viveriam sob o reinado da graça? A América seria (como ainda disse Whitman) o paraíso terrestre?

Essa fantasia, como sabemos, durou até o século XIX. Depois, a antropologia incipiente a encerrou em nome de uma explicação mais "positiva", menos romântica. Não, os índios não são nem melhores nem piores do que os outros homens. São homens, simplesmente. Mas homens socialmente imperfeitos, politicamente inacabados. Em suma, "primitivos".

O que esse termo quer dizer, na pena dos "eruditos", é claro. Os "primitivos" pertencem ao estágio mais antigo do desenvolvimento da humanidade. Tanto na ordem política como na ordem da técnica, falta-lhes todo tipo de invenções que nos são familiares. Essa falta é o sintoma de seu atraso no caminho da evolução. O sentido dessa evolução, em contrapartida, é evidente. À medida que evoluem, as sociedades devem se dotar de um Estado. O Estado é o símbolo do progresso, a única forma política que convém a povos que alcançaram a maturidade. Os que o ignoram ainda estão à espera desse "tornar-se adulto", prisioneiros de uma "infância" prolongada demais. Uma infância à qual a conquista — justamente — deve pôr um termo definitivo.

Favorecido, na segunda metade do século XIX, pelo triunfo do evolucionismo, esse novo mito de aparência científica acarreta duas conseqüências importantes para a descrição dos "primitivos".

Primeira conseqüência: suas sociedades são doravante qualificadas de sociedades "sem história", pois se desenrolam, como se acredita, em um tempo imóvel.

Segunda conseqüência: para explicar esse imobilismo, é preciso imaginar alguma imperfeição congênita ou algum atraso constitutivo do espírito "primitivo". Forjado por Lucien Lévy-Bruhl por volta de 1900, o conceito de "mentalidade prelógica" permite dar a esse "atraso" intelectual uma formulação de acordo com os cânones da psicologia da época.

Essa construção teórica tem sua coerência. Mas é claro que ela cumpre, antes de tudo, uma função ideológica. É claro que serve apenas para tranqüilizar a consciência de uma antropologia colonial preocupada em legitimar, por pseudo-argumentos, a expansão "branca" (e até "etnocida", para retomar a expressão de Robert Jaulin).

Com o fim da colonização e seu questionamento a partir da II Guerra Mundial, as fraquezas dessa construção não tardam a aparecer.

Por um lado, o olhar antropológico se sofistica. Estudando mais seriamente as sociedades primitivas (expressão imprópria, mas que é conservada por comodidade), os ocidentais descobrem que estas se organizam em torno de estruturas políticas mais complexas do que imaginavam. Sua descrição se torna objeto de uma disciplina autônoma, a antropologia política. Esta, depois das pesquisas pioneiras de W.C. MacLeod (1924) e R.H. Lowie (1927) sobre a origem do Estado, toma impulso com a publicação simultânea, em 1940, de três obras magnas. As duas primeiras, *Os Nuer* e *O sistema político dos Anuak* — referentes a duas etnias vizinhas da África Oriental — são de E.E. Evans-Pritchard. A terceira, *Os sistemas políticos africanos*, é um livro coletivo dirigido por E.E. Evans-Pritchard e Meyer Fortes, e prefaciado por A.R. Radcliffe-Brown.[1] Todas as três abrem caminho para uma série de trabalhos (cada vez mais numerosos, ao longo das décadas seguintes) que nos oferecem enfim uma imagem confiável e detalhada daquilo que se poderia chamar de política dos primitivos.

Por outro lado, desde o fim dos anos 30, antropólogos mais atentos ao seu "objeto", menos imbuídos de preconceitos ou mais abertos à crítica anticolonialista, questionam o duplo mito das sociedades "sem história" e da "mentalidade prelógica". Um papel determinante é então o de Claude Lévi-Strauss. Das *Estruturas elementares de parentesco* (1949) aos quatro volumes de *Mitológicas*, publicados vinte anos depois, passando pelo texto decisivo de *O pensamento selvagem* (1962), Lévi-Strauss não cessa de explicar que a mentalidade primitiva, capaz de elaborar as construções intelectuais mais sofisticadas, não merece de forma alguma o qualificativo de "prelógica".

Aliás, não existe uma mentalidade própria dos primitivos. No máximo, pode-se dizer que seu pensamento, sem ignorar as regras da lógica universal, também funciona, em certas circunstâncias, segundo outros esquemas — associativos ou participativos — cujo vestígio se encontra, no Ocidente, em atividades como a criação artística ou o artesanato. O pensamento dos selvagens não é portanto diferente do nosso por natureza.

Trata-se simplesmente de um "pensamento selvagem" adaptado a um ambiente particular e a uma escolha específica de vida.

Paralelamente, Lévi-Strauss mostra que essa escolha de vida não implica absolutamente uma recusa da história em geral. Como todas as sociedades, as dos primitivos estão inseridas na história — uma história pouco conhecida, mas cuja lembrança sobrevive na tradição oral. Em contrapartida, elas desconfiam do processo "cumulativo" — aumento de riqueza ou de população — que ameaçaria o equilíbrio precário sobre o qual se fundam. Em resumo, se essas sociedades tendem a afastar de si o espectro de uma história "quente" (semelhante à que conduz o Ocidente), é porque elas optaram por uma história "fria", mais de acordo com a idéia que têm das condições de sua sobrevivência.

Lévi-Strauss introduz assim, na antropologia, uma revolução cujas implicações filosóficas nos levam de volta, paradoxalmente, a Montaigne e Rousseau. Sem idealizar os "selvagens" (como prova o tom pessimista de *Tristes trópicos*), ele os reabilita. Estabelece que seu pensamento e seu modo de existência devem ser apreciados por si mesmos, e não como formas inferiores dos nossos. Condenando o etnocentrismo, proclama a igual dignidade das culturas (*Raça e história*, 1952).

Mas abstém-se de tirar dessa afirmação as conseqüências que se impõem no campo propriamente político.

Esse passo suplementar será dado por Pierre Clastres.

CHEFES BEM DIFERENTES

Nem comunista (embora tenha lido Marx atentamente), nem anarquista (no sentido estrito), Pierre Clastres (1934-77) se sente, todavia, bem mais próximo da corrente "libertária" (no sentido francês do termo) que do marxismo. Durante seus anos de estudo, freqüenta "Socialismo ou barbárie", movimento criado em 1949 por Claude Lefort e Cornelius Castoriadis. Depois, viaja para a América do Sul. Alguns meses antes de sua morte, funda com Lefort, Castoriadis e alguns outros uma nova revista, cujo título soa como uma palavra de ordem: *Libre* (1977-80).

Clastres é pois um intelectual "engajado". Mas, se suas simpatias políticas não podem ser ignoradas, elas não o impedem de ser, principalmente, um pesquisador de campo. De 1963 a 1974, permaneceu muitas vezes entre os índios: Guarani, Guayaki e Chulupi no Paraguai, Guarani no Brasil, Ianomami na Venezuela — "a derradeira sociedade primitiva livre, na América do Sul certamente, e talvez também no mundo", escreve ele, não sem algum romantismo, em 1971.[2] Além disso, é um leitor atento dos cronistas da conquista, assim como de Montaigne e de La Boétie — os dois primeiros filósofos a se interessarem pela concepção "selvagem" da liberdade.

A sociedade contra o Estado, a obra magna de Clastres, data de 1974. Trata-se de uma coleção de artigos, dos quais o primeiro, "Copérnico e os selvagens" (1969), apresenta a revolução "copernicana" que o autor deseja importar para a sua própria disciplina, a antropologia política. Esta, segundo seu modo de pensar, nem sempre escapa ao etnocentrismo denunciado por Lévi-Strauss (a quem Clastres presta uma homenagem explícita). Se a antropologia quiser se livrar do etnocentrismo, deve mudar de método. Para compreender as sociedades primitivas, queremos sempre remetê-las a nós, como se fôssemos o centro do mundo. Pelo contrário, devemos remeter-nos a elas, e perguntar por que nos afastamos a tal ponto do modelo que elas nos oferecem.

Efetivamente, essas sociedades são, de certa maneira, exemplares. São sociedades sem Estado. As únicas ou as últimas sociedades sem Estado atestadas pela história. Mais ainda, longe de serem assim por acaso ou por efeito de algum retardo, elas só são *sem* Estado porque são *contra* o Estado. Em outras palavras, porque desenvolvem uma estratégia deliberada para prevenir a diminuição das liberdades individuais, que a emergência de um poder estatal (isto é, ao mesmo tempo coercitivo e centralizado) não deixaria de provocar.

Não se trata, é claro, de atribuir aos índios a misteriosa premonição de um futuro que, evidentemente, eles ignoravam. Mas trata-se de investigar o método com o qual eles se dedicaram, durante séculos, a sufocar em suas próprias sociedades toda tendência à concentração — nas mãos de um só ou de alguns — do poder político.

Vamos observar o funcionamento da chefia indígena. Primeiro, o chefe, nos casos em que este existe, nem sempre é fácil de identificar. Nem seus ornamentos, nem seu hábitat, nem seu modo de vida o distinguem dos outros. Nada é mais notável do que a semelhança das condições no interior da sociedade primitiva. Mas o chefe não é desprovido de todo privilégio. O principal daqueles que acompanham o seu cargo, freqüentemente hereditário, é a poliginia (quando a sociedade à qual ele pertence é monógama), ou a faculdade de ter mais esposas do que o resto dos homens (quando estes já praticam a poliginia).

Em contrapartida, o chefe tem deveres. Por um lado, está sujeito à obrigação de dar presentes a todos aqueles que, em sua comunidade, os solicitam. Por outro lado, é obrigado a pronunciar ritualmente, na aurora e no crepúsculo, longos discursos que ninguém escuta e cuja única função é lembrar aos outros as virtudes dos ancestrais — particularmente, o gosto destes pelo bom entendimento. Mas esses discursos tranqüilizadores não dão ao chefe um verdadeiro poder de arbitragem judiciária. Aliás, ele não dispõe de nenhum poder "coercitivo" propriamente dito. Não se trata, para ele, de impor suas decisões ao restante da sociedade. Caso se arriscasse a isso, caso fizesse a imprudência de "brincar de chefe", ele se exporia a ser destituído. E até, em alguns casos, a ser morto.

Como observa Clastres, os traços estruturais da chefia indígena a situam fora do espaço da cultura, fundado na regra da troca recíproca. A poliginia rompe o círculo da troca das mulheres. A obrigação de dar presentes rompe o círculo da troca dos bens. Os longos discursos rompem o círculo da troca de palavras. Como efeito dessa tríplice ruptura, o chefe é lançado para o lado da natureza, assimilado às forças que ameaçam a sobrevivência da sociedade. Assimilação que, por sua vez, confirma que os indígenas vêem na chefia um perigo potencial para o grupo.

Como neutralizar esse perigo?

A estratégia indígena é dupla. Consiste, por um lado, em atribuir ao chefe apenas um poder insignificante: o de falar no vazio. E, por outro lado, em dar à sociedade inteira o verdadeiro poder: o de tomar, coletivamente, as decisões que empenham o futuro do grupo. Estas, longamente discutidas, devem ser objeto de um consenso tão amplo quanto possível antes de serem postas em prática. Com isso, o aspecto abertamente "coercitivo" do poder é, se não esvaziado (como Clastres, um tanto apressadamente, tende a dizer), pelo menos amenizado. O chefe não goza de nenhum poder desse tipo. Quanto aos outros membros do grupo, se obedecem a uma coerção (a decisão coletiva), não têm a impressão de que esta lhes é imposta por uma pessoa ou instituição "central" exterior a eles.

As sociedades indígenas não são pois "anárquicas", rigorosamente falando. Se o seu funcionamento tende a tornar impossível o surgimento de um órgão de tipo "estatal", se elas "aliviam" ao máximo o peso psicológico das relações de poder, não as ignoram totalmente.

Também não estão a salvo da violência política — como prova a importância que assume, em sua existência cotidiana, o fenômeno da guerra.

FUNÇÃO DA GUERRA PRIMITIVA

A guerra entre grupos vizinhos é um efeito extremamente comum entre os indígenas. Dos cronistas da idade clássica até os antropólogos modernos, todos os observadores enfatizaram isso. Nem sempre conseguiram elucidar a significação de tal prática, nem compreender por que ela não resultava, como se poderia temer, na constituição de impérios ou de castas político-militares.

Para esse enigma, Clastres propõe uma explicação interessante, que prolonga, confirmando-a, a sua tese sobre a ausência de Estado como recusa do Estado. Dois de seus textos de 1977 merecem ser lidos com atenção a respeito desse ponto: "Arqueologia da violência" e "Infelicidade do guerreiro selvagem".[3]

Clastres começa observando que a antropologia, até então, se limitou a propor três interpretações da guerra primitiva: "naturalista", "economista" ou "intercambista".

A primeira (defendida pelo pré-historiador André Leroi-Gourhan) vê na guerra uma simples variante da caça, isto é, um comportamento de origem biológica, motivado pela procura de uma presa comestível: hipótese negada pelo fato de que a guerra entre indígenas não tem por fim a antropofagia.

A segunda interpretação (em geral, a dos marxistas) amplia a primeira, assimilando a guerra a uma atividade de pilhagem provocada pelo subdesenvolvimento das forças produtivas nas sociedades primitivas: tese refutada pelos trabalhos de Marshall Sahlins, estabelecendo de maneira definitiva que essas sociedades, longe de viverem na miséria, gozam, pelo contrário, de uma certa abundância, pelo menos em matéria alimentar.[4]

Quanto à terceira interpretação (a de Lévi-Strauss, da qual Clastres se afasta, sublinhando, com razão, a incapacidade do estruturalismo para pensar a história, a violência, o conflito, em suma a especificidade da instância política), consiste em inserir a guerra no ciclo eterno das trocas sociais, feito de alianças e de rupturas alternadas — o que equivale, em suma, a dissolver a dimensão institucional que é a sua nas sociedades indígenas.

Porque reduzem o sentido da guerra a fatores externos (de ordem biológica, econômica ou sociológica), essas três explicações são insuficientes. Rejeitando-as em bloco, Clastres encara a guerra como ela é: um fenômeno propriamente político. E procura seu significado em seus efeitos.

Ora, o principal efeito da guerra entre sociedades indígenas não é a conquista, mas, ao contrário, a fragmentação. Os confrontos, aliás breves, que as opõem a intervalos regulares, permitem a essas sociedades permanecerem independentes entre si. A hostilidade que se dedicam mutuamente mantém entre elas uma distância salutar. Graças a essa distância, cada uma delas preserva seu modo de vida autárquico, e logo sua autonomia política. Nesse estado de guerra generalizada, não há vencedor nem vencido definitivos. Existem apenas grupos que se batem para não ter que submeter-se a seus vizinhos. Longe de resultar na constituição de impérios, a guerra é apenas um modo de prevenir-se contra o Estado. Uma estratégia, em outras palavras, a serviço de uma escolha política.

Resta o problema dos guerreiros. O sucesso de suas armas não poderia lhes dar a vontade, quando retornam a seu lugar, de estabelecer seu poder sobre o grupo cuja existência acabam de salvar?

Tudo tende a demonstrar que esse risco é cuidadosamente evitado. Primeiro, constatamos que os guerreiros vencedores retomam, depois da batalha, o curso de sua existência anterior, sem gozar de nenhuma vantagem material. Sua única recompensa é o prestígio que adquiriram na ação. Além disso, esse prestígio não é destinado a durar, quando não é imediatamente posto à prova em uma nova expedição militar. Na hierarquia dos valores indígenas, não há louros conquistados uma vez por todas: a bravura é uma virtude que deve ser provada incessantemente. Essa necessidade de uma tensão permanente obriga os jovens guerreiros a lançar-se em aventuras sempre mais audaciosas, em que acabam inevitavelmente encontrando a morte. Morrer jovem em combate: esse é o destino "infeliz" dos guerreiros selvagens. Isso significa que estes pensam em outra coisa, que não é o poder político. E que seus bandos turbulentos não têm nenhuma chance de se transformarem em castas dominantes.

Pierre Clastres estava nesse ponto de suas reflexões quando, de maneira acidental, também foi colhido pela morte.

Restou sua obra teórica, de uma importância considerável para a antropologia e para a filosofia política.

Depois de Clastres, as sociedades indígenas não podem mais ser estudadas sem que se leve em conta os dispositivos complexos pelos quais estas procuram impedir toda centralização do poder coercitivo, esforçando-se em salvaguardar, por outras vias, suas próprias estruturas tradicionais. Assim, depois de Clastres, não é mais possível confundir "poder" e "Estado" — e afirmar que o primeiro se reduz necessariamente ao segundo.

Mas também não se pode mais fazer da sociedade primitiva a encarnação de uma "Arcádia feliz".

Ou seja, de uma "anarquia" tranquila, na qual ninguém seria obrigado a obedecer, e da qual a violência teria sido expulsa para sempre.

UMA OUTRA INFÂNCIA: A ÁFRICA

Poder-se-ia objetar que o campo das sociedades indígenas, suporte das análises precedentes, não esgota o espaço das sociedades primitivas em geral; que aquilo que é verdadeiro para os povos da Amazônia poderia não o ser em outros continentes.

Essa objeção legítima tem uma resposta nos trabalhos dos antropólogos africanistas. Trabalhos que, no conjunto, confirmam as hipótese de Clastres — com ainda mais credibilidade porque foram elaborados de modo completamente independente deste.

As sociedades africanas tradicionais apresentam uma grande diversidade de estruturas políticas. Nelas, encontram-se alguns Estados organizados, formas estatais embrionárias, e também muitas sociedades cujo funcionamento lembra o das sociedades indígenas.

No seu trabalho sobre os Nuer do Sudão, Evans-Pritchard já observara que esse povo parecia ignorar até a figura do "líder". "No país Nuer", escreveu ele, "nenhuma pessoa, nenhum conselho é investido das funções legislativa, judiciária e executiva".[5]

Comentando esse texto, Luc de Heusch esclarece que uma tribo Nuer "se compõe de vários segmentos territoriais, encaixados segundo o modelo de segmentação por linhagem. Cada território é associado a um clã 'dominante', que não detém nenhum privilégio político: seus ancestrais se definem simplesmente como os primeiros habitantes do lugar, o que confere a seus descendentes um certo prestígio". E conclui: "Esse enraizamento primeiro fornece o princípio estrutural de uma organização política ferrenhamente democrática."[6]

Os sucessores de Evans-Pritchard encontram uma situação semelhante entre outros povos africanos. Luc de Heusch, por exemplo, estudando nos anos 50 os Tetela do Kasai, constata que existe realmente entre eles uma forma de chefia "sagrada", mas que os responsáveis por esse cargo ritual não intervêm na regulamentação da ordem pública. A separação das duas esferas, religiosa e política, é completa. Ele acrescenta: "comparável, *mutatis mutandis*, à que opõe o chefe amazônico ao xamã."[7]

É verdade que a realeza sacra (que Frazer fora o primeiro a descrever, sob o nome de realeza "divina", no fim do século XIX) pode assumir, em certas sociedades africanas, uma função política mais afirmada, como se constituísse apenas uma forma de transição para o

Estado. Entretanto, mesmo nesse caso, o rei sagrado está longe de ser um chefe todo-poderoso.

Analisando o status deste entre os Mundang de Léré (Chade), Alfred Adler nota que múltiplos dispositivos simbólicos se opõem a que ele goze de um verdadeiro poder coercitivo — como se os Mundang, conscientes de possuir um embrião de instituição estatal, achassem necessário fazer tudo para impedi-la de tornar-se um fator de divisão social.[8]

Ao mesmo tempo, Adler e outros africanistas, refletindo sobre sua experiência de campo, chegam a conclusões próximas das de Clastres a respeito da guerra. Na África, dizem eles, como entre os indígenas, os incessantes conflitos armados entre grupos vizinhos não têm outra finalidade senão permitir-lhes conservar, ao mesmo tempo, sua independência política e sua auto-suficiência econômica. Assim, também esses conflitos fazem parte de uma estratégia que visa prevenir o surgimento de Estados fortes. Constituem o preço a pagar pela salvaguarda de uma certa concepção de existência.

São inúmeros os exemplos desse gênero. Todos provam que poder e violência andam juntos. E que nenhuma sociedade pode escapar a seu domínio — mesmo que a forma "Estado" seja apenas uma das figuras possíveis do poder, e não sua encarnação necessária.

De todo modo, apesar das defesas erguidas contra ele, o Estado "coercitivo", em um sentido próximo do sentido moderno, acabou se impondo em certas sociedades africanas tradicionais séculos antes da colonização. Do mesmo modo, no continente ameríndio, dois grandes impérios pelos menos — os dos incas e o dos aztecas — prosperaram durante muito tempo antes da conquista. Deve-se concluir que seu surgimento se devesse a um processo inevitável? E que é preciso voltar ao velho esquema etnocêntrico que faz do Estado o termo "derradeiro" ou "superior" de uma evolução "natural"?

Não, pois nenhuma lógica simples comanda a gênese do Estado. Quando esta ocorre, é sempre — tanto quanto se saiba — por efeito de causas múltiplas, singulares e acidentais. Clastres pôde esboçar apenas a análise dessa gênese, na qual via a ação de fatores demográficos (crescimento brutal da população vivendo em um território dado) ou culturais (tomada do poder político por um chefe religioso, graças, notadamente, a uma "migração" coletiva de tipo messiânico provocada por uma catástrofe natural ou ecológica). Poderíamos acrescentar os fatores de ordem econômica. Clastres os recusava, pois, sendo cético em relação à antropologia marxista, não acreditava possível aplicar às sociedades primitivas esquemas que privilegiassem a noção de "produção". Para ele, era o nascimento do Estado que devia explicar o nascimento das classes sociais, e não o contrário.

Sem dúvida, seria conveniente flexibilizar esse ponto de vista. Quando, no "Crescente Fértil", três mil anos antes de nossa era, surgem os primeiros Estados historicamente conhecidos, seu nascimento, na Suméria como no Egito faraônico, parece ligado a uma transformação econômica. Efetivamente, só o desenvolvimento de uma agricultura produtora de excedentes capazes de alimentar a casta burocrática pode ter permitido o surgimento dessa casta. Seja como for, essa própria transformação não tinha nada de uma fatalidade. E não constituiu, provavelmente, por si só; a única "causa" do Estado.

O Estado não é portanto o produto de uma necessidade transcendente à história.

Nascido do acaso, ele só existe à maneira de uma contingência. É por isso que, também, ele é capaz, um dia, de desaparecer — embora, com toda a evidência, esse dia não seja amanhã.

Pode-se imaginar, no futuro longínquo, um mundo sem Estado.

Em contrapartida, não se pode imaginar um mundo sem política — um mundo preservado de toda violência, desprovido de toda estrutura de poder.

As sociedades primitivas, como acabamos de ver, não eram absolutamente paraísos desse tipo. Como, então, as sociedades "modernas" poderiam tornar-se paraísos, ao passo que se trata de sociedades de grandes dimensões, dotadas de escrita e caracterizadas por uma estratificação (econômica e social) complexa? E, mesmo que uma catástrofe climática, ecológica ou nuclear acabasse destruindo, acidentalmente, essa complexidade, não seria verossímil que os sobreviventes não perdessem, com isso, nem o gosto pelo poder, nem pela política?

Aceitar esta última hipótese não equivale a confundir Estado e política. A política é inevitável. O Estado não. Ele é apenas a face contingente assumida, hoje, pela política. E, se ele é um mal, um mal necessário mas sempre um mal, esse mal é apenas "provisoriamente" necessário.

"Provisoriamente". Ou seja, durante mais alguns séculos. Mas certamente não "para sempre".

Vamos confiar na capacidade de "auto-instituição" das sociedades humanas. Não apenas por "espírito de utopia". Mas porque está na natureza das coisas que *tudo* mude. E que talvez um dia acabaremos tentando escapar, por nós mesmos, a essa "servidão voluntária", na qual La Boétie, em um célebre *Discurso* escrito há mais de quatro séculos, já nos acusava — não sem razão — de nos comprazermos.[9]

11. Quem Tem Razão?

"Se dependesse de mim, meu caro, as coisas não seriam assim!"

"As coisas não seriam assim": ou seja, elas *mudariam.*

Mudar. Influenciar o curso das coisas. É isso, evidentemente, que está em jogo na diferença — capital — entre "gestão" e "política".

Mas a mudança é possível? E, em caso afirmativo, através de que caminhos?

São essas, como vimos neste livro, algumas das interrogações que habitam, há mais de 25 séculos, a consciência ocidental. Mas também vimos que as respostas que ela lhes dá variam consideravelmente de um filósofo para outro. Alguns apostam que nada mudará, outros que tudo deve mudar. Outros ainda que nada é seguro, nem em um sentido nem em outro, e que, por conseguinte, *algo* pode mudar. Ou ainda: que *qualquer coisa* (ou quase isso) pode acontecer (de repente).

Quem tem razão?

E, principalmente, estamos certos de que as perguntas que faz a filosofia política têm um sentido? São essas as boas perguntas, bem formuladas, legítimas, até necessárias?

Por exemplo, podemos, ao fim do nosso percurso, situar claramente o campo que essas perguntas delimitam, o campo da "filosofia política", em relação a outros campos do pensamento, de modo a estabelecer definitivamente sua objetividade e seu rigor?

Vamos ser sinceros: não temos nenhuma certeza.

As Preocupações da Filosofia

Para começar, será que deveríamos tentar caracterizar a filosofia política por sua dupla oposição à "ciência" política, por um lado, e às "ideologias" políticas, por outro?

Diríamos, por exemplo, que estas são pseudo-teorias a serviço de movimentos determinados; que a "ciência" política é uma ciência social entre outras, preocupada em estudar com imparcialidade a realidade desses movimentos, assim como das "ideologias" que os acompanham; ao passo que a função da filosofia política seria refletir, não só sobre aquilo que é, mas também sobre aquilo que deveria ser?

Porém, na prática, essas fronteiras (úteis mas difíceis de balizar) são incessantemente transgredidas. Vamos dizer sem rodeios: acerca da política, reino da ação pura, universo da contingência, não poderia existir "ciência", a não ser puramente descritiva. Mas nenhum especialista em "ciência" política se contenta com simples descrições. Com isso, a "ciência" em questão faz uso constantemente, como as "ideologias" políticas, de noções filosóficas mais ou menos bem compreendidas. Aliás, a recíproca é verdadeira: muitas vezes, a filosofia política, sem saber ou confessar, também toma empréstimos à "ciência" e às "ideologias" políticas.

Tentaríamos distinguir uma filosofia que fosse "política" de outra que não o fosse? Afirmaríamos — como aqueles que querem minimizar a importância do engajamento nacional-socialista de Heidegger — que existem neste, como em todo filósofo, textos "políticos" e textos "apolíticos"?

Afirmar a existência de tal "divisão"seria presunçoso. Seria necessário ter uma idéia excessivamente simples, ou até simplista, daquilo que é um "texto", um texto "filosófico" em particular, para acreditar que se pode assim cortar o fio de um discurso, dividi-lo em "fatias" e colar sobre umas ou outras "rótulos" previamente feitos.

Proporíamos, mais modestamente ainda, que se apreendesse a filosofia política a partir daquilo que a distingue dessa outra "disciplina" que se chama filosofia moral?

Esta, todavia, não é mais fácil de delimitar do que aquela. E, se um consenso suficientemente amplo reinou, de Platão a Tomás de Aquino, para fazer da filosofia política uma simples "aplicação" da filosofia moral aos problemas da cidade, esse consenso, definitivamente quebrado por Maquiavel, deu lugar, a partir de então, à idéia inversa, segundo a qual uma "diferença" importante separaria esses dois "ramos" da filosofia — e o problema de saber em que consistiria a "diferença" em questão ainda é objeto, infelizmente, de ásperos debates.

Para uns, a moral trata de ações individuais ou privadas ("é grave enganar o cônjuge?"); a política, de ações públicas ou coletivas ("devemos ou não derrubar Milosevic pela força?"). Para outros, os juízos morais, sendo *a priori*, têm um valor absoluto ("a mentira é, em si, odiosa"), enquanto os juízos políticos, de ordem puramente empírica, só poderiam ter um valor relativo ("o regime parlamentar é o menos mau entre aqueles que conhecemos").

Mais recentemente, surgiu uma tendência a relativizar esse gênero de oposição — em suma, uma tendência a "confundir" a fronteira entre moral e política. O fato é que muitos de nossos juízos políticos resultam de uma deliberação ao mesmo tempo racional e moral — como quando dizemos, desejando acabar com a "banalização" da Shoah, que "o nazismo não é um mal da mesma natureza que o comunismo, mas um mal absoluto". Uma grande parte da reflexão anglo-saxônica atual (mas também da de Habermas, que reata com Kant sobre esse ponto) gira assim em torno da intuição, clara embora pouco demonstrável, segundo a qual o território da política seria "delimitado", por todos os lados, pelo da moral, e só disporia, logo, de uma autonomia parcial.[1] Intuição que, entre outras coisas, inspira a busca de uma "nova ordem mundial".

Uma única certeza emerge dessas controvérsias. Se a política não é a mesma coisa que a moral, e mesmo que a primeira tenha tendência a libertar-se da tutela da segunda, ela não poderia lhe escapar totalmente e para sempre. Pode-se dizer a mesma coisa em termos mais cínicos, sem recorrer ao "transcendental" kantiano: já que nenhum príncipe, nenhum Estado pode estar certo de subtrair-se indefinidamente à reprovação suscitada por seus crimes, é do interesse do príncipe ou do Estado não se comportarem de maneira sistematicamente imoral. O medo do castigo, infelizmente, continua sendo o começo da sabedoria.

Além dessa constatação (que o próprio Maquiavel aprovaria), cada filósofo tende a conceber as relações entre moral e política de um modo que pertence apenas a ele. Vimos neste livro múltiplos exemplos desse fato.

Seria possível, enfim, definir a filosofia política pela posse de um "corpus" de temas ou de problemas que lhe seria próprio, ou pela posse de um "método" que lhe seria específico?

Temo que, mais uma vez, não se trate de nada disso.

Temas e problemas variaram extremamente ao longo do tempo. No século XVIII, a noção que provocou as mais vivas controvérsias foi a de "liberdade". No século seguinte, a "igualdade". No início do século XX, a "revolução". Nos anos 70, a "justiça". Amanhã, será a "supranacionalidade". Embora essas transformações se expliquem culturalmente, seria extravagante atribuir-lhes um significado providencial. A sucessão dos grandes debates que marcaram o desenvolvimento da filosofia política apenas reflete as metamorfoses da nossa sociedade, as mutações que incidiram sobre nossas "preocupações" — e até sobre nossas "modas" intelectuais. A menos que sejamos completamente hegelianos, não afirmaremos que essas mutações expressam outra coisa a não ser a própria contingência da nossa história.

Quanto a saber se a filosofia política disporia de um método privilegiado para produzir enunciados "verdadeiros", é melhor renunciar a esse sonho.

A política é, por excelência, o assunto sobre o qual os homens nunca estarão de acordo. Talvez porque a finalidade última de toda discussão política (ao contrário, por exemplo, de uma discussão sobre os méritos comparados do vinho bordeaux e do vinho bourgogne) seja chegar a um acordo, graças a (ou a partir de) concessões recíprocas. E "fazer concessões" é uma coisa que os homens detestam.

De qualquer forma, os que querem se arriscar a navegar nas águas revoltas da filosofia política deverão se resignar a fazê-lo sem mapa nem bússola. Uma teoria política que nos parece "verdadeira", assim como observa corretamente Will Kymlicka no seu livro *As teorias da justiça: uma introdução* (1990), é apenas, na melhor das hipóteses, uma teoria "que concorda com as nossas convicções mais bem estabelecidas [*our considered convictions*], e que contribui para esclarecê-las".[2] Em resumo, você terá razão se concordar comigo se defender os mesmos "valores" que eu.

Certamente, esse não é um critério muito racional. Mas talvez seja necessário contentar-se com ele, enquanto não se encontrar outro melhor.

Isso significa que, decididamente, a filosofia política é indefinível? Que não tem lugar próprio? Que seu discurso não tem motivo, suas conclusões não têm interesse?

Nada disso. Porque, felizmente, a filosofia política tem inimigos. E a existência desses inimigos, de um deles particularmente, me parece largamente suficiente para justificar sua existência.

Qual é então esse "adversário" contra o qual teremos que lutar — e contra o qual a filosofia política, e só ela, nos daria os meios apropriados para combater?

Todos já adivinharam que se trata do "economismo".

As Pretensões da Economia

Curiosamente, quando falamos de "mudar" a sociedade, é com a economia que nos chocamos.

"O que você faz com as realidades econômicas?" Essa é a primeira objeção (e a última, pois ela basta para destruir tudo) que nunca se deixa de fazer aos que querem transformar o mundo. Como se a economia fosse o "real" que resiste aos "sonhos" dos filósofos, o avesso "sério" do seu "blablablá", o "rochedo" contra o qual estariam destinadas a naufragar as frágeis embarcações dos "utopistas".

Mais curiosamente ainda, esse discurso "economista" possui, como Jano, uma dupla face.

Ele é proferido, por um lado, pelos partidários do capitalismo liberal e, por outro, pelos últimos marxistas "ortodoxos".

Para seus acólitos, a vitória do capitalismo possui um significado quase teológico. Ela faz do capitalismo o *único* sistema econômico concebível. Que ele esteja longe de garantir a felicidade universal, que exclua por definição o pleno emprego, que o seu ritmo de crescimento diminua constantemente, que vá da "crise" à "quebra": nada disso importa. Para os economistas "liberais", o capitalismo se tornou um fim em si.

Tornando-se "mundial" pelo desaparecimento do bloco socialista, imposto na Europa pelas instituições comunitárias, favorecido sobre o resto do planeta pelos acordos do GATT, o "livre mercado" constitui doravante o ponto de referência de toda ação. À esquerda como à direita, se há uma tese que todos os partidos se acreditam obrigados a retomar em coro, é a idéia segundo a qual os governos deveriam deixar de se "imiscuir" nos fluxos econômicos. Sabemos no que dá isso, tanto no Ocidente (onde não se discute mais política, mas apenas esses terríveis "mercados" financeiros, que fazem tremer o mundo) quanto nos países em via de desenvolvimento (onde as populações pagam, cotidianamente, pelos erros de análise do FMI e do Banco Mundial).

Para os últimos "marxistas", o momento histórico que atravessamos pode, evidentemente, ser decifrado de maneira diferente. O fato de que o capitalismo, tornando-se mundial, não possa impedir nem as tormentas financeiras, nem a recessão, nem o desemprego faz pensar que ele está, finalmente, condenado a morrer: a "crise", necessariamente, acarretará a "revolução" (fórmula que, note-se, esquematiza consideravelmente o autêntico pensamento de Marx, que era muito menos "determinista", e muito mais sensível ao "político", do que em geral se acredita).

Pouco importa, nesse estágio, a incerteza na qual se encontram os defensores de um marxismo "científico" sobre a natureza exata (Capitalismo de Estado? Cogestão? Socialismo moderado?) do regime econômico que deveria substituir o capitalismo liberal. O importante é admitir (como ainda fazem, na Europa, os partidos de extrema esquerda) que uma transformação é simultaneamente possível e necessária — em virtude das próprias leis da economia, que exigem que as "contradições" sejam resolvidas de maneira "dialética". Axioma de que resulta que a mudança política acabará se fazendo, mas que será o efeito e não a causa das mutações econômicas. Em resumo, que a esperança continua, mesmo que não seja possível queimar etapas, nem, por enquanto, fazer outra coisa senão conviver com o sistema tal como ele é — esperando pacientemente que ele decida autodestruir-se.

É contra esse duplo "economismo", dos liberais e dos marxistas, que é necessário insurgir-se.

Efetivamente, ao contrário do que acreditam uns e outros, não é de pretensas "leis" da história, da economia ou do "mercado" que devemos esperar a salvação.

A história não tem leis. O "mercado" também não. A economia é, por excelência, uma falsa ciência. Do capitalismo, como do Estado, pode-se dizer, com razão, que ele *existe*; mas nada prova que ele *deva* durar eternamente — como também nada prova, atualmente, que ele *deva* desaparecer, nem que ele *possa* ser substituído por uma organização da produção que não resulte, sob uma forma diferente, na recriação dos "pobres" e dos "ricos".

Em suma, o futuro não cairá do céu.

Ele será o que os homens, coletivamente, farão dele.

Será o resultado de seus atos *políticos*.

Tanto é verdade que a política não é nada mais, afinal, do que uma espécie de "antieconomia". E a razão de ser da filosofia política, pelo menos há dois séculos, não é nada mais senão a necessidade de ajudar a política a afirmar-se contra o economismo.

AS VICISSITUDES DA POLÍTICA

Mas, pergunta-se cada vez mais, a política ainda tem futuro? Ela não está, em todos os sentidos do termo, "acabada", "superada" por novas formas de conflitos e de comprometimentos nos quais a democracia, no sentido clássico do termo, não se reconhece mais?[3]

Essa preocupação é compreensível. De fato, graves suspeitas pesam sobre a política. E não são só os *políticos* que as suscitam, porque o nível de sua moralidade caiu muito, ou porque seus discursos soam falso, ou porque suas manobras estéreis não interessam a mais ninguém.

Não é apenas a *democracia* que nos decepciona, porque o processo emancipador lançado pelo Século das Luzes nos dá hoje a impressão de estar totalmente em pane.

É a própria *ação política* que parece ter-se tornado vã.

O que se chamava outrora de "militantismo" é agora percebido como arcaico, ou mesmo "fora de moda". Os jovens, preocupados com suas dificuldades para inserir-se no mundo, não acreditam mais na possibilidade de transformá-lo. Seus antecessores se abrigam confortavelmente no casulo de seu conforto individual. Quem ainda freqüenta as reuniões do partido ou do sindicato? Quem distribui panfletos, cola cartazes, vai às manifestações? Nem as grandes pesquisas eleitorais fazem mais sucesso. O absenteísmo não pára de crescer. "Fazer o quê?" Essa é a grande pergunta, no bojo da qual prosperam os partidos de extrema direita — que, mesmo quando apenas repetem um antiparlamentarismo desgastado, aparecem algumas vezes como os últimos (para não dizer os únicos) a fazer ainda, "verdadeiramente", política.

É preciso *mudar* tudo isso.

Como?

Não deixando de lembrar (como já faziam, nas pegadas de Aristóteles, Hannah Arendt e Leo Strauss) que o homem é, antes de tudo, "animal político" (*zôon politikon*). E que, por isso, a ação política continua sendo, apesar das vicissitudes que a acompanham, uma das formas mais elevadas da atividade humana — ou pelo menos uma das mais dignas de interesse.

Tese que, por sua vez, pode ser entendida de diversas maneiras, segundo se pense naqueles que fazem da política a sua profissão, ou então nos "simples" cidadãos.

Os "profissionais" da política atravessam uma crise de identidade.

Por um lado, sentem-se cada vez mais obrigados a obedecer às pressões que exercem sobre eles os "lobbies" (no sentido americano do termo). Representando grandes interesses privados, quer se trate de interesses econômicos (deste ou daquele grupo de empresas) ou de interesses "categoriais" de todo gênero (da superestrutura "tecnocrática" que, de fato, controla o país, ou das diferentes "comunidades" regionais, religiosas etc. que o compõem), esses "lobbies" se enfrentam constantemente. Mas têm um traço comum: cada um deles tende, abertamente, a confiscar para seu proveito o "interesse geral". Ou seja, a dominar o poder público, a fim de dirigi-lo para o sentido que lhe convém.

Por outro lado, os políticos estão cada vez mais preocupados com sua imagem (pelo menos nas situações em que dependem do sufrágio universal). Ora, essa imagem é forjada pela mídia, que vive, por sua vez, sob a tirania do "índice de audiência", que os leva a invadir, cada dia mais, a vida privada dos homens públicos. A política é apenas, nessas condições, uma forma de "espetáculo" (como anunciou, já em 1967, Guy Debord) e o político um simples ator em um "video game". O que ele faz tem muito menos importância do que aquilo que os telespectadores acreditam que ele fez. E mais ainda porque as "crenças" destes não se refletem somente, de tempos em tempos, nos resultados eleitorais, mas, de modo permanente, nos das "pesquisas" — que dominam, doravante, a vida pública.

Assim, encurralado entre "lobbies" e mídia, o político "profissional", condenado a suportar o peso de uma fadiga sobre-humana, tem cada vez mais tendência a cruzar os braços, ou a "surfar" na onda, sabendo que isso não durará para sempre.

Evidentemente, não é assim que ele retomará o controle da situação.

Entretanto, nada está perdido, pois, a cada vez que aparece um político "atípico", aparentemente indiferente à tirania das "pesquisas" e à dos "peritos", esse homem atrai para si, durante alguns momentos, multidões entusiásticas. Não é isso uma prova de que bastaria um pouco de personalidade, ou de caráter, para inverter essa tendência?

Em suma, não bastaria "querer" para impor à mídia e aos "lobbies" outras regras de jogo?

Em um contexto diferente, e com palavras que eram suas, no fundo Maquiavel não dizia outra coisa: é preciso agir. E o seu desejo foi ouvido, pois, três séculos depois de sua morte, completou-se a unidade italiana.

É verdade que os tempos mudaram. Hoje ou amanhã, nada acontecerá, enquanto os "simples" cidadãos não expressarem, primeiro, o seu desejo de mudança.

Pelo voto, é claro. Mas também por outros tipos de ação, clássicos (greve, desobediência civil etc.) ou a serem inventados.

Isso não é fácil, porque o "simples" cidadão, no seu "modesto" nível, parece ainda mais convencido do que o político "profissional" da inutilidade de toda ação.

Assim, para fazer com que o cidadão mudasse de opinião, seria necessário começar por redefinir a cidadania.

Redefinir a cidadania significa:

• primeiro, repetir que esta não é um "brinquedo", mas uma dimensão fundamental, provavelmente a dimensão mais fundamental, mais intensa da existência humana, na medida em que "viver" quer dizer, antes de tudo, "viver junto", "viver com", compartilhar o espaço de uma "cidade" comum;

• depois, mostrar a realidade dos progressos conquistados, nos últimos cinqüenta anos, no campo político (defesa dos direitos individuais, repressão dos crimes de Estado, moralização das relações internacionais etc.), progressos que não teriam sido possíveis sem a formidável pressão exercida pela opinião pública dos países livres;

• enfim, enfatizar que as vicissitudes inerentes a toda ação política não devem nos desanimar de prosseguir a nossa ação, nem fazer-nos preferir à felicidade das gerações futuras (pelas quais somos responsáveis) o nosso conforto presente.

Na verdade, o que é o nosso "conforto presente" senão um outro nome ou um outro rosto para esse gosto masoquista pela morte, esse fatalismo desiludido que nos domina às vezes — essa "servidão voluntária", à qual nos é, decididamente, tão difícil de escapar?[4]

EPÍLOGO

Volto, pela última vez, à pergunta feita no capítulo precedente: quem tem razão? Seria o filósofo que afirma que tudo poderia ser diferente, ou o político que afirma o contrário?

Minha resposta é: o cidadão, é claro. Porque só ele sabe, com um saber incontestável, o que deveria, o que poderia mudar. E só ele pode fazer com que, finalmente, "as coisas sejam diferentes".

Entretanto, eu não desejaria que esse apelo a uma renovação da "cidadania" fosse ouvido, no contexto atual, como um convite banal a voltar aos valores "republicanos" — os do "melhor regime" aristotélico (*politeia*), ou os da República romana, que ainda celebravam, dois mil anos depois, os "pais fundadores" da nação americana, reunidos em torno de "Publius", o autor imaginário dos *Federalist Papers*.

Sem negar a parte de saudade desses tempos idos que todo elogio da "cidadania" comporta, nem contestar que o amor pela "coisa pública" seja uma louvável "virtude", eu preferiria entretanto que se ouvisse outra coisa.

Primeiramente, um apelo à "amizade".

Virtude cardinal para Sócrates, Platão, Aristóteles, La Boétie, Pierre Clastres e Michael Sandel, virtude "filosófica" por excelência, a *philia* é também uma virtude política. Ela é o laço que deveria unir "cidadãos" preocupados em manter entre si, apesar de suas divergências, uma espécie de "conversação" permanente. Em outros termos, é porque o amigo deve se preocupar com o "bem" do seu amigo que os amigos devem se preocupar, juntos, em fazer progredir o seu "bem" comum — e até em "conspirar", quando for preciso, ou seja, quando o interesse da cidade exigir.

Depois, um apelo à "imaginação". Mais do que nunca, o espírito cívico deve abandonar aos seus velhos esquemas a fim de estar pronto a acolher o que está para chegar — e que, por sorte, ainda não tem nome. Em uma palavra, o importante não é ter uma idéia nova cada dia (quem tem idéias "novas"?), mas saber reconhecer que se trata de uma revolução no dia em que a revolução surge. E principalmente se essa revolução assume um rosto (hoje, o da "nova ordem internacional") que não se parece em nada com aquele (da "sociedade sem classes") que ela ostentava há um quarto de século.

Cornelius Castoriadis, que não era grego à toa, conhecia os clássicos e foi um dos primeiros, à esquerda, a mandar o comunismo às favas, continuando a dizer-se revolucionário, repetiu até o fim da vida estas palavras, que vale a pena lembrar: "Em matéria de coerções inexoráveis, o ser humano precisa apenas de uma certa quantidade de calorias por dia e de algumas horas de sono. Quanto ao resto, tudo é possível."

Notas

Capítulo 1 — A Paisagem depois da Batalha

1. Sobre a interpretação kojeviana de Hegel, ver Alexandre Kojève, *Introduction à la lecture de Hegel. Leçons de 1933 à 1939 à l'E.P.H.*, reunidas e publicadas por Raymond Queneau, Paris, Gallimard, 1947.

2. Aqui, assim como na seqüência do texto, menciono apenas, para cada obra, a data de sua publicação original. Nas notas e na bibliografia, mencionarei apenas a data da edição ou da tradução francesa mais recente que pude consultar.

3. Ver Zbigniew Brzezinski, *Out of Control: Global Turmoil on the Eve of the Twenty-First Century*, Nova York, Scribner's, 1993, e Daniel P. Moynihan, *Pandaemonium: Ethnicity in International Politics*, Oxford e Nova York, Oxford University Press, 1993.

4. O jurista ultraconrvador Carl Schmitt declarou que era um argumento pobre dizer que a "democracia" é o menos ruim dos regimes possível, quando a verdadeira questão filosófica é saber qual é o melhor regime, no absoluto. Permitam-me discordar: seria preciso que o mundo fosse perfeito, e que os homens fossem anjos, para que a questão do "absoluto" tivesse um sentido inteligível.

5. Foi um discípulo americano de John Locke, Alexander Hamilton (um dos autores, com James Madison e John Jay, dos *Federalist Papers* (1787-1788), cuja influência foi determinante para a ratificação da constituição americana), quem inventou a expressão "governo representativo". Esta não tinha, para ele, nenhum sentido pejorativo. Muito pragmaticamente, Hamilton pensava que, sendo a democracia "direta" praticável apenas em países pequenos, só um regime "representativo" permitiria governar uma população espalhada por um vasto território — garantindo ao mesmo tempo, do melhor modo, a liberdade dos cidadãos, assim como sua participação nas principais decisões de interesse geral. A convicção de Hamilton se baseava em uma experiência concreta: um regime desse tipo funcionava — relativamente bem — desde meados do século XVII nos Estados puritanos da Nova Inglaterra.

Capítulo 2 — A Tolerância e seus Limites

1. Os principais textos de Pierre Bayle em favor da tolerância são *Critique générale de l'histoire du calvinisme de M. Maimbourg* (1681), *Nouvelles lettres de l'auteur de la Critique générale de l'histoire du calvinisme* (1685), *Commentaire philosophique sur les paroles de Jésus-Christ: "contrains-les d'entrer"* (1686) e enfim *Supplément du Commen-*

taire philosophique (1687). Nada prova que Locke tenha tido conhecimento desses textos antes de publicar (1689) a sua própria *Carta sobre a tolerância*. O verbete "Sainctes" do *Dictionnaire historique et critique* (publicado entre 1695 e 1697) prova, em contrapartida, que nessa data Bayle conhecia a *Carta*, e sabia que Locke era o seu autor.

2. John Locke, *Lettre sur la tolérance*, Paris, Flammarion, col. "GF", 1992, p.168-71.

3. Ibid., p.179.

4. Ibid., p.199.

5. "Não penso que seja uma necessidade indispensável que todos aqueles que ignoram que há um Deus desconheçam a honestidade que está unida ao reconhecimento. Pois é preciso saber que, ainda que Deus não se revele plenamente a um ateu, ele não deixa de agir sobre o seu espírito e de lhe conservar essa razão e essa inteligência pela qual todos os homens compreendem a verdade dos primeiros princípios de metafísica e de moral" (*Pensées diverses sur la comète*, 1682, retomado em Pierre Bayle, *Oeuvres diverses*, Haia, 1737, t.III, p.114b-115a).

6. Thomas Jefferson, *Notes on the State of Virginia*, edição apresentada por William Peden, Chapel Hill, The University of North Carolina Press, 1984, *Query XVII*, p.159.

7. A propósito do escandaloso silêncio das Luzes sobre o tráfico de escravos e a escravidão, ver Louis Sala-Molins, *Le code noir ou le calvaire de Canaan*, Paris, PUF, 1987, e *Les misères des Lumières. Sous la raison, l'outrage*, Paris, Robert Laffont, 1992.

8. Sobre os *cagots*, ver Christian Delacampagne, *L'Invention du racisme: Antiquité et Moyen Âge*, Paris, Fayard, 1983, cap.6, e também, do mesmo autor, o artigo "À propos des cagots et de quelques autres peuplades non moins énigmatiques", publicado no número 5 da revista *Le Genre Humain*, Paris, 1982.

9. Da abundante literatura dedicada a esse problema difícil, conclui-se que nem a língua, nem a religião, nem a cultura distinguem os Hutu dos Tutsi, que não é impossível (ao menos teoricamente) passar de um grupo ao outro, e que os próprios interessados nem sempre concordam quanto a saber se este ou aquele é hutu ou tutsi, mesmo que o colonizador belga tenha tentado "oficializar" essa discriminação em sua prática administrativa — infelizmente seguido, nesse ponto, pelos governos ruandeses sucessivos, desde a independência. Para mais detalhes, ver Dominique Franche, *Rwanda: généalogie d'un génocide*, Paris, Mille et Une Nuits, 1997.

10. Refiro-me aqui à minha entrevista com Noam Chomsky (publicada pelo jornal *Le Monde* de 1º de setembro de 1998), na qual Chomsky, preocupado em dissipar qualquer ambigüidade, qualifica a tendência "negacionista" de "pequena seita de malucos" (*crackpot cult*). Também interrogado por mim sobre a questão de um eventual limite para a liberdade de expressão, Ronald Dworkin, embora muito afastado politicamente de Chomsky, defende posições vizinhas das suas (ver *Le Monde* de 27 de abril de 1999). Para ambos, a incitação ao crime só é punível quando dirigida contra uma pessoa precisa e quando se produz em um contexto em que seja suscetível de ser seguida de efeitos imediatos. Dworkin, é verdade, mostra-se mais prudente: admite que, "se os nazistas estivessem ali na esquina", certamente ele daria uma resposta diferente. Mas quem sabe *onde*, exatamente, estão os nazistas?

Capítulo 3 — A Separação dos Poderes

1. De acordo com um costume que prevaleceu até o século XVIII, e que tende a restabelecer-se hoje, decidi respeitar, na tradução do título da obra de Aristóteles *As políticas*, o plural que aparece no original grego (*Ta politika*), e que sublinha o caráter relativista da reflexão aristotélica.

2. John Locke, *Traité du gouvernement civil*, Paris, Flammarion, col. "GF", 1992, p.250-1 (é Locke que grifa).

3. Sobre Jean Lemaire de Belges, e sobre a maneira como este distorceu, em um sentido deliberadamente anti-italiano, e logo anti-romano ou "antigalo-romano", as teses do dominicano italiano Giovanni Nanni, dito Annius de Viterbo (1498), estas também fundadas em múltiplas falsificações textuais e arqueológicas, será interessante consultar a obra de Walter Stephens, *Giants in Those Days: Folklore, Ancient History and Nationalism*, Lincoln e Londres, The University of Nebraska Press, 1989. Agradeço ao professor Gérard Defaux a indicação dessa obra.

4. Ver, especialmente, Carl Schmitt, *Parlementarisme et démocratie*, Paris, Seuil, 1988.

5. Conhecido pelo nome de "Estado francês" ou "regime de Vichy", o governo do marechal Pétain foi originário de uma decisão pela qual o parlamento dava a Pétain os "plenos poderes". Nenhuma disposição da Constituição da III República autorizava, todavia, o parlamento a conferir "plenos poderes" a quem quer que fosse, quaisquer que fossem as circunstâncias. Essa decisão não tinha pois nenhum fundamento legal.

6. Ronald Dworkin, *Prendre les droits au sérieux* (1977), trad. francesa, Paris, PUF, 1995, p.58-9.

7. Este capítulo estava sendo terminado quando o livro de Daniel Bensaïd *Qui est le juge? Pour en finir avec le tribunal de l'histoire* (Fayard) foi publicado, no começo de 1999. Qualquer que seja a estima que dedico aos precedentes trabalhos desse autor, esse livro me parece proceder de uma idéia totalmente falsa. Não, apesar do que diz Bensaïd, os juízes nem sempre "exageram": fazem simplesmente o seu trabalho. Não, o livre exercício do poder judiciário não tem como objetivo, nem como efeito, suprimir o debate político: ele se situa em outro nível, certamente, mas a coexistência do nível "político" e do nível "penal" é um fato que convém aceitar, e que não viola, muito pelo contrário, as regras do jogo democrático (uma democracia sem juízes não seria mais uma democracia). Finalmente, não, o "tribunal da história" não é, *a priori*, o pior dos tribunais possível: nossos julgamentos mais equânimes sobre o nosso passado — passado individual ou coletivo — são fundados sobre outra coisa que não seja o distanciamento no tempo?

Capítulo 4 — A Liberdade em Questão

1. Para Rorty, a superioridade da democracia, "evidente" por si mesma, não poderia ser estabelecida de maneira "mais evidente" por nenhuma "demonstração" filosófica: é o que explica um texto de 1984 intitulado "A prioridade da democracia sobre a filosofia", e retomado em Richard Rorty, *Objectivity, Relativism and Truth (Philosophical Papers*, t.I), Cambridge, Cambridge University Press, 1991; trad. francesa *Objecti-*

visme, relativisme et vérité, Paris, PUF, 1994. Voltando a esse tema de inspiração "pragmatista" em *Achieving Our Country: Leftist Thought in Twentieth-Century America* (Cambridge, Harvard University Press, 1998, p.30), Rorty, inspirando-se em Dewey, declara ao mesmo tempo que o principal mérito da democracia é "produzir menos sofrimento inútil do que qualquer outro tipo de regime", e que a convicção em questão não pode ser deduzida de nenhuma premissa que seja mais "certa" do que ela.

2. Leo Strauss, *Qu'est-ce que la philosophie politique?* (1959), trad. francesa, Paris, PUF, 1992, p.40.

3. Ibid., p.40-4.

4. A expressão "tirania da maioria" vem, é claro, do célebre capítulo 7 da segunda parte do livro de Tocqueville, *De la démocratie en Amérique*. No capítulo 2 da primeira parte da mesma obra, encontra-se também denunciado o risco de ver uma maioria democraticamente constituída dar força de lei às suas próprias concepções morais: foi exatamente o que fizeram os puritanos na América (Tocqueville cita, com consternação, o código elaborado em 1650 pela colônia de Connecticut, que punia — ainda! — o adultério como um crime e condenava — já! — o uso do tabaco).

5. Michel Foucault, *Dits et écrits*, Paris, Gallimard, 1994, t.III, p.535.

6. Ibid., t.IV, p.224.

7. Giorgio Agamben, *Homo sacer I: le pouvoir souverain et la vie nue* (1995), trad. francesa, Paris, Seuil, 1997, p.132.

8. Ibid., p.130.

9. Carl von Clausewitz, *De la guerre* (1832-1834), trad. francesa, Paris, Minuit, 1995, p.28.

10. Michel Foucault, "*Il faut défendre la société*", Paris, Seuil/Gallimard, 1997, p.16.

11. Ibid., p.40-4.

12. "Idéologie et appareils idéologiques d'État", artigo de 1970 retomado em Louis Althusser, *Positions*, Paris, Éd. Sociales, 1976, p.79-137.

13. Louis Althusser, *Montesquieu, la politique et l'histoire*, Paris, PUF, 1959, p.21.

14. Ibid., p.115.

15. Louis Althusser, *Écrits philosophiques et politiques*, Paris, Stock/IMEC, t.II, 1995, p.48.

16. Ibid., p.57.

17. Ibid., p.161.

18. Intitulada "Solidão de Maquiavel", essa conferência foi publicada em Louis Althusser, *Solitude de Machiavel (et autres textes)*, edição apresentada por Yves Sintomer, Paris, PUF, 1998.

19. Todavia, quero agradecer a Carisse e Gérard Busquet, que me lembraram a existência de um grande texto filosófico indiano, o *Arthasastra* de Kautilya, que lança, já no início da nossa era, os fundamentos de uma visão "realista" da política muito semelhante à que seria, 1500 anos mais tarde, a política de Maquiavel.

Capítulo 5 — A Hipótese do Contrato

1. Dos três grandes diálogos de Platão dedicados à política, *O político* é considerado como o segundo: posterior à *República*, mas anterior às *Leis*.

2. Ver, sobre esse ponto, Michel Senellart, *Les arts de gouverner: du* regimen *médiéval ao concept de gouvernement*, Paris, Seuil, 1995.

3. Os "monarcômacos" eram protestantes franceses que, na segunda metade do século XVI, para denunciar a monarquia absoluta "de direito divino" (e de obediência católica), desenvolveram a tese segundo a qual o poder real não poderia se exercer sem o consentimento do povo. Sua obra mais célebre é o *Vindiciae contra tyrannos* (1579), de Étienne Junius Brutus, pseudônimo que inclui provavelmente dois autores, Duplessis-Mornay e Hubert Languet.

4. Carl Schmitt, *Der Leviathan in der Staatslehre des Thomas Hobbes Sinn und Fehlschlag eines politischen Symbols*, Colônia, Hanseatische Verlagsanstalt, 1938. Quanto ao artigo de Leo Strauss, "Remarques sur *La notion de politique* de Carl Schmitt" (1932), pode ser lido em francês em Carl Schmitt, *Parlementarisme et démocratie*, Paris, Seuil, 1988, p.187-214.

5. A expressão é de Mallet du Pan, em *Le mercure britannique*, II, 360.

6. O ensaio de Hume, "Of the original contract" ("Do contrato original") foi primeiramente publicado em 1748, em sua obra *Moral, Political and Literary Essays*, depois retomado em 1758 nos seus *Political Discourses*. Foi traduzido para o francês em David Hume, *Quatre essais politiques*, Mauvezin, TER, 1981, e retomado em David Hume, *Discours politiques*, Mauvezin, TER, 1993. Uma nova tradução dos *Essais moraux, politiques et littéraires* está em curso nas edições Vrin.

7. John Rawls, *Théorie de la justice* (1971), trad. francesa, Paris, Seuil, 1987, p.131. Note-se entretanto que a noção de "igualdade" dá lugar, em Rawls, à de "eqüidade" (ver capítulo seguinte).

8. Para uma crítica detalhada da tese inversa, cujo principal defensor em nosso século foi Carl Schmitt, remeto à obra de Charles Larmore, *Modernité et morale*, Paris, PUF, 1993, cap.IX, "Carl Schmitt et la critique de la démocratie libérale", p.207-20.

Capítulo 6 — Igualdade ou Eqüidade?

1. Para a crítica desse "amálgama" e dos erros aos quais ele levou tanto Michel Foucault quanto certos leitores apressados de Hannah Arendt ou Raymond Aron, permito-me remeter ao meu livro *De l'indifférence. Essai sur la banalisation du mal*, Paris, Odile Jacob, 1998, caps. 3 e 4.

2. Ver, por exemplo, Aristóteles, *As políticas*, livro III, cap.4, 1277a.

3. John Rawls, *Théorie de la justice* (1971), trad. francesa, Paris, Seuil, 1987, p.29.

4. Ibid., p.37.

5. Ibid., p.79.

6. Na sua "Resposta a Habermas" (1995), Rawls se insurge explicitamente contra o fato de que Habermas o tenha considerado, com Kant, um dos teóricos do direito natural. Para uma tradução francesa desse texto, ver Jürgen Habermas e John Rawls, *Débat sur la justice politique*, Paris, Cerf, 1997, p.100.

7. John Rawls, *Théorie de la justice*, op.cit., p.168.

8. Ibid., p.341. Essa referência ao "princípio de poupança" é destinada a preservar a possibilidade de investimentos efetuados apenas no interesse das gerações futuras.

9. Idem.

10. Ibid., p.93.

11. Esse artigo, "La théorie de la justice comme équité: une théorie politique et non pas métaphysique", pode ser lido em francês em John Rawls, *Justice et démocratie*, Paris, Seuil, 1993.

12. O texto em questão é o da "Resposta a Habermas", que pode ser lido em francês em Jürgen Habermas e John Rawls, *Débat sur la justice politique*, *op.cit.* (ver, especialmente, p.101-2).

13. John Rawls, *Théorie de la justice*, op.cit., p.311.

14. As intervenções em questão foram reunidas, em sua maioria, em John Rawls, *Le libéralisme politique* (1993), trad. francesa, Paris, PUF, 1995, ao qual se acrescenta outra coletânea de artigos, destinada ao público francês, *Justice et démocratie*, Paris, Seuil, 1993, assim como um último texto de 1993, "The law of peoples", traduzido em John Rawls, *Le droit des gens*, Paris, Esprit, 1996.

Capítulo 7 — Os Direitos, o Bem, o Justo

1. Os dois principais textos de Habermas sobre Rawls, "A reconciliação graças ao uso público da razão. Observações sobre o liberalismo de John Rawls" e "A moral das visões de mundo. 'Razão' e 'verdade' no liberalismo político de Rawls", podem ser lidos em francês em Jürgen Habermas e John Rawls, *Débat sur la justice politique*, Paris, Cerf, 1997.

2. Remeto à entrevista com John Rawls que publiquei em *Le Monde* de 30 de novembro de 1993, e na qual este afirma: "Sinto-me muito próximo de Habermas. Mesmo que algumas divergências menores me separem dele, elas são menos importantes do que aquilo com que concordamos."

3. Insisto no fato de que a crítica dirigida a Rawls por Rorty é principalmente de ordem metodológica. No fundo, não há diferença entre a posição política que subjaz à *Teoria da justiça* e aquela que inspira, por exemplo, um dos últimos livros de Rorty, *Achieving Our Country* (1998): esta é simplesmente um pouco mais à esquerda do que aquela, sem que haja entre elas uma verdadeira ruptura. Em um texto de 1995, "Habermas, Derrida and the functions of philosophy", retomado no terceiro volume dos *Philosophical Papers, Truth and Progress* (1998), Rorty se declara, aliás, muito próximo das idéias políticas de Habermas, que ele liga à família "social-democrata" (à qual Michael Walzer se filia explicitamente).

4. Robert Nozick, *Anarchie, État et utopie*, trad. francesa, Paris, PUF, 1988, p.9. [Ed. bras.: *Anarquia, Estado e utopia*, Rio de Janeiro, Jorge Zahar, 1991.]

5. Ibid., p.45.

6. Ibid., p.9.

7. Ibid., p.187.

8. Ibid., p.290.

9. Alasdair MacIntyre, *Après la vertu*, trad. francesa, Paris, PUF, 1997, p.245.

10. Consagrada pela edição dos *Principes de la philosophie du droit* proposta, em 1940, por André Kaan, a tradução francesa de *Sittlichkeit* por "moralité objective" [moralidade objetiva] foi questionada, recentemente, por dois outros tradutores: Jean-

François Kervégan, que prefere *éthicité* [eticidade], e Jean-Louis Vieillard-Baron, que adota *réalité morale* [realidade moral].

11. O fim deste capítulo se inspira, com algumas correções menores, no meu artigo "Égalité: simple ou complexe?", publicado no número 60 da revista *Critique* (março de 1998). Agradeço a Philippe Roger, diretor de *Critique*, a autorização de retomar, aqui, partes desse texto.

12. Para um comentário, às vezes crítico, da teoria dworkiniana do direito, ver Jürgen Habermas, *Droit et démocratie* (1992), trad. francesa, Paris, Gallimard, 1997, p.223-60.

13. Ronald Dworkin, *Prendre les droits au sérieux* (1977), trad. francesa, Paris, PUF, 1995, p.384.

14. Texto retomado em Ronald Dworkin, *Une question de principe* (1985), trad. francesa, Paris, PUF, 1996, cap.10.

15. Sobre essa questão, ver o texto de Walzer intitulado "Les deux universalismes", publicado em *Tanner Lectures on Human Values*, XI, Salt Lake City, The University of Utah Press, 1990, e traduzido para o francês em Michael Walzer, *Pluralisme et démocratie*, Paris, Esprit, 1997, p.83-110.

Capítulo 8 — A Invenção do Nacionalismo

1. Jean Bodin, *Les six livres de la République* (1576), reed., Paris, Fayard, col. "Corpus des oeuvres de philosophie en langue française", 1986, livro I, cap.8, p.217-8.

2. Thomas Hobbes, *The Elements of Law, Natural and Politic*, livro II (*De corpore politico*), cap.8, §7.

3. Carl Schmitt, *Théologie politique* (1922), trad. francesa, Paris, Gallimard, 1988, p.15.

4. Jon Juaristi, *El linaje de Aitor: la invención de la tradición vasca*, Madri, Grupo Santillana de Ediciones, 1987, 2ª ed., acrescida de um prefácio, Madri, Taurus, 1998.

5. John Rawls, *Le droit des gens*, Paris, Esprit, 1996, p.75-6.

6. Ver Christian Delacampagne, *L'Invention du racisme: Antiquité et Moyen âge*, Paris, Fayard, 1983, especialmente os capítulos 9, 13, 14 e 15.

Capítulo 9 — Mais Além do Estado-Nação

1. Sobre o significado filosófico e político da construção européia, ver Maurice Faure e Christian Delacampagne, *D'une République à l'autre. Entretiens sur l'histoire et sur la politique*, Paris, Plon, 1999, caps.2 e 3.

2. A invasão do Cambódia pelo Vietnã, destinada a derrubar o regime khmer vermelho, ou a de Uganda pela Tanzânia, destinada a derrubar a sangrenta ditadura de Idi Amin Dada, parecem-me dois bons exemplos de guerra "justa". São também os que Walzer dá, em uma entrevista que me concedeu para *Le Monde* (10 de maio de 1999).

3. Os livros de Derrida em que penso aqui são mencionados abaixo (n.18). Entre os textos recentes de Habermas sobre a última filosofia política de Kant, assinalo os capítulos 2 a 6 de *L'intégration républicaine* (1996), trad. francesa, Paris, Fayard, 1998, as-

sim como o artigo "Du droit des peuples au droit des citoyens du monde?", publicado em *Die Zeit* a 29 de abril de 1999, e traduzido para o francês em *Le Monde des Débats* de junho de 1999 (nº4, p.8-9) — artigo que aprova, com nuances, a intervenção militar da OTAN na ex-Iugoslávia.

4. Publicada pela primeira vez nos últimos dias de 1796 ou no início de 1797, a *Doutrina do direito* se tornou, a partir de 1797, o primeiro volume de uma *Metafísica dos costumes*, cujo segundo volume se intitulava *Doutrina da virtude*, mas cuja introdução geral fora publicada muito antes, já em 1785, sob o título *Fundamentos da metafísica dos costumes*.

5. "Idée d'une histoire universelle au point de vue cosmopolitique", in Immanuel Kant, *Opuscules sur l'histoire*, Paris, Flammarion, col. "GF", 1990, p.77. O grifo é de Kant.

6. Ibid., p.74.

7. Ibid., p.75.

8. Ibid. (o grifo é de Kant).

9. Ver, por exemplo, Immanuel Kant, *Vers la paix perpétuelle*, Paris, Flammarion, col. "GF", 1991, p.86-7; e *Doctrine du droit*, Paris, Vrin, 1971, §51-52.

10. Immanuel Kant, *Doctrine du droit*, op.cit., p.237.

11. Immanuel Kant, *Vers la paix perpétuelle*, op. cit., p.107.

12. Para uma discussão sobre essa dificuldade inerente à própria noção de "contrato social" a partir do momento em que esta é considerada em escala internacional, dificuldade para a qual Rawls também não dá uma solução precisa, ver o notável comentário de Stanley Hoffmann, incluído na obra de John Rawls, *Le droit des gens*, Paris, Esprit, 1996, p.97-129.

13. Lembro que os *Fundamentos do direito natural segundo os princípios da doutrina da ciência*, de Fichte, foram publicados em duas partes (março de 1796 e setembro de 1797), ao mesmo tempo que a *Doutrina do direito* de Kant. Uma comparação entre as duas obras seria de grande interesse. Fichte (apesar de suas posições notoriamente reacionárias) não é menos audacioso que Kant: encara o futuro político do nosso planeta sob a forma de uma "confederação" de nações, e determina com rigor as condições sob as quais o "direito de simples cidadão do mundo" deveria ser formalmente reconhecido, especialmente para os apátridas e para os refugiados políticos (op.cit., segundo anexo, §22).

14. Immanuel Kant, *Vers la paix perpétuelle*, op.cit., p.94.

15. Idem.

16. Ibid., p.96 (o grifo é de Kant).

17. Em 1940, e sem que o III Reich tivesse exigido, o regime de Vichy aboliu o decreto Crémieux que, em 1870, concedera nacionalidade francesa a todos os judeus da África do Norte.

18. Remeto o leitor aos quatro textos seguintes: Jacques Derrida, *Le droit à la philosophie du point de vue cosmopolitique*, Paris, Unesco e Verdier, 1997; *Cosmopolites de tous les pays, encore un effort!*, Paris, Galilée, 1997; *De l'hospitalité*, Paris, Calmann-Lévy, 1997; Jacques Derrida, Marc Guillaume e Jean-Pierre Vincent, *Marx en jeu*, Paris, Descartes & Cie, 1997. A publicação simultânea desses quatro textos, mesmo estando em parte ligada ao drama dos "sem-documento" africanos que os sucessivos governos franceses, de esquerda e de direita, se recusam a regularizar, não se deve a

uma "filosofia de circunstância". Na verdade, não seria difícil mostrar que o tema do estrangeiro, inclusive em suas conotações políticas, ocupa há muito tempo (ver, por exemplo, "Circonfissão", em Geoffrey Bennington, *Jacques Derrida*, Rio de Janeiro, Jorge Zahar, 1996) um lugar não marginal no pensamento de Derrida — o qual não se reduz, por isso, a um pensamento sistematicamente "esquerdista" ou "subversivo", ao contrário da leitura que se faz dele hoje nos setores mais conservadores da universidade americana.

19. Essas linhas foram escritas em maio de 1999.

Capítulo 10 — A Sociedade contra o Estado

1. Sobre as orientações "antiautoritárias" do antropólogo britânico Alfred R. Radcliffe-Brown, e sobre as suas simpatias (pouco conhecidas) pelo pensamento anarquista russo, especialmente pelo de Kropotkin, ver o artigo de Jack Goody, "Anarchy Brown", no nº8 da série "Mémoires des Cahiers Ethnologiques", Bordeaux, Presses Universitaires de Bordeaux, 1997, p.81-8. No mesmo artigo, Goody lembra que Meyer Fortes era um "vermelho", e que Evans-Pritchard também simpatizava com as idéias antiautoritárias, embora de um ponto de vista antes "católico" e de "extrema direita".

2. Texto retomado em Pierre Clastres, *Recherches d'anthropologie politique*, Paris, Minuit, 1980, p.7.

3. Ibid., p.171-248.

4. Marshall Sahlins, *Âge de pierre, âge d'abondance: l' économie des sociétés primitives* (1974), trad. francesa, Paris, Gallimard, 1976 (prefácio de Pierre Clastres).

5. Edward Evan Evans-Pritchard, *Les Nuer* (1940), trad. francesa, Paris, 1968, p.190.

6. Miguel Abensour (org.), *L'esprit des lois sauvages*, Paris, Seuil, 1987, p.42.

7. Ibid., p.47.

8. Alfred Adler, *La mort est le masque du roi. La royauté sacrée des Moundang du Tchad*, Paris, Payot, 1982.

9. Como por acaso, um dos melhores textos em francês sobre La Boétie é o artigo de Pierre Clastres, "Liberté, malencontre, innommable" (1976), reimpresso em Étienne de La Boétie, *Discours de la servitude volontaire*, Paris, Payot, col. "Petite Bibliothèque Payot", 1993, p.229-46 (e que também pode ser lido em Pierre Clastres, *Recherches d'anthropologie politique*, op.cit., p.111-25).

Capítulo 11 — Quem Tem Razão?

1. Ver o que diz Robert Nozick: "A filosofia moral forma o pano de fundo e define as fronteiras da filosofia política. O que os indivíduos podem fazer uns aos outros limita o que eles podem fazer através de um aparelho de Estado, ou fazer para estabelecer um tal aparelho. As interdições morais que é aceitável impor são as fontes de toda legitimidade do poder coercitivo fundamental do Estado..." (*Anarchie, État et utopie*, Paris, PUF, 1988, p.22).

2. Will Kymlicka, *Les théories de la justice: une introduction* (1990), trad. francesa, Paris, La Découverte, 1999, p.13-4.

3. Essa é a tese desenvolvida por Jean-Marie Guéhenno em *La fin de la démocratie*, Paris, Flammarion, 1993.

4. Para uma redefinição recente da cidadania, no campo americano, consulte-se Michael Sandel, *Democracy's Discontent: America in search of a public philosophy*, Cambridge (Mass.), Harvard University Press, 1996.

Bibliografia

(Desta bibliografia sucinta constam apenas obras básicas, na maioria facilmente acessíveis. Os trabalhos estrangeiros são citados na sua tradução francesa, quando esta existe.)

Abensour, Miguel (org.), *L'esprit des lois sauvages*, Paris, Seuil, 1987.

Agamben, Giorgio, *Homo sacer I: le pouvoir souverain et la vie nue*, Paris, Seuil, 1997.

Althusser, Louis, *Montesquieu, la politique et l'histoire*, Paris, PUF, 1959.

———, *Écrits philosophiques et politiques*, Paris, Stock/IMEC, t.I, 1994, t.II, 1995.

——— *Solitude de Machiavel (et autres textes)*, Paris, PUF, 1998.

Arendt, Hannah, *Les origines du totalitarisme*, 3 vols., Paris, Seuil, col. "Points-Essais", 1995-98.

——— *Qu'est-ce que la politique?*, Paris, Seuil, 1995.

Aristóteles, *Les politiques*, Paris, Flammarion, col. "GF", 1993.

Aron, Raymond, *Démocratie et totalitarisme*, Paris, Gallimard, col. "Folio", 1987.

Balandier, Georges, *Anthropologie politique*, Paris, PUF, col. "Quadrige", 1991.

Barber, Benjamin, *Djihad versus McWorld*, Paris, Desclée de Brouwer, 1996.

Benjamin, Walter, *Écrits français*, Paris, Gallimard, 1991.

Bennington, Geoffrey, *Jacques Derrida*, seguido de "Circonfissão", por Jacques Derrida, Rio de Janeiro, Jorge Zahar, 1996.

Bensaïd, Daniel, *Qui est le juge?*, Paris, Fayard, 1999.

Bloom, Allan, *L'âme désarmée*, Paris, Julliard, 1987.

Bodin, Jean, *Les six livres de la République*, Paris, Fayard, col. "Corpus des oeuvres de phiilosophie en langue française", 1986.

Brzezinski, Zbigniew, *Out of Control: Global Turmoil on the Eve of the Twenty-First Century*, Nova York, Scribner's, 1993.

Campanella, Tommaso, *La cité du soleil*, Genebra, Droz, 1972.

Castoriadis, Cornelius, *L'institution imaginaire de la société*, Paris, Seuil, 1975.

Clastres, Pierre, *La société contre l'État*, Paris, Minuit, 1974.

———, *Recherches d'anthropologie politique*, Paris, Minuit, 1980.

Cohen, Gerry A., *Karl Marx's Theory of History: A Defence*, Oxford e Nova York, Oxford University Press, 1978.

Dante Alighieri, *Oeuvres complètes*, Paris, Gallimard, col. "Bibliothèque de la Pléiade", 1965.

Debord, Guy, *La société du spectacle*, Paris, Gallimard, 1992.

Delacampagne, Christian, *Figures de l'oppression*, Paris, PUF, 1977.

———, *L'invention du racisme: Antiquité et Moyen Âge*, Paris, Fayard, 1983.

———, *De l'indifférence. Essai sur la banalisation du mal*, Paris, Odile Jacob, 1998.

Derrida, Jacques, *Spectres de Marx*, Paris, Galilée, 1993.

———, *Cosmopolites de tous les pays, encore un effort!*, Paris, Galilée, 1997.

———, *De l'hospitalité*, Paris, Calmann-Lévy, 1997.

———, *Le droit à la philosophie du point de vue cosmopolitique*, Paris, Unesco e Verdier, 1997.

Derrida, Jacques, Guillaume, Marc, e Vincent, Jean-Pierre, *Marx en jeu*, Paris, Descartes & Cie., 1997.

Dewey, John, *The Essential Dewey: Pragmatism, Education, Democracy*, volume editado por Thomas M.Alexander, Bloomington, Indiana University Press, 1998.

Dworkin, Ronald, *Prendre les droits au sérieux*, Paris, PUF, 1995.

———, *Une question de principe*, Paris, PUF, 1996.

Elster, Jon, *Making Sense of Marx*, Cambridge, Cambridge University Press, 1985.

Étienne Junius Brutus, *Vindiciae contra tyrannos*, Genebra, Droz, 1972.

Fichte, J.G., *Fondements du droit naturel selon les principes de la doctrine de la science*, Paris, PUF, col. "Quadrige", 1998.

Finley, Moses I., *L'invention de la politique*, Paris, Flammarion, col. "Champs", 1994.

Foucault, Michel, *Surveiller et punir*, Paris, Gallimard, 1975.

———, *"Il faut défendre la société"*, Paris, Seuil/Gallimard, 1997.

Fukuyama, Francis, *La fin de l'histoire et le dernier homme*, Paris, Flammarion, 1992.

Gauchet, Marcel, *Le désenchantement du monde: une histoire politique de la religion*, Paris, Gallimard, 1985.

Grotius, *Le droit de la guerre et de la paix*, Caen, Presses de l'Université de Caen, 1984.

Guéhenno, Jean-Marie, *La fin de la démocratie*, Paris, Flammarion, 1993.

Habermas, Jürgen, *Théorie de l'agir communicationnel*, Paris, Fayard, 1987.

———, *Écrits politiques*, Paris, Cerf, 1990.

———, *Droits et démocratie. Entre faits et normes*, Paris, Gallimard, 1997.

———, *L'intégration républicaine*, Paris, Fayard, 1998.

Habermas, Jürgen, e Rawls, John, *Débats sur la justice politique*, Paris, Cerf, 1997.

Hamilton, Alexander, Madison, James, e Jay, John, *The Federalist Papers*, Nova York, Bantam Books, 1982.

Hart, H.L.A., *Law, Liberty and Morality*, Stanford, Stanford University Press, 1963.

Hayek, Friedrich von, *Droit, législation et liberté*, 3 vols., Paris, PUF, col. "Quadrige", 1995.

Hegel, G.W.H., *Principes de la philosophie du droit*, Paris, Flammarion, col. "GF", 1999.
Heidegger, Martin, *Écrits politiques (1933-1966)*, Paris, Gallimard, 1995.
Hobbes, Thomas, *Léviathan*, Paris, Sirey, 1971.
———, *Le citoyen*, Paris, Flammarion, col. "GF", 1982.
Howard, Dick, *De Marx à Kant*, Paris, PUF, 1995.
———, *Pour une critique du jugement politique*, Paris, Cerf, 1998.
Hume, David, *Quatre essais politiques*, Mauvezin, TER, 1981.
———, *Discours politiques*, Mauvezin, TER, 1993.
Huntington, Samuel, *Le choc des civilisations*, Paris, Odile Jacob, 1997.
Jefferson, Thomas, *Notes on the State of Virginia*, apresentação de William Peden, Chapel Hill, The University of North Carolina Press, 1984.
———,"Déclaration d'indépendance", in J. de Launay, *La Croisade européenne pour l'indépendance des États-Unis*, Paris, Albin Michel, 1988, p.216 e segs.
Kant, Immanuel, *Doctrine du droit*, Paris, Vrin, 1971.
———, *Vers la paix perpétuelle*, Paris, Flammarion, col. "GF", 1991.
Kelsen, Hans, *Théorie générale des normes*, Paris, PUF, 1996.
Kolakowski, Leszek, *Histoire du marxisme*, Paris, Fayard, 1987.
Kymlicka, Will, *Les théories de la justice: une introduction*, Paris, La Découverte, 1999.
La Boétie, Etienne de, *Discours de la servitude volontaire*, Paris, Payot, col. "Petite Bibliothèque Payot", 1993.
Larmore, Charles, *Modernité et morale*, Paris, PUF, 1993.
Lefort, Claude, *L'invention démocratique*, Paris, Fayard, 1981.
———, *Essais sur le politique*, Paris, Seuil, 1986.
———, *Ecrire. À l'épreuve du politique*, Paris, Calmann-Lévy, 1992.
Lévi-Strauss, Claude, *La pensée sauvage*, Paris, Plon, 1962.
Locke, John, *Lettre sur la tolérance*, Paris, Flammarion, col. "GF", 1992.
———, *Traité du gouvernement civil*, Paris, Flammarion, col. "GF", 1992.
Maquiavel, *Oeuvres complètes*, Paris, Gallimard, col. "Bibliothèque de la Pléiade", 1952.
MacIntyre, Alasdair, *Après la vertu*, Paris, PUF, 1997.
Macpherson, C.B., *La théorie politique de l'individualisme possessif, de Hobbes à Locke*, Paris, Gallimard, 1971.
Manent, Pierre, *Naissances de la politique moderne*, Paris, Payot, 1977.
———, *La cité de l'homme*, Paris, Fayard, 1984.
Marsile de Padoue, *Le défenseur de la paix*, Paris, Vrin, 1968.
Marx, Karl, *Oeuvres*, 4 vols., Paris, Gallimard, col. "Bibliothèque de la Pléiade", 1963-1994.
Mill, John Stuart, *On Liberty*, Nova York, Viking Press, 1983.
Montesquieu, *Oeuvres complètes*, 2 vols, Paris, Gallimard, col. "Bibliothèque de la Pléiade", 1949-51.
More, Thomas, *L'utopie*, Paris, Flammarion, col. "GF", 1987.

Moynihan, Daniel P., *Pandaemonium: Ethnicity in International Politics*, Oxford e Nova York, Oxford University Press, 1993.

Nozick, Robert, *Anarchie, Etat et utopie*, Paris, PUF, 1988.

Platon, *Oeuvres complètes*, 2 vols., Paris, Gallimard, col. "Bibliothèque de la Pléiade", 1950.

Popper, Karl, *La société ouverte et ses ennemis*, Paris, Seuil, 1979.

Rancière, Jacques, *La mésentente: politique et philosophie*, Paris, Galilée, 1995.

Rawls, John, *Théorie de la justice*, Paris, Seuil, 1987.

__________, *Justice et démocratie*, Paris, Seuil, 1993.

__________, *Le libéralisme politique*, Paris, PUF, 1995.

__________, *Le droit des gens*, Paris, Esprit, 1996.

__________, *Collected Papers*, Cambridge, Harvard University Press, 1999.

Roberts, Marcus, *Analytical Marxism: A Critique*, Londres e Nova York, Verso, 1996.

Rorty, Richard, *Achieving our Country: Leftist Thought in Twentieth Century America*, Cambridge, Harvard University Press, 1998.

Rousseau, Jean-Jacques, *Oeuvres complètes*, 5 vols., Paris, Gallimard, col. "Bibliothèque de la Pléiade", 1959-95.

Sandel, Michael, *Liberalism and the Limits of Justice*, Oxford e Nova York, Oxford University Press, 1982.

__________, *Democracy's Discontent*, Cambridge, Harvard University Press, 1996.

Schmitt, Carl, *Théologie politique*, Paris, Gallimard, 1988.

__________, *Parlementarisme et démocratie*, Paris, Seuil, 1988.

__________, *La notion de politique*, seguido de *Théorie du partisan*, Paris, Flammarion, col. "Champs", 1992.

Spinoza, *Traité politique*, Paris, Flammarion, col. "GF", 1997.

__________, *Traité théologico-politique*, Paris, Flammarion, col. "GF", 1997.

Strauss, Leo, *Qu'est-ce que la philosophie politique?*, Paris, PUF, 1992.

__________, *Droit naturel et histoire*, Paris, Flammarion, col. "Champs", 1997.

__________, *De la tyrannie*, Paris, Gallimard, 1997.

Taylor, Charles, *Le malaise de la modernité*, Paris, Cerf, 1994.

__________, *La liberté des modernes*, Paris, PUF, 1997.

__________, *Hegel et la société moderne*, Paris, Cerf, 1998.

__________, *Les sources du moi*, Paris, Seuil, 1998.

Thoreau, Henry David, *On the Duty of Civil Desobedience*, Oxford, Oxford University Press, 1991.

Tocqueville, Alexis de, *De la démocratie en Amérique*, Paris, Flammarion, col. "GF", 1986.

Van Gennep, Arnold, *Traité comparatif des nationalités*, Paris, Ed. du CTHS, 1995.

Walzer, Michael, *Sphères de justice*, Paris, Seuil, 1997.

__________, *Pluralisme et démocratie*, Paris, Esprit, 1997.

__________, *Guerres justes et injustes*, Paris, Belin, 1999.

Índice dos principais conceitos

ação afirmativa, 133-5
analítico, marxismo, 111
anarco-sindicalismo, 108
anarquia/anarquismo, 27, 46, 71, 120-1, 166-8
anti-autoritarismo, 201 n.1
anti-semitismo, 42, 44, 46-8, 96
aristocracia, 70-2
ateísmo, 37
autarquia, 175
autodeterminação, 148

bem, 73, 124-7
biopolítica, 75

cagots, 43
capitalismo, 14
cidadão/cidadania, 189
cidade (no sentido grego), 16, 61, 89-91, 189
  de Deus, 90
classes, luta de, 109
comunismo, 108-10
comunitaristas, 24, 86, 123-7
consenso por coincidência, 114
constitucional, governo, 72
constituição (em geral), 72
  americana, 57-8
  inglesa, 53, 56
  "reta" ou "corrompida", 72
  francesa, 57-8
contrato social, 22-3, 82-3, 86-103, 105, 159
cosmopolítico *ver* direito cosmopolítico
criacionismo, 41
crime de guerra, 153
crime contra a humanidade, 26, 63, 149, 153-4

demagogia, 70
democracia (em geral), 14-5, 67, 98-101
  "direta" ou "representativa", 16, 59-60, 73-5
desigualdades, 86-7, 106
desobediência civil, 93, 135, 189
despotismo, 95
direito (em geral), 119-35
  cosmopolítico, 159-65
  natural, 105, 113, 146

economismo, 185-7
eqüidade, 104-18
escolha racional, 116
escravo/escravidão, 42-3, 61, 69, 194 n.7
espetáculo, sociedade do, 188
esquerdismo, 77
estado (em geral), 36
  de direito, 17, 158
  de natureza, 92-101, 158
  mínimo, 121
  -nação, 24-7, 152-65
  -providência, 121-3
estrangeiro, 69
etnia, 42, 144
etnocentrismo, 42
executivo, poder, 50-1, 56-65

fascismo, 66-7, 74-5
federação, 159
fortuna (no sentido de "oportunidade"), 81
fundamentalismo, 18, 30, 38-41, 44, 47

genocídio, 44, 48, 149, 153, 164, 194 n.9
globalização, 163
guerra, 21, 79-85
    "justa" ou "injusta", 154
    primitiva, 174-6

hospitalidade, direito à, 159-65
humanitário, 153

igualdade, 104-18, 127-35
imperialismo, 30
imposto, 121, 130
individualismo, 17, 21, 97, 126
ingerência, direito ou dever de, 153

judiciário, poder 61-5
justiça (em geral), 17, 21-5
    social, 106-12

laicidade, 17-8, 34
laicização, 96
legislativo, poder, 50-1, 56-61
lei (oposta a "natureza"), 89
liberal/liberalismo, 86, 97, 104, 119-35
liberdade (em geral), 18-21, 66-85
    de expressão, 30
    e "liberdades", 29-31
libertário, 19
libertaristas, 24, 86, 120-3

maioria, regra da, 73, 98
mão invisível, 104
marxismo, 77-8
materialismo, 77, 84
moralidade ("subjetiva" ou "objetiva"), 126
mulher, status da, 69

nação, 136-51
nacionalidade (oposta a "nação"),
nacionalismo, 19, 44, 136-51
natureza (oposta a "lei"), 89
negacionismo, 45
negacionista, 19, 46, 47, 48, 74

oligarquia, 70, 72
opinião pública, 73

pacto,
    de associação, 93
    de submissão, 93
    social *ver* "contrato social",
parlamentarista, regime, 16-7
patriotismo, 141-2
poder, 82, 87
posição original, 113
presidencialista, regime, 57
princípio de liberdade, 114
princípio de diferença, 114

raças, guerra das, 55, 84
racismo, 149-51
religião, 31-41, 68
república/republicano, 72, 127, 191
responsabilidade, 62

secularização, 34
separação dos poderes, 17, 19-20, 49-50
soberania, 136-40
soberano, 94-5, 99, 156
sociabilidade, 157
socialismo, 108-12

tecnocracia, 71
tirania, 71-3
tolerância, 17-8, 29-48
totalitário/totalitarismo, 50, 75-6, 104

universalismo, 117
utilitarismo, 117
utopia/utópico, 107

véu de ignorância, 114
violência, 157
vontade geral, 99

Índice onomástico

Abensour, Miguel, 201n.6
Adler, Alfred, 201n.8, 178
Agamben, Giorgio, 75-6
Alain (Emile Chartier, dito), 121
Alexandre o Grande, 105
Althusius, Johannes, 91
Althusser, Louis, 7, 78-80, 83-4, 111
Annius de Viterbo: *ver* Nanni (Giovanni)
Antifonte, 89
Arendt, Hannah, 187, 197n.1
Aristóteles, 21, 22, 50, 67, 69-70, 71-2, 75, 89-91, 105, 125, 137, 187, 191, 195n.1
Aron, Raymond, 86, 116, 197n.1
Agostinho (santo), 91

Babeuf, Gracchus, 108
Badiou, Alain, 111
Bakunin, Mikhail, 108, 166
Barber, Benjamin, 15
Bardèche, Maurice, 45
Bayle, Pierre, 35-6, 37-8
Benjamin, Walter, 110
Bennington, Geoffrey, 200-1n.18
Bensaïd, Daniel, 111, 195n.7
Bentham, Jeremy, 86, 104, 117, 129
Bernardin de Saint-Pierre, Henri, 156
Bizet, Georges, 155
Bloom, Allan, 21
Bodin, Jean, 91, 137-8
Bonald, Louis de, 59
Boulainvilliers, Henri (conde de), 54-5, 77-8
Brzezinski, Zbigniew, 15
Burke, Edmund, 59

Cálicles, 89
Calvino, 35
Campanella, Tommaso, 91
Capeto, Hugo, 55
Castoriadis, Cornelius, 7, 111, 166, 168, 172, 192
Chevènement, Jean-Pierre, 137
Chomsky, Noam, 19, 46-7, 120-1, 166
Clastres, Pierre, 7, 27, 171-9, 191, 201n.9
Clausewitz, Carl von, 76
Clinton, Bill, 20, 62
Clóvis, 54, 144
Cohen, Gerry A., 111
Cohen, Hermann, 163
Constant, Benjamin, 86
Copérnico, 172
Crémieux, Adolphe, 200n.17
Cromwell, Oliver, 96

Dante, 35
Debord, Guy, 166, 188
Derrida, Jacques, 15, 26, 86, 111, 155, 163, 198n.3
Dewey, John, 119, 195-6n.1
Diderot, Denis, 169
Dreyfus, Alfred, 42
Du Bois Baillet, 43
Du Bos (abade), 55
Duplessis-Mornay, 197n.3
Dworkin, Ronald, 19, 24, 65, 86, 105, 127-31, 132-35, 147, 194n.10, 195n.6

Elster, Jon, 111
Engels, Friedrich, 78, 109
Erasmo, 35
Étienne Junius Brutus, 197n.3
Evans-Pritchard, E.E., 170, 177

Faure, Maurice, 199n.1
Faurisson, Robert, 45

Fichte, Johann Gottlieb, 100, 143, 159, 200n.13
Filipe da Macedônia, 105
Filmer, Robert, 50
Foucault, Michel, 7, 21, 74-8, 80, 103, 197n.1
Fourier, Charles, 166
Franche, Dominique, 194n.9
Frazer, James George, 177
Friedman, Milton, 123
Fukuyama, Francis, 15-6, 86
Furet, François, 7, 86

Galileu, 35, 52, 94
Gandhi, 129
Garzon, Baltasar, 26
Gauchet, Marcel, 86
Gaulle, Charles de, 57
Gayssot, Jean-Claude, 46-7
Goodman, Nelson, 116
Goody, Jack, 201n.1
Gorbatchev, Mikhail, 111
Gramsci, Antonio, 78, 83
Gregório VII, 136
Grotius, Hugo, 22, 92-3, 113, 129, 156
Guéhenno, Jean-Marie, 15, 202n.3
Guillaume, Marc, 200n.18
Guillaume, Pierre, 45
Guizot, François, 55, 78

Habermas, Jürgen, 24, 26, 86, 119, 155, 183, 197n.6, 198n.12
Hamilton, Alexander, 193n.5
Hart, L.H.A., 129
Hayek, Friedrich von, 123
Hegel, G.W.H., 15, 81, 100, 125-6, 143, 156
Heidegger, Martin, 74-5
Henrique VIII, 107
Heusch, Luc de, 177
Hípias de Elis, 89
Hitler, Adolf, 47
Hobbes, Thomas, 22, 52, 79, 80, 92, 94-7, 99, 102, 113, 129, 138, 165
Hoffman, Stanley, 15, 200n.12
Howard, Dick, 111
Hume, David, 80, 100, 157
Huntington, Samuel, 15
Hussein, Saddam, 26

James, William, 119
Jaulin, Robert, 170
Jay, John, 193n.5
Jefferson, Thomas, 38
Juaristi, Jon, 146

Kaan, André, 198n.10
Kant, Immanuel, 22, 26, 73, 93, 100, 113, 125-6, 129, 155-64, 183
Kautilya, 196n.19
Kelsen, Hans, 129
Kervégan, Jean-François, 198-9n.10
Khomeini (aiatolá), 47
Khrutchev, Nikita, 111
Kojève, Alexandre, 15
Kolakowski, Leszek, 110
Kymlicka, Will, 184

La Boétie, Étienne de, 27, 91, 169, 172, 180, 191
Languet, Hubert, 197n.3
Lefort, Claude, 111, 172
Leibniz, Gottfried Wilhelm, 156
Lelong, Bernard, 7
Lemaire de Belges, Jean, 54, 77, 142
Lemkin, Raphael, 164
Lênin, 108, 110
Leroi-Gourhan, André, 175
Lévy-Strauss, Claude, 171-2, 175
Lévy-Bruhl, Lucien, 170
Locke, John, 17, 22, 32, 35-8, 45, 50-1, 56, 86, 92, 93, 96-100, 102, 105, 113, 121, 124, 193n.5
Luís XIV, 43, 53, 54
Lowie, R.H., 170
Löwith, Karl, 75
Lutero, 142
Luxemburgo, Rosa, 110
Lyotard, Jean-François, 111

Maquiavel, 21, 35, 79, 80-4, 91, 93, 96, 103, 137, 142, 183, 189
MacIntyre, Alasdair, 24, 124-5
MacLeod, W.C., 170
Macpherson, C,B., 97
Madison, James, 193n.5
Maistre, Joseph de, 59
Mallet du Pan, 197n.5
Manent, Pierre, 86

Mansfield, Harvey, 21
Marsílio Pádua, 35
Marx, Karl, 21, 23, 51, 77, 78, 80, 82-4, 91, 93, 97, 101, 103, 108-111, 131, 186
Meslier (cura), 166
Meyer Fortes, 170
Mill, John Stuart, 86, 104, 117, 122
Montaigne, 35, 169, 171-2
Montesquieu, 17, 21, 49-50, 51-6, 61, 78-80, 82-4, 100, 103
More, Thomas, 23, 35, 91, 107
Moynihan, Daniel P., 15

Nanni, Giovanni (dito Annius de Viterbo), 142, 195n.3
Nicolau II, 16
Nietzsche, Friedrich, 143, 155
Nozick, Robert, 24, 86, 120-3, 125, 128, 166, 201n.1

Papon, Maurice, 20, 63-4
Pascal, 131
Pasqua, Charles, 137
Pasquier, Étienne, 54
Péricles, 142
Pétain, Philippe, 64
Pinochet, Augusto, 26, 123, 154, 164
Platão, 14, 21-2, 67-8, 70-3, 89, 107, 182, 191
Poliakov, Léon, 7
Popper, Karl, 86
Protágoras de Abdera, 89
Proudhon, Pierre-Joseph, 23, 108, 166
Públio, 191
Pufendorf Samuel, 22, 92, 156
Putnam, Hilary, 134

Queneau, Raymond, 193n.1
Quine, W.V., 116

Radcliffe-Brown, 170
Rancière, Jacques, 111
Rassinier, Paul, 45
Rawls, John, 22-4, 86, 92, 101, 112-23, 125-7, 130-33, 135, 147, 200n.12
Reagan, Ronald, 123
Robespierre, Maximilien, 32
Roemer, John, 111
Rorty, Richard, 24, 67, 86, 119-120, 134
Rosen, Stanley, 21
Rousseau, Jean-Jacques, 17, 22, 60-1, 69, 92-3, 96-100, 102-3, 105, 107, 113, 127, 156, 169, 171

Sahlins, Marshall, 175
Sala-Molins, Louis, 194n.7
Sandel, Michael, 24, 86, 123, 126-7, 191
Sartre, Jean-Paul, 111
Schelling, Friedrich Wilhelm, 143
Schmitt, Carl, 59, 75, 96, 138, 193n.4
Senellart, Michel, 197n.2
Shaftesbury, Anthony (conde de), 37
Shakespeare, William, 116
Smith, Adam, 86, 104, 117
Sócrates, 21, 67-8, 70-2, 89, 191
Souvarine, Boris, 110
Spinoza, 79, 81, 83, 93, 100
Stalin, 16, 47, 108
Starr, Kenneth, 62
Stephens, Walter, 195n.3
Strauss, Leo, 21, 71-2, 80-1, 96, 187
Suarez, Francisco, 91

Tácito, 54, 56
Taylor, Charles, 24, 86, 123, 125-7
Thatcher, Margaret, 123
Thierry, Augustin, 55, 78
Tomás de Aquino (são), 91, 153, 182
Thoreau, Henry David, 129
Tucídides, 21, 81, 142
Tito Lívio, 81
Tocqueville, Alexis de, 20, 55, 73, 86, 122
Trotski, Leon, 110

Van Gennep, Arnold, 140, 144
Vieillard-Baron, Jean-Louis, 198-9n.10
Vincent, Jean-Pierre, 200n.18
Voltaire, 47

Wagner, Richard, 155
Walzer, Michael, 24, 86, 127-8, 131-5, 154, 198n.3
Weber, Max, 121, 167
Whitman, Walt, 169

Yeltsin, Boris, 16

Este livro foi composto por Textos & Formas Ltda., em Minion, e impresso pela Cromosete Gráfica e Editora em fevereiro de 2001.